洪泽改革开放实录

（第四辑）

中共淮安市洪泽区委党史工作办公室　编

光明日报出版社

图书在版编目（CIP）数据

洪泽改革开放实录. 第四辑 / 中共淮安市洪泽区委党史工作办公室编 . -- 北京：光明日报出版社，2022. 11

ISBN 978 - 7 - 5194 - 6940 - 5

Ⅰ. ①洪… Ⅱ. ①中… Ⅲ. ①改革开放—概况—淮安 Ⅳ. ①D619. 533

中国版本图书馆 CIP 数据核字（2022）第 228314 号

洪泽改革开放实录. 第四辑

HONGZE GAIGE KAIFANG SHILU. DI SI JI

编　　者：中共淮安市洪泽区委党史工作办公室

责任编辑：刘兴华　　　　责任校对：张彩霞

封面设计：中联华文　　　　责任印制：曹　净

出版发行：光明日报出版社

地　　址：北京市西城区永安路 106 号，100050

电　　话：010-63169890（咨询），010-63131930（邮购）

传　　真：010-63131930

网　　址：http：//book. gmw. cn

E - mail：gmrbcbs@ gmw. cn

法律顾问：北京市兰台律师事务所龚柳方律师

印　　刷：三河市华东印刷有限公司

装　　订：三河市华东印刷有限公司

本书如有破损、缺页、装订错误，请与本社联系调换，电话：010 - 63131930

开　　本：170mm×240mm

字　　数：235 千字　　　　印　　张：16. 5

版　　次：2023 年 1 月第 1 版　　　　印　　次：2023 年 1 月第 1 次印刷

书　　号：ISBN 978 - 7 - 5194 - 6940 - 5

定　　价：78. 00 元

《洪泽改革开放实录》(第四辑)
编审委员会

主　　任　张冲林　张　灏
副 主 任　梁同景　宋月霞
成　　员　(以姓氏笔画为序)
汤红尉　陈玉林　赵可林　赵国平
胡　滨　姚嘉云　倪洋军　谢红军

主　　编　赵国平
副 主 编　赵先明　管玉英

目　录

CONTENTS

改革中的洪泽爱国统一战线工作

中共淮安市洪泽区委统战部

统一战线是党的事业取得胜利的重要法宝，一直以来，洪泽区委统战部紧紧围绕县（区）委、县（区）政府中心工作，强化责任担当、坚持服务大局，为洪泽经济社会发展作出了应有的贡献。

一、机构沿革及工作职能

1980 年 2 月，中共洪泽县委统一战线工作部（简称县委统战部）成立。1988 年，洪泽县人民政府侨务办公室、中共洪泽县委员会台湾工作办公室、民族宗教事务科业务归口统战部。1990 年，统战部设经济联络科和人事秘书科。1997 年，内挂“县民族宗教事务管理局”牌子，设办公室，行政编制 6 名，行政附属编制 1 名。1997 年，洪泽县人民政府侨务办公室划归县政府办，2002 年中共洪泽县委员会台湾工作办公室划归县委办。2002—2010 年，民族宗教事务局与县委统战部合署办公，列政府序列。统战部内设办公室、综合科，行政编制为 7 名（含宗教局 2 名），另核行政附属编制 1 名。领导职数：部长 1 名，副部长 2 名；民族宗教事务局局长 1 名（兼），副局长 1 名；科长（主任）2 名。

统战工作职能：“了解情况、掌握政策、协调关系、安排人事”，主要负责党外人士的政治安排和实职安排及党外后备干部队伍的建设工作；联系并培养无党派代表人士和党外知识分子的代表人物；开展经济领域的统战工作；做好台胞、台属、侨胞、侨属、留学回国人员以及新的社会阶层统战工作；负责少数民族和宗教领域稳定等工作。协助有关部门管理镇级党委统战委员。

二、落实相关统战政策 处理历史遗留问题

遵循党的一系列关于落实统战政策的指示，自1979年以来，经过8年时间的努力工作，到1986年为止，全县各方面的统战政策落实工作全部结束。主要取得以下成绩。

（一）落实错划成右派分子政策

1978年8月25日，中央组织部、中央宣传部、中央统战部、公安部、民政部联合印发了《贯彻中央关于全部摘掉右派分子帽子决定的实施方案》（以下简称《方案》），《方案》指出，右派分子摘帽后，不再叫他们“右派分子”或“摘帽右派”。在提职、提级、调资、奖励、评职称等问题上，与其他职工一样对待。对家属子女应看本人的政治表现，过去因右派问题受牵连处理不当的，应该按照党的政策，妥善处理。

经核查，洪泽县有78人被错划为右派分子，于1985年全部改正，恢复其名誉。至次年，落实错划右派分子和受株连的家属、子女政策195件，其中19人重新分配工作、43人给予一次性补助（总金额6200元）；对24户家属、子女共计119人，在改变户口性质、解决就业问题等方面，做妥善解决。

（二）落实起义投诚人员政策

1980年，江苏省委《批转省委统战部等部门关于落实对原国民党起义投诚人员政策若干具体问题的处理意见》（苏委发〔1980〕25号）对起义投诚人员的界限、安置、评定工资级别等问题，提出了明确的处理意见。1980—1986年，县委统战部牵头对原国民党起义投诚人员进行了核查。查明起义投诚人员24人，并颁发起义投诚人员证书。对原国民党少将级军官1人落实工资待遇。

（三）落实原工商业者政策

1979 年，中共中央批转中共中央统战部等五部门《关于对原工商业者的若干具体政策的规定》（〔1979〕95 号）对原工商业者档案材料上填写的成分问题做出了具体说明，要求进一步调动原工商业者的积极性，为社会主义现代化建设服务。1980 年，县委统战部牵头对原工商业者中的“三小”（小商、小贩、小手工业者）进行复查。改划为劳动者 2 人，改划为非劳动者 1 人。

三、加强宣传 扩大统战工作影响力

统一战线的工作范围由统一战线的性质所决定。在不同的历史阶段，由于统一战线的性质及任务不同，统一战线的工作范围和对象也有所不同。1979 年召开的第十四次全国统战工作会议从 8 个方面确定了统战工作的范围和对象。1981 年召开的第十五次全国统战工作会议从 10 个方面确定了统战工作的范围和对象。2000 年召开的第十九次全国统战工作会议又把统战工作范围概括为 12 个方面。2006 年 7 月，第二十次全国统战工作会议召开后，中央颁发了《关于巩固和壮大新世纪新阶段统一战线的意见》，该《意见》科学分析了我国经济社会结构的深刻变革，明确指出我国社会各阶层发生了新的变化，在推进中国特色社会主义经济建设、政治建设、文化建设和社会建设，实现全面建设小康社会目标的伟大征程中，需要统一战线在巩固工农联盟的基础上，把包括新的社会阶层在内的社会各方面智慧和力量都凝聚起来、调动起来、发挥出来。保持港澳长期繁荣稳定，推进祖国完全统一，实现中华民族伟大复兴，仍然需要继续高举爱国主义旗帜，把包括港澳同胞、台湾同胞、海外侨胞在内的海内外中华儿女最大限度地团结起来。与此相适应，统一战线的工作范围在原 12 个方面的基础上增加了私营企业和外资企业的管理技术人员、中介组织从业人员、自由职业人员 3 个方面，进一步扩大为 15 个方面，主要包括：各民主党派成员，无党派人士，党外知识分子，少数民族人士，宗教界人士，非公有制经济人士，私营企业和外资企业的管理技术人员，中介组织从业人员，自由职业人员，原工商业者，起义和投诚的原国民党军政人员及眷属，香港同胞、澳门同胞，台湾同胞、去台湾人员留在大陆的亲属，出国和归国留学人员，海外侨胞、归侨侨眷等。

为了使新时期统一战线的理论、方针政策宣传不断深入，提高广大干部群众对统战工作重要性的认识，使统战工作服务于经济建设，结合洪泽实际情况，1982—1985 年，县委统战部先后召开各乡镇、县直各部委办局负责人，宣传统战委员会议 15 次；宣传统战委员业务培训 11 次，发放各种统战工作宣传材料 5100 多份；召开非党知识分子、民主人士、台属、侨属等座谈会、茶话会、参观学习 17 次，共 715 人次。1987 年，组织力量编写了 1 万多字的《统一战线工作问答》，打印 500 份，分发全县各基层支部，当年组织投稿 138 篇，被省以上新闻单位录用 40 篇。

1988—2010 年，县委统战部每年均召开迎新春茶话会，邀请台侨胞、党外代表人士、民族宗教代表人士、非公经济代表人士参加，宣传党的统战方针政策，通报全县经济社会发展情况，介绍相关政策及投资环境。1990 年，制作了“蓬勃发展中的洪泽统战”版面，参加全市巡回展。1991 年，县委、县政府在万集乡召开全县统战工作现场会。1992 年，举办统战知识培训班。1994 年，组织参加市“政协统战好新闻竞赛”和全市统战知识大奖赛，组织 8000 余人参加市苏洋杯统战知识大奖赛，统战系统 13 人全部到各赛点竞赛答卷，共回收试卷 6000 余份，其中有 6 人得奖。1999 年，在《洪泽报》上开辟统战专栏，宣传党的统一战线理论、方针、政策及统战工作中好的经验和做法。2001 年 4 月，组织近千人参加中央统战部组织的全国统战知识竞赛活动；是年 6 月，组织全县各镇党委、政府两套班子成员参加市委统战部组织的“全国、全省、全市统战工作会议精神问答题”答题活动。2006 年，组织全县两千多人参加省委统战部组织的全省统一战线知识竞赛活动。积极组织参与建县 50 周年庆典暨第二届中国洪泽湖水上运动会旅游文化节活动。协助县庆组委会邀请到国家和省道教协会会长及关心支持道教发展的社会各界人士 50 多人，参加在洪泽举办的中国道教研讨会，共同商讨科学开发利用洪泽县道教胜地老子山，为恢复昔日老子山道教景观勾勒了蓝图。2007年，聘请县信息中心为统战宣传信息顾问单位，并聘请5名相关人士担任统战宣传信息顾问。2008年，在全县无党派人士中开展“自觉接受中国共产党的领导，坚持走中国特色社会主义道路”主题教育活动和深入学习实践科学发展观活动。2009年，举办“统一战线庆祝新中国成立60周年、统一战线庆祝多党合作制度确立60周年”征文活动。2010年，举办全县统战干部培训班，全县各镇宣传统战委员、有关单位分管领导、统战机关干部和部分党外知识分子代表30多人参加了培训。

建立健全统战信息工作网络，严格落实宣传信息考核评比机制，2011年获全市统战宣传工作先进单位荣誉称号；2012年全县被《挚友》《淮安日报》等报纸杂志采用统战宣传信息稿件70余篇，2013—2014年被采用50余篇。2015年，县委先后2次召开由县委办、组织部、宣传部、统战部等10多个部门负责人参加的座谈会，听取各有关单位对统战工作的意见建议。2016年，获全市统战目标考核一等奖、统战宣传工作一等奖，2018年获“全市统战宣传工作先进单位”称号。

四、关心党外干部成长 推动党外知识分子工作

1984年，洪泽人大、政协进行了换届选举，统战部根据中华人民共和国地方各级人民代表大会选举法规定，以及《中国人民政治协商会议章程》和省、市委对人大、政协换届中非党代表比例不低于总数的35%的要求，认真做好协商、平衡和考察工作，对应安排的党外人士和非党知识分子做了安排。换届选举后的19名人大常委会委员中党外人士安排9人；县政协换届选举后，140名委员中，党外人士90人，其中知识分子80名，常委21人，非中共人士11人。1987年，对党外知识分子进行登记普查，全县有党外知识分子（中专以上学历）1332人，其中大学学历86人、大专学历364人、中专学历882人，在全县各部门均得到较好安置。

1988年，全县非党知识分子共有1800多人，其中副股级以上234人。

是年，对县医院发挥非党知识分子作用进行调查总结，召开各种座谈会 6 次，走访 38 名医生、护士，写出书面报告，上报县委。对县级非党干部重点对象建立档案。是年，组织 3 个考察组，对 11 名非党知识分子进行重点考察。经过和组织部门共同讨论，确定 4 人作为县级后备干部。统战部两次召开非党知识分子对话会、座谈会，对具有高级技术职称和副局级以上非党知识分子建立档案。1990 年，全县共有股级以上党外干部 270 人，其中县处级 5 人，副乡、镇长 3 人，机关局级领导干部 11 人。在党外人士和政协委员中开展“四个一”活动，即提一个建议，反映一个问题，提供一条信息，做一件实事。全年收到各类建议 50 多件次。县委常委主动与非中共人士建立联系制度，并定期召开座谈会，通报情况。全年共召开各种形式的座谈会、协商会、对话会 8 次，出席人员达 250 人次。统战部主写的《拓宽视野广择人才，大胆选用党外干部》一文被市委以〔1990〕161 号文转发全市 13 个县（市）区，并全文刊登在《江苏统战》1990 年第 7 期上。1991 年，全县又推荐 29 名县处级和科局级后备干部，其中 3 名副处级后备干部呈报上一级待批。积极发动党外人士献计献策，在洪泽县举办的自然科学优秀论文评选中，有 9 名党外干部获奖，有 14 名党外政协委员的提案被采纳。是年，9 名常委与 26 名党外代表人士结成联系对子，并定期与他们座谈，了解情况，听取建议。全年共召开各种形式的座谈会、协商会、对话会 9 次，出席人员达 360 人次。

1992—1993 年，对全县有代表性的党外人士 250 余人进行摸底登记，筛选出 49 人，确定 15 名党外副乡局级后备干部人选，并对其中的 8 人进行全面考察，经县委常委集体研究同意，确定 3 名副处级后备干部，报市待批。另推荐安排市政协委员 6 名。1994—2001 年，各乡镇和县直各党委的党内主要干部都与 1~2 名党外干部结成“对子”，形成制度，并建立档案。坚持每年对党外后备干部进行走访考察，及时调整充实党外后备干部队伍。2002 年，分别在县中、县二中、县医院等知识分子比较集中的单位召开党外知识分子座谈会，对党外知识分子参政议政的途径、有效方式进行探索。下半年成立了教育、卫生系统党外知识分子联谊会。连续四次召开党外政协委员座谈会，68 名新老委员交流经验体会。2003 年推荐非党干部任蒋坝镇镇长，在淮安市尚属首例。2004—2007 年，每年坚持对党外干部跟踪考察了解，掌握全县党外干部情况，完善党外后备干部档案，积极向县委推荐优秀非党干部，共推荐 20 余人。

2008 年，组织党外人士开展“贯彻十七大，调研献良策”活动，共收到 20 多篇调研报告。开展无党派人士政治交接主题教育活动；成立县无党派知识分子联谊会，进一步拓宽无党派知识分子参政议政的渠道。2009 年，向组织部推荐科级党外后备干部 8 名，选派 2 名党外干部参加市社会主义学院党外中青年干部培训班学习。2010 年 2 月，县委以公开选拔的形式提拔任用 2 名科级党外干部；年内选送 4 名党外后备干部参加了省、市社会主义学院培训。2011 年，建立 76 名党外代表人士人才信息库，进一步完善党外副科级以上干部及党外后备干部队伍档案库。2012 年，协助完成九届县政协和县七届工商联换届工作，举荐党外县政协委员 101 人，其中常委 23 人；党外县人大代表 59 人，其中常委 4 人；非公有制经济人士县工商联执委 67 名，其中常务委员 32 名、工商联副主席 20 名；推荐提拔党外副县级、正科级、副科级干部各 1 名。

2013—2014 年，县委统战部注重联系交流，通过定期走访看望，及时了解党外人士情况，加强沟通与服务，及时反映党外人士意见建议，并积极为他们排忧解难，增强他们对党和政府的信任。2015 年，由县无党派知识分子联谊会发起并组织全县部分非公经济代表人士，开展“记录岁月·温暖新春”爱老敬老大型公益活动，为三河、共和、东双沟、岔河等敬老院 200 多位孤寡老人免费拍照，记录下老人们一张张幸福的笑脸，并为每位老人送上一份爱心大礼包，让他们在关爱中感受到春天般的温暖和家庭般的温馨，累计捐款捐物价值 30 多万元。2016 年，组织党外人士围绕区重点工作，深入调查研究，党外人士和统战成员提交各类提案、意见和建议 90 余件，其中《关于推进非公经济快速发展的意见》《促进房地产产业发展的建议》等受到区委、区政府主要领导的肯定。2017 年，新排查出党外年轻干部 166 人，并建立完备的信息库；向组织部门推荐提拔副科级干部 2 人，积极推荐 6 名党外干部赴中国人民大学、浙江大学参加学习培训。2018 年，区委印发了《关于进一步完善区委常委与党外代表人士联谊交友制度的意见》，区委常委与党外代表人士联谊交友，进一步增强思想共识，为建设现代化湖滨生态旅游新城凝聚力量。在区委和组织部门的关心下，3 名党外干部得到提拔任用，统战系统提拔了 2 名副科级干部。

（执笔人：孙高歌）

洪泽县个体私营经济发展述略

淮安市洪泽区市场监督管理局

洪泽县工商行政管理局的前身是洪泽县市场管理委员会，“工商局”成立前个体私营经济发展的主要职能由“商业局”行使。洪泽县工商行政管理局，成立于1978年，个体私营经济发展的主管职能由工商局履行。1998年，工商局实行省垂直管理，更名为“淮阴市洪泽工商行政管理局”。2015年5月18日，根据国务院的体制改革要求，将县工商行政管理局、县药品食品监督管理局、县质量技术监督管理局三个省垂直单位合并为洪泽县市场监督管理局，划归地方管理。2016年7月，撤销洪泽县，设立淮安市洪泽区，原洪泽县的行政区域为洪泽区的行政区域。同年10月8日，淮安市洪泽区正式挂牌成立。随之，淮安市洪泽县市场监督管理局更名为淮安市洪泽区市场监督管理局。洪泽区个体私营经济发展、监督管理职能由市场监督管理局履行。

一、步入起步期（1978—1985）

1978年12月18—22日，中国共产党召开了具有深远意义的十一届三中全会。从此开启了改革开放历史新时期。洪泽县的个体私营步入起步发展阶段。

五届全国人大五次会议通过的《中华人民共和国宪法》明确规定：“国家允许非农业的个体劳动者在城镇或农村的基层组织统一安排和管理下，从事法律许可范围内的、不剥削他人的个体劳动。”中共中央召开的劳动就业工作会议上，提出要适当发展不剥削他人的个体经济。发展城镇个体经济，它有利于我国的经济发展和更好地满足人民生活的需要。为了加强对个体工商业户的登记管理，保护合法经营，制止非法活动，根据党中央提出的“解放思想，放宽政策，把经济搞活”的总的指导原则和有关方针政策，依据江苏省人民政府〔1980〕147号、151号文件精神，洪泽县对城镇个体工商业户登记发照工作发出通知，放宽经营对象、经营条件和经营范围。

经营个体工商业的对象和条件：凡城镇待业青年、社会闲散人员，在城镇有正式户口的；本人有技术专长和经营能力的；经营项目是社会上需要的；有必要的生产经营设备的。符合以上条件，都可以从事个体经营。退休退职人员中，有技术专长的，也可以批准他们从事个体经营。凡从事饮食业经营者，都必须身体健康，无传染性疾病。

经营范围：只要本人具备条件，社会上又需要，而国营和集体包不下来的或不经营的，都可以批准个体经营。具体涉及修理服务业、手工业、饮食业、商业、个体运输业等。

服务业涵盖较多：家具修理、家庭电器以及手电筒、修锁、配钥匙、理发、照相、炸炒米、弹棉花、擦皮鞋、贩报、出租图书、房屋修缮等；

手工业涵盖：缝纫、洗染、织补、黑白铁、园木、竹、柳器等；

饮食业涵盖：面点、小吃、熟食、冷饮等；

商业涵盖：小百货、小五金、日用杂品、干鲜果品、炒货、糖、烟、酒、盐、酱、醋以及肉、禽、蛋、水产、蔬菜等鲜活商品的贩运；

社会需要的其他行业：花、鸟、虫、鱼等。

经营方式上灵活多样，既有指定地点摆摊设点、开设门面，经营者也可以走街串巷、送货上门。

审批手续。凡具备个体经营条件者，由本人申请，经乡镇审查商业局同意，县工商行政管理部门核准，发给“个体工商业户营业执照”后即可从事个体经营。

凡申请从事特种行业、饮食业、计量、出租图书等行业经营的，还需分别经县、市级公安、卫生、计量、文化等有关部门审查签署意见。从事饮食业经营者，还须有医院的体格检查证明。

1981 年国务院颁发《关于城镇非农业个体经济若干政策性规定》，洪泽县个体经济得到了逐步恢复和发展。

1982 年，全县基本上完成了工业、交通运输业、建筑业、商业、饮食服务业的全面登记、发证、换证等工作。全县共核发、换发企业营业执照 342 户，分支机构 248 个。集体工业 134 户；交通运输业 8 户；建筑安装业 12 户；商业 73 户；饮食业 25 户；服务业 17 户。全年新核发营业执照 8 户（分支机构 4 个），其中：工业 2 户，建筑安装业 1 户，商业 3 户，饮食业 2 户。

1983 年，个体工商业登记发证工作根据积极恢复、适当发展的原则，全年核发 475 户、476 人，其中城镇 265 户、266 人，农村 210 户、210 人。安置城镇待业青年 31 人，占个体工商业者总数的 6.7%；从事季节性登记发证的有 500 户。根据国务院有关文件规定，县政府洪政发〔1983〕179 号《关于建立洪泽县个体劳动者协会老山乡分会试点工作情况报告》的批示，全县乡镇一级个体劳动者协会分会于年底全部成立。

1984 年 3 月 10 日，县工商局召开各乡、镇个体劳动者协会主任会议，讨论成立县个体劳动者协会等有关事项。5 月 15 日，召开全县个体工商业者代表大会，洪泽县个体私营劳动者协会宣告成立，挂靠工商局，协会办公场所设在工商局。参加大会的正式代表为 200 人，列席代表 50 人。选举产生县个体劳动者协会。协会委员共 19 人，从中产生正副主任 3 人。个体劳协的工作接受工商行政管理部门指导。协会成立后，县人大代表和政协委员各派一名人员参加协会。协会日常活动经费按照同年 6 月 25 日国家工商行政管理局、财政部《关于个体工商业户管理费收支的暂行规定》（〔1983〕工商字第 91 号），由同级工商行政管理部门从向个体工商业户收取的管理费或管理费提成中拨付。县级工商行政管理部门向个体工商业户收取的管理费，除去应当上缴的提成和按规定缴纳的费用外，按 50%以上的比例拨给同级个体劳动者协会。各级个体劳动者协会的财产，任何单位或个人不得侵犯。

1984 年 7 月，取消“全面规划、合理布局、行业配套”的提法，从洪泽县实际情况出发，做到只要不是国家禁止经营的，根据社会需要来决定发展什么、发展多少。取消对个体工商业发证的不合理限制，除在职和退休干部职工外（不包括具有技术专长的退、离休干部职工）都可以申请领证，不附加任何条件。申请的经营范围、项目、方式、人数、地域，一般可由申请人自主决定。放宽对个体工商业只能经营三类小商品的限制，只要政策允许、社会需要，大小商品都可以批发、经营。简化发证手续，除有专门规定的行业外，本人申请，村民委员会或街道居委会证明，一律由所属工商管理所代发营业执照。基层工商管理所无权吊销个体工商业执照。确有必要，应经县工商行政管理局批准。允许个体工商业户走街串巷，为民服务，不按场外成交论处。对高涧镇东风大街两侧人行道，允许摆摊设点，进一步方便群众。允许个体工商业户向零售商店进货，不按套购论处。允许农民自理余粮到集镇和县城开厂办店，并积极协助他们解决场地和房屋问题。对需要去大中城市开厂办店的，需征得对方同意，安排场地。

1985 年，全县共有个体户 3922 户。其中手工业、工业 364 户；交通运输业 273 户；商业 1859 户；贩运 542 户；饮食业 289 户；服务业 246 户；修理业 349 户。

二、逐步规范期（1986—1991）

1986 年，县工商局苏工商〔1985〕117 号、苏交运〔1985〕29 号文件精神，对县城运输业进行整顿、规范。从营业执照申领发放入手。凡申请经营客、货运输的个体户（包括联户），城镇的须持户口所在地街道居委会证明，农村的须持户口所在地村民委员会证明，向当地工商行政管理部门申请登记。在申请登记时，必须同时提供车船检验合格证照、驾机人员检验合格证照和第三者责任保险、船舶保险（包括碰撞责任保险）证明。从事货运的要有承运责任保险证明，从事客运的还须提供旅客意外伤害保险证明，报经工商行政管理部门审查批准，发给营业执照或临时营业执照，方可经营。

对运输管理费的收取，从方便个体运输户着眼，县工商行政管理局委托交通运输管理部门在收取运输管理费时一并收取，费率与运输管理费相同，即船舶运输和装卸以及除汽车运输之外的其他车辆运输（包括拖拉机）均按营业额收入的1.5%，汽车运输按营业额收入的1%收取。为了统一，对实行按吨位缴纳运输管理费的个体车船及装卸劳力，工商行政管理费亦按吨位同额缴纳。汽车和大中型拖拉机统收5元/吨月，手扶拖拉机4元/吨月，机动船舶0.4元/吨月，人力船舶0.3元/吨月，人力车及搬运装卸费3元/人月。交通运输部门在代收的工商行政管理费中，提取5%作为劳务手续费，其余按月拨付给工商行政管理部门。

同年，县工商局对个体工商业者进行普法宣传教育。着重做好税法、物价政策、食品卫生法、商标法和有关法规的宣传学习，让广大个体工商业户依法经营。对进入小工业品市场和经营食品、饮食、服装等行业的个体户，进行经常性的监督检查，督促个体工商户按照核定的经营范围，明码标价，亮证经营。对个体大户分户建档，及时掌握、分析其经营变化和遵纪守法等情况。同时，县工商局与有关部门一起，对偷税漏税、以次充好、掺杂使假、克扣斤两、哄抬物价、强买强卖、欺行霸市等违章、违法行为严肃查处。指导各地个体劳动者协会，组织个体工商业者建立"自我监督小组""评税小组""物价检查小组"，开展自查互查，进行自我管理。同年年底，全县在业个体工商户共有7576户，当年实际发展711户。共歇业2219户，其中包括淮河、临淮、成河、半城"三乡一镇"因建制变化析出1616户。实际验照3035户。

1987年，鼓励引导个体和私营经济发展，对外出经营户申请发照者，给予支持。允许由户籍所在地工商行政管理机关登记发照，也可以凭户籍证明或其他有关证明，直接到经营地申请发照，外省市来我县经营时，也照此精神办理。

鼓励、支持个体和私营经济向外向型经济发展。凡个体工商户、私营企业从事吸引外商、外资的商品生产，根据实际需要放宽核定经营范围。经营对象除在职人员外，均允许领照经营。

以个体工商户为主的小商品市场由个体管理职能部门统一管理。对有固定场地、主要由个体工商户经营的小商品专业市场，要分期分批、逐步规范。这类市场上的个体工商户，从申请登记到日常监督管理，直至注销营业执照，均统一由个体职能部门负责。

对无照经营者，采取疏导和取缔相结合的方法进行管理。对农民进城出售自产农副产品，从事短期或临时从事农副产品贩运、销售的，不作为无照商贩处理。对符合领照条件即无照经营者，动员领照。对经教育仍不领照，或不符合领照条件的人员，予以取缔。为实现规范化管理，1987 年 5、6 月间，县工商局先后出台《个体管理工作程序》《个体工商户登记管理暂行办法》《私营企业登记管理暂行办法》《个体工商户和私营企业违章处罚办法》等，理顺管理工作各个环节的相互关系，逐步形成一套规范化管理的体系。

1988 年上半年，新核发个体工商业营业执照 998 户，从业人员 1330 人，注册资金 812 万元。歇业 250 户，歇业人员 309 人，注销注册资金 63 万元。

1988 年个体验照统计表

项目单位	应验照（个）	实验照（个）	占验照总数%
高良涧镇	548	534	97. 4
高涧乡	236	123	52. 1
朱坝乡	345	251	72. 8
岔河镇	571	372	65. 1
仁和镇	455	338	74. 3
万集乡	324	185	57. 1
三河乡	320	283	88. 4
共和乡	492	308	62. 6
黄集乡	591	343	58
东双沟乡	553	407	73. 6
蒋坝镇	316	291	92. 1

续表

项目单位	应验照（个）	实验照（个）	占验照总数%
西顺河镇	162	104	64.2
老子山镇	482	329	68.3

同年11月，对全县6002户个体工商户进行了全面的换照，共验审个体工商户4205户，占应换数的70%，其中：符合换照条件，办理换照的3443户，占应验审的57.36%；收缴长期不经营的执照621户，占应验审的10.35%；暂缓换照和外出经营的141户，占应验审的2.35%；新发展个体工商户716户。

1989年，个体工商户发展较快，全年新发展个体工商户1227户，从业人员1723人；全县个体工商户达到6523户，从业人员达到9700多人。同年10月，对全县个体工商户进行了全面换照，第一批参加换照的3672户，换照2043户，换照率达55.63%。在换照的同时，建立个体档案，共建立个体新档案1252户，占已换照数的61.28%。

1992年，新发展个体工商户1019户，从业人员1630人，全县个体工商户达到10233户。

1995年，从事个体经济的发展到6002户，企业人员7301人，其中：工业手工业335户，从业人员353人；交通运输业831户，从业人员1724人；商业3778户，从业人员3834人；饮食业345户，从业人员541人；服务业370户，从业人员505人；修理业342户，从业人员342人。

三、加快发展期（1996—2000）

1996年，县委、县政府出台《关于加快个体私营经济发展的若干规定》（洪发〔1996〕28号），放宽个体经济经营，从经营主体、经营范围和简化手续等方面做出明晰规定。

经营主体放宽。允许和鼓励除行政机关、事业单位在岗在职外的人员从事个体、私营企业经营。允许行政机关、事业单位在岗在职人员经过有关部门批准后，停薪留职从事个体、私营企业经营。允许行政机关、事业单位具有专业技术职称的（或虽无专业技术职称，但具有有关经营条件的）在职人员，经有关部门批准，利用业余时间到私营企业兼职。

经营范围扩大。支持个体工商户、私营企业生产、经营除军工产品、毒品、金银、文物等国家明令禁止以外的一切商品。支持个体工商户、私营企业从事第三产业、科技和其他开发性项目。经有关部门批准，也可以开办私立幼儿园、学校和医院等文化教育卫生事业。支持个体工商户、私营企业以一业为主跨行业经营。支持个体工商户、私营企业通过联合、参资、入股等形式参与国有、集体企业经营，合办有限责任公司或股份有限公司。支持个体工商户、私营企业承包、租赁、购买国有集体企业，并在用电、用水、用地等方面享受国有集体企业同等待遇。新建的小型乡镇企业可直接由个体加工大户承包兴办。

登记手续简化。申请开办个体工商户、私营企业，可直接持居民身份证到所在地工商行政管理所申办领照手续。个体工商户、私营企业可办理试营业手续，可以在开办初期六个月内，边经营边申请领照。个体私营加工企业除生产药品、爆炸物品和有污染的企业外，一律先发营业执照，后补办审批手续，六个月内有关部门不得以无证经营为由，对其进行处罚。生产经营具备条件的私营企业可以申请直冠省、市、县名。

是年，县政府注重经营市场建设，助推个体私营经济发展。当年，建成4条商业街。其中，朱坝活鱼锅贴城占地21600平方米。建成“四通一平”，4户当年正式对外营业。三河镇同兴路商业街一期工程建成，进街户达98户，建成营业楼110间。完成县城涧小路商业街改造，50多间门面正式对外营业。黄集乡综合市场内8排64间完成营业楼建设。

建成5个市场。共和综合市场建成，占地面积13000平方米。县城华联商厦农贸市场改造方案确定。朱坝活鱼专卖市场占地1200平方米，加上与之配套的暂养鱼塘，总面积近300亩，完成市场规划。东双沟综合市场建成，设置了肉类、豆制品类的固定摊位台，农副产品交易移入场内进行。老子山建成水产品批发市场，占地面积2400平方米。

启动一个加工区。县民营工业园规划占地228亩。县里成立民营科技工业园开发领导小组，并将优惠政策等以县政府文件、县长会议纪要和公告等形式出台，通过广播、电视、报纸进行广泛宣传，首批20户进园。

1997年7月，县政府决定对始建于1985年，长134.4米、宽5.6米，总面积1008平方米的东风小商品市场进行改造。内部结构为23间玻璃瓦顶棚，顶棚两侧设置摊位。将原划线设摊，建成钢网结构的固定摊位。52家个体户入市经营。

1997年，是《城乡个体工商户管理暂行条例》实施10周年，全县新发展个体工商户1700户。私营企业共93户，新增加55户，安排就业人员8333名，新建加工小区5个、商业街5条，新办各类市场7个。全年个体私营经济入库税收达1050万元，比1995年净增200万元，增长23.5%，占全县财政收入的14%，全县个私经济共积累资金1.0424亿元，实现产值8651万元，商品销售额5.23亿元。部分个体私营企业开始与外向型经济接轨，产品远销东南亚和港澳台地区。个体私营经济在全县国民经济中占据了一定地位。

四、鼓励创业期（2001—2018年）

2003年，县委、县政府颁发《中共洪泽县委洪泽县人民政府关于进一步扶持私营个体经济发展的十九条规定（试行）》（洪发〔2003〕29号）。

此规定明晰凡下岗失业人员从事个体经营的，除国家限制的行业外，凭劳动部门核发的再就业优惠证，自领取营业执照和税务登记证之日起，3年内免征营业税、城市维护建设税、教育费附加税和个人所得税，并免收有关登记类、证照类和管理类的各种行政事业性收费。

机关干部按有关规定离岗创业，从事私营个体经济的，自工商部门批准其经营之日起，2年内免收县内各种行政事业性收费。

进入县城东区东三街、商贸综合市场等商贸区从事私营个体经济的，2年内免收县内各种行政事业性收费。

2004 年，继续清理和规范各类审批、收费项目，严禁自立项目收费、越权收费、超标准超范围收费。物价部门对涉及私营个体经济的收费项目每年集中公布一次，有上下限的一律按下限收取。县软建办、物价局统一向私营企业、个体工商户发放收费监督卡，任何单位收取费用必须逐笔登记。

私营企业和个体工商户非蓄意违反有关规定，且未造成严重后果的，有关执法部门要积极帮助整改规范，不得直接进入罚款程序。在县工业园区实行“零罚款”政策。

受财政委托代发工资的金融部门，对工资由财政发放人员实行贷款授信，其中副科级以上干部授信额度为 10 万元，其他人员授信额度为 5 万元。所贷款项须用于发展私营个体经济。

县镇财政每年从私营个体经济缴纳的地方税收中拿出一定比例作为发展专项基金，用于私营个体经济贷款贴息、信用担保及各种奖励。

新办私营工业企业一次性固定资产投入达 50 万元的，由同级财政给予 1%的奖励；现有私营工业企业一次性新增固定资产投入达 50 万元的，由同级财政给予 0.8%的奖励。如同时作为招商引资项目的，不重复奖励。

鼓励有条件的镇规划、建设私营工业园区，国土、建设部门和所在镇可对其实行比县工业园区更加灵活、优惠的政策。

自此，县域内个体私营经济，形成加速发展态势。工商部门在监管方面，按照文件要求实行政策倾斜，逐步形成亲商、助商的氛围。

2005 年，全县私营企业任务数为户数 340 户，从业人员 6250 人，注册资金 5.2 亿元；当年十月底完成户数 174 户，从业人员 5295 人，注册资金 2.49 亿元。个体工商户任务数为户数 2000 户，从业人员 2000 人，注册资金 1 亿元；当年完成户数 1599 户，从业人员 3161 人，注册资金 8197 万元。

2006 年全县发展个体户 2274 户，私营企业 213 户，完成从业人员 13152 人，注册资金 6.84 亿元，全面完成县政府下达的当年私营个体经济发展任务。新增内资企业 22 户，注册资金总额 1.16 亿元，从业人员 115 人。私营企业 321 户，注册资金总额 11 亿元，从业人员 12671 人。个体工商户 3146

户，注册资金总额 19044.4 万元，从业人员 3586 人。农民专业合作社 3 户，全面完成县政府下达的“4221”（国民经济和社会发展 40 项目标，党建和政治文明、精神文明建设 20 项目标，为全县人民办 20 件实事，为县城人民办 10 件实事）工程目标任务。

同年，对个体工商企业申领登记程序进行简化升级，提高服务品质。让咨询代理人员一起进驻审批中心，帮助企业准备登记注册材料，提供咨询服务，保障当场登记，将一般事务委托窗口登记人员直接受理、审查、核准，重大疑难事项提交分管领导核准审批，同时形成制度，由局主要领导和分管领导定期深入现场进行指导工作，解决在办理审批事务中所遇到的问题和困难；执行 AB 岗工作制，注册登记人员上班时间不允许有脱岗，不让企业跑空腿，做到咨询有人接待，材料齐全及时办理；严格实行一审一核制，由受理人员负责受理，科长负责审核，在提高办事效率的同时，明确责任，提高登记质量。另外，对材料齐全、符合法定形式的企业随到随办；对申请材料存在可以当场更正错误的，允许当场更正；对急需用照的，加班加点帮助办理。实现当场登记率达 90%。

是年，全县共登记注册的各类企业 2056 户，其中内资企业 998 户，私营企业 1058 户。今年共新发展企业 226 户，其中内资企业 29 户，私营企业 197 户。变更登记 149 户，注销登记 22 户。完成招商引资企业登记 36 户。冠省名企业 8 户，冠市名企业 16 户。

2007 年，实行“四个规范”，即规范受理方式，保障法定受理渠道；规范登记审查方式，以申请材料是否齐全、是否符合法定形式作为审查的主要内容；规范登记格式文本，统一使用国家工商总局规定的文本格式；规范权力下放，该分管局长把关的权力不得随意下放。将“四个规范”贯串工作的全过程。

全年，共登记注册的各类企业 2452 户，其中内资企业 1000 户，私营企业 1452 户。上半年新发展企业 132 户，其中内资企业 8 户，私营企业 124 户。注销登记 74 户。核准名称 103 户，完成招商引资企业登记 33 户，挂省名企业 9 户，挂市名企业 12 户。

2008 年，县政府出台《洪泽县关于加快个私经济发展的意见》（洪政办发〔2008〕106 号），成立个体私营经济发展领导小组，由副县长任组长，工商局、民营经济发展局、乡镇局、经贸委等单位主要负责人为成员，领导小组下设办公室，办公地点设在县工商局。领导小组负责制定个体私营经济发展目标，研究政策措施，协调解决个体私营经济发展中遇到的困难，通报全县个私经济发展情况，指导全县个体私营经济健康发展。各乡镇也要建立相应的领导小组，负责本辖区个私经济发展的组织领导工作，把个私经济发展工作纳入各职能部门和各乡镇经济发展主要目标，列入政府日常工作和考核目标，形成一级抓一级、齐抓共管的工作局面。

是年，建立个体私营经济发展联席会议机制，协调处理个私经济发展中存在的问题。由工商局牵头，经贸、卫生、国地税及各镇人民政府等有关单位共同参与。按照“统一目标、分头实施、工商牵头、部门协作”的组织方式不定期地召开联席会议，及时协调发展中存在的问题。规范个私经济的经营行为，疏导和协调无证无照经营问题，建立长效监管机制，推动查处、取缔无证无照经营行为的工作制度化和规范化，营造公平竞争、守法诚信的市场环境。

相关职能部门，对办理个私经济发展中的证照，降低门槛简化办事程序，简化办证办照、减少审批环节，缩短办理时间。在个体工商户、私营企业的登记申请和专项审批手续中，财政、工商、税务、消防、公安、环保、劳动、卫生防疫等部门在自己审批权限内，从接受申请之日起，3 个工作日内须把受理与否向申请人做出答复，自受理之日起 7 个工作日内完成核准发照（证）等有关手续。

2009 年，洪泽工商局出台《关于打造“工商服务年”，促进经济又好又快发展的三十条意见》（淮洪工商〔2009〕4 号），助推个体私营经济更快更好发展。其中：

在企业登记审批方面，全面推行企业登记“一审一核”制。对简易登记事项实行“审核合一”制，减少审批环节，进一步提高登记效率，提高办结时效。依托电子政务平台，加强与企业登记前置许可部门的协调，共同推进“一表式”登记受理和网上并联审批。

在服务大项目方面。做好大项目工商登记注册快速通道的组织协调工作，对大项目做到提前介入、提前咨询、全程跟踪服务。对县政府确定的大项目，只要材料齐全、符合法定形式，按急办件处理。帮助私营企事业协调属于国家工商总局、省和市工商局审批的事项尽快审批。

简化企业年检手续。除重热点行业，年检前由工商机关向相关前置许可部门发函，凡许可审批部门未告知前置许可文件被撤销、吊销、失效企业名单的，工商部门不再要求企业提交前置许可文件。对年检材料提交齐全、内容填写完整、符合要求的，原则上当场办理年检。

开展民企专场招聘会暨洪商论坛活动。发挥私营个体经济协会的联络作用，与相关部门联合举办民企专场招聘会，为民企发展吸纳人才，同时为下岗职工、院校毕业生提供就业机会。举办洪商论坛主题讲座，邀请知名专家和民营企业代表座谈，活跃民营经济发展氛围，指导民营经济健康快速发展。

支持培育农村市场主体，服务新农村建设。实施“经纪活农”工程，培育发展持照农民和农村经纪人，通过远程教育培训系统，免费对经纪人、企业合同管理员进行培训。实施涉农合同帮扶，推行涉农合同示范文本，规范签约行为。支持鼓励发展农民自产自销户、种养殖户、农产品经纪人以及农村经济合作组织，促进农业产业化和农民增收。对农村信用合作社经银监会批准改制为股份公司的，其改制登记时发起人（股东）由200人以下放宽至不做人数限制。

放宽市场准入条件。一是放宽行业准入限制。积极推进平等准入，坚决打破民营企业发展的阻碍或限制，真正坚持“非禁即准、非限即许”原则，凡法律、行政法规和国务院决定没有禁止或限制的行业，均允许企业经营；对不需要取得前置许可的经营项目，只要符合国家规定的企业设立的法定条件，均允许登记。二是严格控制前置许可事项。除娱乐场所、化工生产、拆船和危险废物经营行业外，环保事项的审批不作为其他行业企业登记的前置许可。除娱乐场所外，消防事项的审批不作为其他行业企业登记的前置许可。三是放宽住所（经营场所）使用证明的审查要求。对划入拆迁规划“红线”范围，但拆迁期限超过 2 年的房屋，由申请人做出“此营业执照不作为拆迁补偿依据”的书面承诺，允许其作为住所（经营场所）登记。

加大支持服务力度。支持发展连锁经营、特许经营、电子商务、物流配送、专卖店、专营店等现代流通形式；支持国有服务业企业重组，生产经营性事业单位改制和政府机关、事业单位后勤服务社会化改革。工商部门采取事前介入、全程跟踪、确定企业工商联络员等方式，及时提供登记咨询服务。

放宽名称登记限制。鼓励企业名称体现行业特点，允许在牌匾中将企业名称简化使用；非公司制企业法人改制为公司时，允许企业以原名称直接后缀“有限公司”或“股份公司”等字样作为改制后公司的名称。其中，对符合使用“江苏（省）”行政区划的，可直接在企业原名称前添加“江苏（省）”字样。

允许注册资本在 500 万元以上的企业，将企业名称中的“江苏（省）”行政区划放置在行业特征之后、组织形式之前；允许注册资本在 300 万元以上的企业，将企业名称中的“淮安（市）”行政区划放置在行业特征之后、组织形式之前；允许注册资本在 150 万元以上的企业，将企业名称中的“洪泽（县）”行政区划放置在行业特征之后、组织形式之前。

降低注册资本限额。除法律、行政法规另有规定的外，一律将企业的注册资本降低到 3 万元人民币。

放宽外商投资企业批准文件审查要求。对属于外商投资产业政策鼓励、允许的企业，直接按照商务部门的批准文件和批准证书办理设立登记，无须要求提交审批机关内部权限调整的文件。

实行热点行业合同审查备案。对广大人民群众关心、社会关注的热点行业使用的合同条款进行审查，分层次实行合同备案制度。重点对水、电、气、通信等与消费者息息相关的行业的条款进行网上备案，对一般性的行业进行网上名录备案。

推进市场升级改造工程。结合卫生城市创建活动，继续配合政府推进农贸市场升级改造，提升市场档次，改善市场环境。对改造后的农贸市场实行长效管理，组织开展市场标准化管理试点工作和星级文明市场评比活动。

大力推行农资连锁经营。深化农资市场监管工作，巩固和完善“放心农资进乡村”工程和农资示范店评选活动，主动与相关部门协作，继续规范和推进农资连锁经营模式，加强农资商品质量监测工作力度，严厉打击坑农、害农、损农违法行为，保护农民利益，维护农资市场秩序。

实施品牌兴县战略。充分发挥洪泽湖地理优势，在组织申报“洪泽湖螃蟹”地理标志证明商标的基础上，积极依托洪泽湖螃蟹协会这个平台，对“洪泽湖螃蟹”实行从塘口到市场、到餐桌的全程运作，唱响洪泽湖品牌，实施品牌兴县战略。

推行网上年检工作。鼓励网上申报年检，减少个体户和企业年检往返的次数，提高年检效率。

凡此种种，方便了业主，降低了准入门槛，推动了个体私营经济的发展。是年，全县个体私营企业 765 户，年营业收入 16.3 亿元。

2010 年，进一步营造个体私营经济发展氛围。放宽市场准入。按照省工商局要求，认真执行企业登记管理法律法规，按照统一登记标准、程序和登记要求，为企业营造公平公正的市场准入环境。全面开展了股权出质、出资培训工作，帮助指导资金困难的企业开展股权出质、股权出资登记，有效解决企业融资难问题。全县共办理 4 件股权出质登记，担保债权总额 4200 万元。

减少审批环节。全面实行“一审一核”“限时办结”的制度。开展“首问责任制度”“节假日预约服务制度”等特色服务，通过下放审批权限、扩大窗口授权等途径，努力缩短审批流程，减少审批环节。做到受理、审核、缴费、发证等环节全部在窗口完成。

压缩办件时间。通过完善窗口硬件等措施，推行审批前移，缩短时间。按照县政府的要求对工商登记流程再次从办事条件、办事时限及审批环节进行缩减。除报批件以外，当场办结，报批件也确保两个工作日办结。坚持急事急办、特事特办的原则，为招商引资企业献计献策。全年急办特办各类招商引资登记300多份，实行延时服务工作100多个工作日，实行后补材料200多份，上门指导80多户招商引资企业，给全县招商引资帮办人员提供了极大的方便。

支持农民专业合作社做大做强。根据市局《关于进一步促进农民专业合作社做大做强的意见》要求，对农民专业合作社的发展任务进行了细化。对分局从事登记注册的专管员及合作社负责人员进行业务培训，确保农民专业合作社的登记注册无差错、发展有指导。为了方便农民，按照“就地登记”原则，下放农民专业合作社的登记权，制定了农民专业合作社章程样本和农民专业合作社登记指南，方便了农民就近登记。经过各分局的努力，全年县域内登记的农民专业合作社共437户。

全年新发展各类企业共有756户，注册资金41亿元，其中：投资企业68户，注册资金6亿元；私营企业674户，注册资金35亿元。个体工商户2840户，资金数额3.4亿元；农民专业合作社75户，注册资金6000万元。全年注销各类企业603户。全县拥有各类市场主体：内资企业853户，私营企业1793户，外资企业105户，农民专业合作社437户，个体工商户14681户。

2011年，县工商局年检私营企业1089户，年报企业1023户，年报率达94%；采集个体工商户党建信息8965份，占验照户的70%。协助政府有关部门做好创业、就业和再就业工作。与劳动就业管理部门联合举办“洪泽县大学生就业、返乡农民工、下岗失业人员再就业洽谈会”，有34家私营企业到场，提供634个就业岗位，应聘人员1064人，达成意向573人，实际录用351人。

2013年，苏淮工商（注）〔2013〕2号《关于个体工商户转型升级的登记管理办法》的通知规定，个体工商户在办理转型升级为企业登记时，按“注销—设立”方式进行。原个体工商户办理注销登记，同时根据转型升级后的企业类型办理个人独资企业、合伙企业或有限责任公司的设立登记。市工商局与县委农工部联合起草了《洪泽县家庭农场审批办法》，规定了成立的程序、家庭农场的认定标准、农场用工、财务制度，保险、涉税，各部门行政指导职能等。由于政策明确、推动有力，洪泽县家庭农场从无到有，渐续发展。是年，家庭农场200多户。家庭农场的发展较快，对农村经济的改革和发展，起到了引领作用。

是年，全县新发展各类市场主体2834户，新增资金总额49.20亿元，分别比2012年同期增长26%和14%。私营企业新发展685户，新增资金总额37亿元，分别比2012年增长53%和17%。个体工商户新发展1954户，资金总额2.7亿元，从业人数7482人。农民专业合作社新发展89户，出资总额1.4亿元，成员总数621人。家庭农场新发展86户，出资总额1.8亿元。

2014年，县委、县政府开展“创新创业推进年”活动和全民创业深化行动，成效明显。县工商局先后出台了《关于成立洪泽工商局全民创业工作领导小组的通知》《促进我县个体工商户转型升级的实施意见》《鼓励支持我县网络商品交易及有关服务健康发展的十条意见》三个文件。进一步放宽放开私营企业经营领域和市场准入条件，有效促进各类企业发展。

是年，全县新登记注册外商投资企业5户，分支机构2户，变更登记18户，办理2户内资转外资变更登记。新发展民营企业898户，注册资本28.94亿元。其中，私营企业714户，注册资本14.31亿元；内资企业184户，注册资本14.63亿元。个人独资企业283户，注册资本2.56亿元（个人独资企业中的家庭农场154户，注册资金1.34亿元，合伙企业2户）。新发展个体工商户3008户，注册资金36895万元。

2015年，按照“提前介入、重点指导、全程服务”的原则，推行“先照后证”“并联审批”“电子化登记”等便利投资创业的宽准入服务措施。

依托省企业注册登记并联审批平台，按照“一表申请、一窗收件、并联审批、核发一照”的模式，对纳入“三证合一”（即营业执照、组织机构代码证、税务登记证）范围的企业，“统一受理、并联审批、核发一照”。由县政务办牵头，县市场监督管理局协同国税局、地税局单位统筹推进“三证合一”登记制度。企业在洪泽县行政区域范围内办理涉企相关手续时，各相关部门和商业银行，对企业提交标注组织机构代码证、税务登记号的营业执照，予以认可。

是年，围绕“简政放权”“宽进严管”的工作思路，稳步推进商事登记制度改革，实行注册资本认缴登记制、前置改后置登记、“一照一码”“三证合一”等改革措施，充分激发了市场主体发展活力。全县共有各类市场主体29536家，其中内资企业1312家，个体工商户22922家，农民专业合作社821家，外资企业121家。发放“三证合一”执照430份。500多户新设企业实现从网上登记，办理500件工商企业通业务。为小微企业电子商务核发“电子执照”58份。办理个体户升级登记32户。

是年5月18日，根据国务院的体制改革要求，将工商行政管理局、药品食品监督管理局、质量技术监督管理局三个省垂直单位合并为洪泽县市场监督管理局，划归洪泽县建制。

2016年7月，洪泽县划归淮安市建制，洪泽县市场监督管理局改称淮安市洪泽区市场监督管理局。

2017年，区市场监督管理局深入推进企业多证合一、一照一码改革。确保换照工作及时完成。全区应换照7420户，已换照4872户，占应换照65.7%。加大电子营业执照发放力度。发放电子营业执照553份，占新登记户数的70%。推进简易注销登记改革，办理各类注销登记733户，其中简易注销256户，占注销总户数的35%。办结药品类行政许可事项64件，其中变更37家、换证2家、筹建12家、验收11家、注销2家。医疗器械类行政许可13家，其中新开办6家、变更5家、注销2家；二类医疗器械备案18家。所有药品生产经营单位按照上级规定的时限，全面通过新版认证。

是年，全区共有私营企业6194户，注册资金272亿元。新增私营企业1264户，资金总额521亿元，私营经济发展呈现良好发展态势。个体工商户表现出了强劲的发展势头，年底全区共有个体工商户27435户，投资总额37.32亿元，仅12月份就新增415户，新增投资额10.37亿元。

个体私营经济总量规模迅速扩大，经营领域不断拓宽，发展层次逐步提高，区市场监管局从中做出积极努力，发挥职能作用，推行“容缺审批”。打破了原来“申请材料齐全且符合法定形式后再受理”的传统审批模式，将补正材料与受理审核由先后顺序改为并行处理，针对申请人办理登记业务时提供的材料具备基本条件、主要申报材料齐全且符合法定条件、但次要条件或手续有欠缺的登记事项，由申请人签订《“容缺后补”承诺书》做出书面承诺，先行予以容缺受理并进行审查发照，提高了首次受理办结率。推行“多证合一”。是年，累计完成核发一照一码企业营业执照5563份。推行“不见面”审批。实行“互联网+”政务服务，全程办理市场监管业务。全年共开展不见面审批业务500余次，累计发放电子营业执照677份。推行证照联办。在岔河分局试点食品经营许可证和营业执照“一窗受理、内部流转、证照同发”的并联审批模式，全年累计办理个体户证照联办26户，在岔河分局试点的基础上向全区推开。

2018年，通过梳理扶持民营经济发展政策，分解新增私营企业目标数、新增个体工商户目标数，落实主体责任，促进个私发展工作。新增个体户3014户，完成全年目标的120%；新增私营企业1233户，完成全年目标的154%。

（执笔人：张玉银）

回望洪泽家庭联产承包责任制40年

淮安市洪泽区农业农村局

1978年，以党的十一届三中全会为标志，中国开启了改革开放历史征程。政府借鉴了小岗村的经验，在农村实施了一系列改革措施，特别是通过实行以家庭联产承包责任制和统分结合的双层经营体制，极大调动了广大农民的生产积极性，中国的粮食产量从1978年的3.048亿吨快速增长到1984年的4.073亿吨，6年间年均递增4.9%，这是自中华人民共和国建立以来粮食增长最快的时期，一举扭转了中国粮食长期严重短缺的局面。

当时的洪泽，地处洪泽湖东岸，有着得天独厚的自然条件，但是受历史因素影响，粮食产量一直很低，20世纪六七十年代时从未超过200千克每亩的产量，人均分配收入1963年才25.7元，到1978年时也只有78.4元。党的十一届三中全会后，洪泽和全国各地一样，努力排除极“左”路线的影响，认真落实《中共中央关于加快农业发展若干问题的决定》〔1979〕和中共中央75号文件《关于进一步加强和完善农业生产责任制的几个问题》〔1980〕精神，实行以家庭联产承包责任制为主的生产责任制，给洪泽带来了翻天覆地的变化。仅仅在推行生产责任制后的第一年，粮食的平均亩产量就达到了342千克，比上一年增产12.15%，人均分配纯收入达337.72元，比上一年增长80%，充分显示了农村改革的成效。

因此，当时的洪泽县委决定加大力度，吃透中央75号文件精神，因地制宜地制定适合洪泽发展的生产责任制形式，改变平均主义现状，逐步建立多种农村生产责任制形式并蒂相存。不久，县委就印发了70号文件〔1981〕，并派驻农村经营管理小组配合当时的仁和公社党委对全社183个生产队进行农副业生产责任制试点，对粮田实行“任务到组，超产奖励”的奖励型生产模式。按劳划分、固产定本、超产奖励、减产赔偿的责任制出台，进一步激励了广大群众的生产积极性，最终据联产统计，当年年终粮食增产31200千克，比上一年增长18%。

1982年，县委、县政府印发洪委发《关于进一步组织学习〈全国农村工作会议纪要〉的通知》，要求原原本本地向全县所有群众宣传文件精神，同时对仁和镇的试点结果进行大力宣传，做到家喻户晓。随后，双沟公社党委199个生产队中有198个生产队根据群众意愿实施家庭联产承包责任制和包干到户，最终当年全镇粮食增产17.1%。县委总结了双沟镇和仁和镇的经验，对群众的积极性加以引导，经过在全县范围内的推广，截至1982年年底，全县包干到户1004个小队，占总数的54.5%，联产到户625个小队，占总数的34%，联产到组34个小队，占总数的1.8%，专业承包8个小队，小段包工161个小队，占总数的8.7%，呈现了“小段包工—联产到组—联产到户—包干到户”的发展过程。

县农工部面对土地承包制的大好形势，及时出台了《关于完善土地承包制的细则》，提交县委、县政府。县委、县政府经研究后充分肯定了农工部制定的《关于完善土地承包制的细则》，并于1984年4月将县委农工部制定的《关于完善土地承包制的细则》批转给了各乡、镇党委和县属各场圃，要求各乡、镇、场圃结合本地实际情况加强土地管理，鼓励土地逐步向种田能手集中，鼓励农民向土地长效投资，同时声明实行承包的土地不论以何种形式承包，都将承包期延长到2000年，期间若有抛荒、弃种的将收归集体，若有调整的，本着“大稳定，小调整”的原则，适当调整，不得打乱重分。是年8月，县委、县政府出台了《关于进一步搞好土地承包工作的意见》（以下简称《意见》）。《意见》指出，发放土地使用证，延长土地承包期是贯彻落实“中央一号文件”的一项重要内容，各级党委务必予以高度重视，切实加强领导，深入实际，调查研究，做好工作，确保月底前结束这项工作。以《意见》出台为标志，从1984年至1998年，为一轮承包时间。

1986年9月28日，县委、县政府又印发了《关于坚持延长土地承包期的通知》，重申县委、县政府1984年的规定："土地承包到2000年，承包地确定后，县政府发放《土地使用证》承包期内，除全家迁出、死亡绝户的土地回收外，其余一律不动，人口劳力变化时，可以通过转包土地进行调节，或通过发展多种形式专业户，搞非耕地经营的办法解决。"同时，对部分土地拟调整而最终未调整的村、组，一律履行《土地使用证》规定的承包期，不准再调，及时杜绝了推诿扯皮和趁机捞好处的情况发生。1989年8月，县委、县政府又印发了洪委发〔1989〕25号转发县委农工部《关于进一步完善土地承包制的意见》的通知，对之前1984年至1989年之间印发的所有土地承包制文件进行了一次系统的梳理和完善，确认了原则不变、农民主体、稳定连续的土地承包制体系。自此以后，我县一轮承包时间内的土地承包问题基本确定下来，全县步入了一个高速发展的时间段。

家庭联产承包责任制和包干到户制的推行，使得全县种粮形势一片大好，再加上洪泽地处淮河流域，自古土地肥沃，自联产承包后几年连年增产，从1979年的18.8万吨增长到了1986年的30多万吨，增长幅度达到了59.6%！广大农民充分体会到了"交够国家的，留够集体的，剩下都是自己的"那种喜悦。整个县内的生产面貌焕然一新，农民的生活水平也逐年提高。

其中，老子山镇由于其独特的地理位置和所处环境，又走出了一条独特的发展道路。在党的十一届三中全会后，县委带领全县农民认真贯彻落实"按劳分配"政策的时候，老子山镇由于地势深入洪泽湖，水域面积远大于陆地面积，因此对于联产承包的做法虽然心动，一时之间却是有心无力。老子山镇党委不甘于此，在实践中摸索，因地制宜，带领群众走上"深耕细作"的模式。由于在土地面积有限的情况下，再怎么承包分配也无法满足群众的需求，为此，老子山镇党委督促农业技术实验站积极试验各地优秀品种，在1980年至1989年间，先后选择了适合当地条件、产量更高的新品种水稻“徐州211号”“南京11号”向本地农民大力推广。1988年，刘咀村村民甚至因为不满足于一年只有一季的水稻而试种油菜，实现了春种油菜秋收稻的“两熟”愿望。至1989年推广到全镇乃至全县范围，我县的家庭联产承包责任制不仅使粮食产量得到提高，更是由此开拓了新思路，使得我县走向了产量高、技术精、品种尖、花样繁的康庄大道。

1993年7月2日，第八届全国人民代表大会常务委员会第二次会议修订通过了《中华人民共和国农业法》，这次法案除了原有的条例之外，对自然资源和集体土地的所有权和使用权做出了明确的分类和规定：“第十二条同时新增了集体所有的或者国家所有由农业集体经济组织使用的土地、山岭、草原、荒地、滩涂、水面可以由个人或集体承包从事农业生产；第十三条规定了除农业承包合同另有约定外，承包方还享有生产经营决策权、产品处分权和收益权；第十四条规定了农业集体经济组织或者村民委员会应当向承包地、山岭、草原、荒地、滩涂、水面的个人或者集体提供生产服务；第十五条国家鼓励个人或者集体对荒山、荒地、荒滩进行承包开发、治理，并保护承包人的合法权益。”这一系列新规定的出台更加刺激了广大农民的生产积极性，激活了农业产业的发展和转变，而国家鼓励开发土地和保护承包人权益的措施推进了土地承包经营权的演变和发展。随后，党中央将完善农村土地承包经营制度作为抓手点，不断在会议中和文件中多次强调，重点解释：以家庭联产承包为主的责任制和统分结合的双层经营体制是党在农村的基本政策，必须保持长期稳定，并在实践中完善。无论是《中共中央、国务院关于当前农业和农村经济发展的若干政策措施》（中发〔1993〕11号）还是《国务院批转农业部关于稳定和完善土地承包关系意见的通知》（国发〔1995〕7号）都对稳定和完善农村土地承包经营制度作出了重要指示。县委也于1997年转发了中央和农业部《关于进一步稳定和完善农村土地承包关系的通知》，及时学习领悟通知精神，因地制宜制定相关政策条例促进农村改革、发展、稳定。随后，省里于1997年10月印发了《关于贯彻中办国办〈关于进一步稳定和完善农村土地承包关系的通知〉的通知》，督促各市即刻印发到县，并认真传达党中央、国务院的通知精神，各乡镇党委、政府要认真做好延长土地承包期工作，切实保护和发挥好农民积极性，进一步发展农业和农村大好形势，务必将“通知”贯彻落实，并迅速传达到各级党支部、村委会。

江苏省作为沿海省份，又地处长江中下游平原，南有太湖，北有洪泽湖，地理条件优越，经济发展迅猛，水资源丰富，土地营养价值极高。对此，在中央出台了一系列关于稳定和完善土地承包关系的政策之后，江苏省委、省政府第一时间选择抓住机遇，迎接挑战，激流勇进搞创新，大刀阔斧抓改革。省委农业厅当即研究出台了《关于稳定和完善农村土地承包经营制度的意见》（苏办发〔1996〕23 号）（以下简称《意见》），并提请省委、省政府编文转发给各省委有关部门和地方市、县政府，明确要求各级党委、政府和有关部门要认真贯彻落实党中央、国务院的有关文件精神，深入实际，调查研究，妥善处理好农村新一轮土地承包关系，做好延长土地承包期工作，积极探索农业适度规模经营的发展路子，加快建立适应社会主义市场经济要求的农村土地经营机制和管理体制，为推进江苏省农业和农村经济持续、稳定、健康发展而不懈努力。《意见》中提出，要稳定和完善土地承包经营制度的指导思想，积极稳妥地做好延长土地承包期的工作，严格按照政府法规调整承包土地，正确处理农户与集体土地的承包关系，允许土地使用权的依法有偿转让，因地制宜发展农业适度规模经营，规范“四荒”（荒山、荒地、荒水、荒滩）使用权的拍卖、租赁行为，强化农业承包合同管理，充分发挥双层经营体制积极作用，切实加强对稳定和完善农村土地承包工作的领导。1997 年 6 月 23 日，省委办公厅、省政府办公厅印发了转发省委农业厅《关于加强农村集体农用土地流转管理的若干意见》（苏办发〔1997〕17 号）的通知，对农村集体农用土地的流转管理提出了中心思想和指导原则，为年底的土地确权颁证打下了一定的基础。是年 12 月，省委农工部印发了《关于“农村集体土地承包经营权证书”的实施方案》的通知，通知明确发放目的和发放对象、规划组织实施和实施步骤、理清说明事项和注意要求，对二轮承包内容包含的土地、性质、群体、对象等做了详尽的介绍划分并做了要求。

洪泽县第一时间收到通知之后也即刻行动起来，对进行了承包土地的集体、组织、个人进行召集和宣传。在严格遵守方案的前提下，我县当时的普遍做法就是各村组将全村人召集起来，以小组为单位进行村委会表决，对坚持承包土地的对象进行选举表态，只有得到全组同意并且在村委会见证下签字按手印的集体、组织和个人才能有承包土地的资格。受当时条件所限，基本没有签订规范化合同，同时因为没有硬性的要求规定承包时间和价格，所以一般都是由承包对象和土地所在村集体自行协商解决，结果由村委会所留会议记录和所留证明手印为依据。1998年5月29日，中共淮阴市委、淮阴市人民政府出台了《关于进一步稳定和完善农村土地承包关系的意见》（淮发〔1998〕18号）（以下简称《意见》）之后，根据中央和省有关文件精神，结合淮阴市实际情况，对进一步稳定和完善农村土地承包关系，做好延长土地承包期工作，第一次提出了较为完善的意见。

《意见》不仅对土地承包期限有了明确的规定——土地承包期延长30年，而且对于稳定和完善相关细则方面做出了众多部署。包括：第一，对宅基地、园、林、沟塘等不做变动，饲料地纳入承包田统一管理。第二，对原承包地不得随意打乱、重新发包；对于因1984年以来没有进行过小调整，目前零碎分散或不便耕作的，在征得大多数村（组）民同意的基础上，上报乡（镇）人民政府审核，经县（市、区）人民政府批准后，原有土地承包关系可做适当调整，以方便顺片按块发包、便于耕种和管理。第三，严格控制机动地，对于过去已留“机动地”的地方，群众没有意见的，这次原则上不动；考虑社会公益事业等用地需要的，确需预留少部分“机动地”的，必须在群众讨论同意的基础上，由村集体经济组织申请，报乡（镇）人民政府审核，经县（市、区）人民政府批准，所留“机动地”不得超过村（组）集体经济组织耕地总面积的5%，所留“机动地”具体用途在确定之前，一律采用公开发包或招标承包等方式公平竞争。其他诸如规范合同管理、费用管理、严格确权发证手续等都一一做出说明。除此之外，对于确权之后，着力完善土地承包经营权流转机制也做出了重要规定，包括建立健全土地承包流转机制，稳定承包关系，防止土地频繁调整以及促进劳动力流动、发展规模经营；土地流转必须遵循的五项基本原则；规范土地流转手续，将土地流转合同纳入农业承包合同管理范围；土地流转形式允许多样化等；都做出了一一说明。

（执笔人：冯和勇）

洪泽生态环保事业改革发展纪实

淮安市洪泽区生态环境局

改革开放以来，在县（区）委、县（区）政府的正确领导下，洪泽的环保事业随着经济社会的发展，不断地向纵深推进。

一、在改革发展中建立健全环境保护机构

1979 年 2 月 12 日，洪泽县革命委员会为了保护好洪泽湖水质，开展洪泽湖水质监测，成立环境保护办公室，这是洪泽县首次成立的环保专职行政管理机构。

1979 年 9 月 2 日，根据《关于成立县环保监测站的通知》（洪革〔1979〕171 号），成立“江苏省洪泽县环境保护监测站”，为县环保办公室下属机构，属事业单位。

1989 年 1 月 20 日，洪泽县政府印发《关于撤销洪泽县城乡建设环境保护局 设立洪泽县城乡建设局和洪泽县环境保护局的通知》（洪政发〔1989〕7 号），洪泽县环境保护局成立后，被列为县政府工作部门。

1989 年 3 月 23 日，洪泽县环境保护局根据洪泽县编制办公室《关于县环境保护局内部机构设置的批复》（洪编复字〔1989〕第 14 号），内部设立计划股、质量股、技术股和办公室。是年 5 月 12 日，洪泽县委组织部同意设立环保局党支部。

1990 年 3 月 31 日，洪泽县环境科学学会宣布成立。

1991 年 11 月 15 日，经县编制委员会批复，在全县 13 个乡（镇）成立环境保护办公室，与各乡镇城管办、土管所合署办公。

1993 年 10 月 29 日，经县编制委员会批准，成立洪泽县环境保护监理站。

1994 年 4 月 4 日，经县人民法院批准，设立洪泽县人民法院环保合议庭；12 月 13 日，经县编制委员会批准，在全县 13 个乡（镇）撤销环保办，成立环境监理所。

1996 年 12 月 16 日，中共洪泽县委决定设立洪泽县环境保护局党组。

2000 年 11 月 6 日，洪泽县环境保护局根据洪泽县编制办公室《关于同意县环境保护监理站更名的批复》（洪编复〔2000〕6 号），将“洪泽县环境保护监理站”更名为“洪泽县环境监理大队”。

2001 年 8 月 21 日，洪泽县环境保护局根据洪泽县编制办公室《关于洪泽县环境保护监测站更名为洪泽县环境监测站的批复》（洪编复〔2001〕6 号），将“洪泽县环境保护监测站”更名为“洪泽县环境监测站”。

2007 年 9 月 25 日，洪泽县 12 个镇分别成立环保工作委员会。

2008 年 9 月 23 日，洪泽县环境保护局根据洪泽县编制办公室《关于统一规范环境监察机构设置等事项的通知》（洪编发〔2008〕4 号），将“洪泽县环境监察大队”更名为“洪泽县环境监察局”，副科级建制，设局长 1 名，副局长 2 名；同时成立 3 个乡镇环境监察分局，正股级建制，各分局设局长 1 名。

2011 年 4 月，洪泽县环境保护局根据《县政府办公室关于印发洪泽县环境保护局主要职责内设机构和人员编制规定的通知》（洪政办发〔2011〕45 号）文件精神，内设机构为办公室、计划科技与生态保护科、法规与宣教科、行政许可服务与总量控制科和污染防治科 5 个科室。

2019 年 5 月，根据省市环保垂直管理改革文件精神，“淮安市洪泽区环境保护局”更名为“淮安市洪泽生态环境局”并正式挂牌。

2019 年 8 月，根据《关于调整县区环保监测执法事业机构管理体制的批复》（淮环发〔2019〕41 号）文件精神，将“淮安市洪泽区环境监察局、淮安市洪泽区环境监测站”名称分别规范为“淮安市洪泽生态环境综合行政执法局、淮安市洪泽环境监测站”。

二、在改革发展中持续推进生态环保工作

1981 年 9 —11 月，县环境监测站重点调查了洪泽湖湖体和 7 个主要支流污染情况，行程 1500 千米，共采集水样 122 份，获得监测数据 2743 个。

1981 年 12 月完成《洪泽湖水系水质调查报告》，该报告第一次系统地阐述了洪泽湖水系水质污染情况和污染来源、污染规律，为日后制订保护规划、综合治理洪泽湖提供了科学依据。

1995 年 7 月 4 日，县政府成立洪泽县环境执法领导小组，对全县 5 个镇、6 个县属企业进行为期三天的环保执法检查。通过一系列的执法检查，发现洪泽县的工业主要污染源是县化肥厂、县纸厂、县肉联厂等。是年 10 月 18 日，洪泽县城区烟尘控制区建设通过市级验收；11 月 20 日，洪泽县环境保护监理站通过市环委会组织的环境监理试点工作验收；11 月 27 日，洪泽县高良涧镇、蒋坝镇生态村建设通过市环委会验收。

1996 年，环保事业迎来了崭新的一页。4 月 8 日，洪泽县政府召开环境保护工作会议，县长王广德与 24 个乡镇长和有关主管部门的负责同志签订了环保责任状。这一举措强化了属地责任、环保责任，环保工作得到了更大程度的重视。

1997 年 12 月 5 日，县环境监测站计量工作通过市环保局、审计局验收。

1999 年 2 月 18 日，县环委会成立白色污染防治领导小组，制订白色污染防治工作计划。

2000 年 6 月 12 日，洪泽县二中被省环保厅、省教委命名为“绿色学校”。

2001 年 6 月 12 日，洪泽县被环境保护部（现中华人民共和国生态环境部）批准为全国第六批生态示范建设试点地区。12 月 14 日，县政府出台

《关于建立洪泽湖湿地保护区的决定》，划定保护区范围为北起西顺河镇的张福河、于圩、街南等沿湖村，东边沿洪泽湖大堤，南至蒋坝镇，西到老子山镇水上村的所有湿地，面积约620平方千米。

2002年6月4日，县委、县政府出台了《关于加强环境保护工作的十条意见》，进一步推动环保工作开展。7月30日，洪泽县第十一届人大常委会第四十次会议通过《洪泽县生态示范区建设规划》。11月22日，县政府出台《关于洪泽县生态示范区建设规划的实施意见》，启动国家级生态示范区创建工作。

2003年3月，县政府加强了农业生态环境保护，要求调整化工企业结构，加大环境污染治理力度，在大力发展工业经济的同时，把环境保护放在首位，树立可持续发展理念，加强环境保护和治理。县环保局负责好全县烟尘控制区建设，防止工业污染反弹。要建立健全污染防治预警机制，定期进行水源、大气等农业资源检测，公布有关数据，确保全县水环境质量、大气环境质量等达到相应功能区标准。是年7月18日，江苏方舟化工公司在全市化工系统首家通过ISO14001环保体系认证。9月9日，市政府同意建立洪泽县洪泽湖大堤市级湿地自然保护区，保护区面积100平方千米。

2004年3月，“洪泽环保系统”被洪泽区委命名为“县级文明行业”。是年6月16日，县政府办公室印发了《洪泽县整顿违法排污企业保障群众健康环保专项行动的工作方案》，对全县化工、造纸、钢铁等重污染行业开始专项环保检查。7月2日，县委召开全县环保工作会议，时任中共洪泽县委书记陈贵做了《全面树立和落实科学发展观 全力打造环境优美、生态优良的新洪泽》的讲话，讲话中对于规范执法提出了“三提醒一处罚”执法，对违反环保法律法规的行为，环保部门要主动帮助规范，实行执法人员、分管领导、主要领导三次上门提醒，督促企业整改规范，如果三次提醒仍不能有效整改的，要毫不手软地进行处罚。同月，洪泽区环境保护委员会印发了《关于加强环境综合整治推进生态环境保护和建设的意见》（洪环委〔2004〕1号），提出：发展循环经济，探索新型工业化道路；加强环境综合整治，努力改善环境质量；建设生态工程，加快生态县建设步伐；加大环保执法力度，提高依法行政水平；强化保障、不断开创环保工作新局面；加强宣传发动，建立健全公众参与环保机制；强化领导，建立健全环保工作的组织协调机制7条意见，确保做好全县环境综合整治，推进全县生态环境保护和建设。11月8日，县委办、县政府办印发了《洪泽县生态示范区创建工作实施方案》，成立创建工作领导小组。11月24日，市政府同意建立市级洪泽湖东部湿地自然保护区（淮政复〔2004〕97号），保护区总面积300平方千米，其中核心区老子山面积100平方千米。12月9日，洪泽县生态示范区建设通过省级预验收，整个创建活动得到了验收组的高度评价。

2005年5月21日，县政府决定将取水口由苏北灌溉总渠搬迁至洪泽湖二河口。7月，县政府印发《关于分解落实2005年度县长环境保护责任目标的通知》（洪政发〔2005〕58号），分环境质量目标、污染物排放总量控制目标、办实事目标、保障措施目标四个方面，细化措施，落实了具体责任单位，确保全面完成目标任务。7月30日，洪泽县生态示范区建设通过国家级验收，创建工作得到总局领导的肯定，洪泽县环保局被环境保护部授予优秀组织的称号。

2006年3月，县政府印发《关于分解落实2006年度县长环境保护和创模责任目标的通知》（洪政发〔2006〕30号），提出了完成国家环保模范城市创建任务。

2006年7月10日，洪泽县新取水口正式启用，位于洪泽湖二河口，划定一、二级保护区，竖立标志牌，编制保护区管理规定。11月，县政府办印发《关于印发贯彻环保优先方针分解落实环境保护工作重点任务方案的通知》（洪政办发〔2006〕88号），提出了积极推进产业结构调整、加强生态环境保护和建设、加大财政和物价对环保的支持力度等要求。12月，县政府印发《关于加强县集中式饮用水水源地水质保护的通知》（洪政发〔2006〕101号），提出：设立地面水厂取水口水源保护区；加强保护区内水源保护工作；明确职责，强化管理。县环保局限期关闭一级保护区内现有的排污口，严肃查处各类违法违规排放行为；加强保护区内水质监测工作，并在有关媒体上每月公布一次监测结果。

2007 年 9 月 17 日，县政府制定高污染燃料禁烧区。东至宁淮高速、西至洪泽湖大堤、北至苏北灌溉总渠、南至南环路南 3 千米处。12 月 4 日，全县召开污染源普查清查工作动员大会，县政府副县长陈照新做动员讲话，正式启动污染源普查工作。

2008 年 1 月 20 日，县政府完成取水口实施环境综合整治工程，搬迁 19 户居民，拆迁围网养殖面积 138.4 亩，取水口周围环境得到很大改观，水质一直稳定达标。5 月 19 日，洪泽县成立创建国家环保模范城市指挥部，下设办公室和 8 个工作组，切实加强对创模工作的组织领导。7 月 2 日，洪泽县环保局成立“企业环保自律纠察队”，发挥企业行业内部相互监督作用，提高排污企业责任意识和环保自律意识。8 月，县政府办印发了《洪泽县 2008 年整治违法排污企业保障群众健康环保专项行动工作方案》，对自环保专项行动开展以来省、市、县挂牌督办的环境违法案件和突出环境问题整治措施落实情况进行集中检查；对城镇污水处理厂、垃圾填埋场等重点行业和工业危险废弃物进行专项检查；对重点水域污染企业进行专项整治。9 月 10 日，县政府成立环境宣传教育指导委员会，全面普及先进的环境文化，打造绿色生态新洪泽。

2009 年 2 月，县政府印发《关于进一步加强环境监管和规范企业环境行为的意见》（洪政发〔2009〕19 号），提出：建立和完善环境管理制度；严格规范排污口管理；治污设施要正常运行；加强固体废弃物处置管理；建立环保、安监、交通、水利、公安等部门联席会议制度；加大环保监管力度，对化工、钢管、造纸等重点污染源和限期治理项目的现场环境监察每月不少于 8 次，对一般污染源及其污染防治设施的现场监察每月不少于 2 次；进一步落实“人盯厂”制度；加大处罚和问责力度。3 月 14 日，洪泽对全县 32 家重点企业进行环境规范化整治，出台“人盯厂”制度，盯厂人员负责对挂钩企业环保工作的日常监管和业务指导，督促企业正常运行污染处理设施，提高稳定达标排放水平。6 月 5 日，洪泽县环保局围绕“污染减排与环境友好型社会”主题深入开展了内容丰富、形式多样、主题突出的纪念宣传活动；准备了大型环保橱窗图片展，从环境管理、环境宣教、环保投入、生态建设四个方面充分展示了近年来洪泽环保工作取得的成绩；并在活动现场设立咨询台，发放环保法律法规、环保小常识等宣传资料，接受群众咨询和信访投诉。7 月 18 日，县政府出台《危险废物管理若干规定》，从申报受理、运输管理、贮存管理和审计公示四个方面对危险废物处置实施管理。一是要求企业在处置危险废物时，必须先向环保部门申报，环保部门受理后，在两个工作日内出具处置意见；二是企业要有装有 GPS 的危险废物运输车（船），并贴明警示标志；三是企业对已产生的危险废物，必须建设专门的、符合国家规定的贮存设施；四是环保部门对企业危险废物处置情况每季度审计一次，定期在媒体上公布结果，接受群众监督。8 月，中共洪泽县委、洪泽县人民政府印发《关于进一步加强节能减排提升环保水平的意见》（洪委〔2009〕75 号），提出要严把建设项目准入关，优化经济结构，积极构建节约型、环保型产业体系；运用市场手段和法律手段加快淘汰落后生产能力；突出抓好重点企业和重点领域节能减排；加快推进节能减排技术进步；大力发展循环经济。2009 年，洪泽县在全省县、城镇环境综合整治定量考核中名列全省第四名。

2010 年 7 月，为鼓励公众积极参与环境保护、监督、管理，严肃查处环境违法行为，改善环境质量，县政府办转发《洪泽县举报环境违法行为奖励办法》（洪政办发〔2010〕57 号），县环保局设立 24 小时值班电话（12369、0517-87220705），受理环境违法行为举报。举报人可采用电话、信函、网络等方式举报，举报一经查实，按规定给予奖励。

2011 年 3 月，县委办公室 县政府办公室印发《关于印发生态县建设行动方案的通知》（洪办发〔2011〕25 号），提出了 2011 年，高良涧镇、黄集镇、朱坝镇、岔河镇、三河镇建成国家级生态镇；仁和镇、万集镇、东双沟镇、共和镇、老子山镇、蒋坝镇、西顺河镇和经济开发区分别建成省级生态镇和省级生态工业园；2012 年，仁和镇、万集镇、东双沟镇、共和镇、老子山镇、蒋坝镇、西顺河镇建成国家级生态镇；到 2013 年，全县环境质量和生态状况全面改善，各项指标达到国家生态县标准，在淮安市率先基本建成生态县。

2013 年 2 月，县委办公室、县政府办公室为进一步加强我县城市工业污水处理排放工作，提升企业达标排放水平，保障污水处理厂、配套管网及尾水廊道等城市工业污水排放设施的安全高效运行，印发《关于进一步规范城市工业污水处理排放工作的意见》（洪办发〔2013〕9 号）。文件要求，所有企业内部排水系统必须实行雨污分流，确保污水、雨水分别排入污水管网和雨水管网，同时，每个排水户的污水排口和雨水排口分别只能有一个。新建的泵站及管网在竣工验收合格后，建设单位要及时移交给排水公司管理，并办理相关移交手续。

2015 年 10 月，经过国家生态县评估验收小组审核，洪泽县高水平通过国家生态县审核。

2016 年 6 月，中共洪泽县委、洪泽县人民政府印发《关于印发〈洪泽县生态文明建设重点任务行动方案（2016—2018 年）〉的通知》（洪发〔2016〕28 号），提出通过三年时间组织实施一批生态环境治理和保护重点工程，切实改善全县生态环境质量，确保无重特大突发环境事件。到 2018 年，涉及国家生态文明建设示范区创建的各项指标全部达到标准，力争创成国家生态文明示范区。

为扎实推进省“两减六治三提升”专项行动，区政府成立了“两减六治三提升”专项行动领导小组，由区长殷强担任组长。2017 年 1 月，中共洪泽区委、区政府印发《“两减六治三提升”专项行动方案》，明确提出减少煤炭消费总量、减少落后化工产能，治理水环境、生活垃圾、黑臭水体、畜禽养殖污染、挥发性有机物污染、环境隐患，提升生态保护水平、环境经济政策调控水平以及环境执法监管水平。

2018 年 1 月 5 日，洪泽被授予“国家生态区”的称号，10 月 25 日，被授予“省级生态文明建设示范区”的称号。5月，区委办公室、区政府办公室印发《浔河唐曹断面水质达标整治工作方案》（洪办发〔2018〕52号），细化措施、落实责任，确保浔河唐曹国考断面最终达到Ⅲ类水标准。

2019年，区委、区政府高度重视生态文明建设工作，成立了由区委、区政府主要领导任组长，各相关单位主要领导为成员的生态文明建设领导小组，各镇（街道）和区各有关部门也组建了创建组织，形成了合力攻坚、齐抓共管的创建格局。全面完成中央环保督察“回头看”和省级环保督察交办的反馈问题整改工作，并获得2019年度全区科学跨越发展目标考核一等奖。编制并实施了《淮安市洪泽区生态文明建设规划》，对全区的生态文明建设进行了严密细致的定位和划分，明确了生态文明建设的总体任务和建设重点，为推进洪泽区的环保事业持续发展指明了方向。

（执笔人：李何）

改革开放中的洪泽双拥工作

淮安市洪泽区退役军人事务局

洪泽县（区）是革命老区，历来具有拥军优属、拥政爱民的光荣传统。自改革开放以来，洪泽县（区）委、县（区）政府与时俱进、开拓创新，不断加大“双拥”（地方拥军优属，军队拥政爱民）工作力度，军地双方携手共建，风雨同舟，结下了深厚的鱼水情谊，有力地加强了全区的国防建设、促进了经济发展和维护了社会稳定，在淮水之滨、洪泽湖畔，掀起了新一轮的“双拥”热潮。

一、构建协调高效的“双拥”工作机制

自改革开放以来，洪泽县（区）委、县（区）政府始终坚持“责在双方、重在地方”的理念，自觉发挥地方主导作用，强化组织领导，整合各方资源，严格落实责任，形成了推进“双拥”工作发展的整体合力。

（一）加强组织领导

县（区）委、县（区）政府、县（区）人武部根据机构和人员变动情况，及时调整充实“双拥”工作领导小组成员，自2001年成立“双拥”办以来，县“双拥”工作领导小组一直由县委书记任组长，同时将领导小组的办事机构——县（区）“双拥”办明确为副科级单位。县（区）委常委会、县（区）政府常务会议从成立之初起便坚持每年召开2次以上议军会议和武委会议，切实为驻军办实事、解难题。与此同时，将“双拥”工作纳入重要

议事日程，纳入党委政府目标管理体系，从2001年至2019年每年将“双拥”工作纳入全区县、镇两级年度双文明责任目标，年终由县（区）“双拥”办考核，县（区）目标办汇总，并进行奖励表彰，有效增强了基层单位的“双拥”工作动力。

（二）强化宣传发动

县（区）新闻单位常年开设“双拥”专题、专栏，及时宣传“双拥”、国防政策法规，全面报道“双拥”工作安排和工作动态。2011年，为使“双拥”宣传常态化，政府一次性投入近30万元，在主要道口建3块大型永久性“双拥”标牌，在健康东路用LED滚动灯箱新建了“双拥”宣传一条街。公安、城管、教育、供电等单位与驻洪部队官兵互帮互助，建成了东风路、人民路军警民共建文明街。县“双拥”办每年定期维护“双拥”设施，并及时更换老旧“双拥”宣传牌，在城市形成了三纵三横的“双拥”宣传阵地，努力在社会上营造更加浓烈的拥军氛围。2016—2018年间在《新华日报》等省级以上报刊媒体刊登46篇、《淮安日报》等市级以上报刊媒体刊登40篇。

（三）规范制度建设

2001年，洪泽县机构编制委员会出台《关于同意成立洪泽县拥军优属拥政爱民工作领导小组办公室的批复》（洪编复〔2001〕1号），洪泽县“双拥”办正式成立。2003年，县委制定出台了《关于进一步支持驻洪部队后勤保障社会化的实施意见》（洪发〔2003〕57号），为驻洪部队提供了饮食、商业服务、营房、医疗、交通运输、社区服务等多方面的保障，实现了军队后勤保障社会化。2013年印发《关于进一步加强新时期双拥工作的意见》（洪拥〔2013〕5号），2015年印发《关于印发〈洪泽县涉军维权工作实施办法〉的通知》（洪办发〔2015〕85号），确定了涉军维权的工作机制，2016年印发《关于印发〈洪泽县双拥工作制度〉的通知》（洪拥发〔2016〕5号）。陆续出台了政策性文件，建立并完善了党委议军会议制度、“双拥”工作领导小组全体成员会议制度、军地联席会议制度、检查评比表彰制度、军地“双拥”共建工作制度等，实现了全县“双拥”工作制度化、规范化建设，形成了具有洪泽特色的“双拥”工作机制。2014 年，县委、县政府、县人武部出台了《关于加快推进军民融合深度发展的意见（2014—2016 年）》（洪发〔2014〕14 号），2016 年，县政府出台《洪泽县国民经济和社会发展第十三个五年规划纲要》（洪政发〔2016〕44 号），将“双拥”工作纳入县“十三五”规划，深入贯彻新时期军事战略方针和“平战结合、军民结合、寓民于军”原则，稳步扎实推进“双拥”工作。2017 年区委、区政府、区人武部出台了《关于加快推进军民融合深度发展的意见（2017—2019 年）》（洪发〔2017〕19 号），推进实现地方生产力和部队战斗力同频同振、同步提升。2018 年，区委、区人武部印发《关于调整区全民国防教育委员会组成人员的通知》（洪委发〔2018〕81 号）。根据相关文件，各镇（街道）、各部门相应制定了贯彻落实意见，把“双拥”工作同社会发展、经济建设、精神文明建设结合起来，切实做到“双拥”工作有要求、有部署、有检查、有总结，推动“双拥”工作走上了经常化、社会化、制度化、规范化轨道。

（四）坚持定期慰问

自“双拥”办成立以来，每逢重大节日，县（区）四套班子主要领导都深入军营和重点优抚对象家中开展走访和慰问，帮助驻洪部队和优抚对象解决实际问题。2011 年春节，县主要领导率慰问团慰问驻洪部队时，部队领导向慰问团汇报营区需要重新规划事宜，县主要领导当即嘱咐随行的“双拥”办按照要求，增建了训练馆、文化走廊和塑胶跑道、篮球场等。在 2019 年“9・30”烈士公祭日活动上，由区委书记朱亚文为中华人民共和国成立前老兵和一等功臣代表颁发了“中华人民共和国成立 70 周年纪念章”，对他们为国家做出的贡献表示最真切的敬意与感谢。

二、全面兑现“双拥”优抚政策

自双拥办成立以来，县（区）委、县（区）政府、县（区）人武部认真贯彻“双拥”工作各项政策，以解决驻军部队中的热点、难点问题为重点，以为部队服务为目的，在支持部队建设、落实复转军人安置政策、帮助军嫂再就业和为残疾军人、老复员军人“解三难”（生活困难、医疗困难、住房困难）等工作中取得了可喜的成绩。

（一）建立保障机制，优抚政策全面落实

2004 年 10 月 1 日起，《军人抚恤优待条例》（中华人民共和国国务院、中华人民共和国中央军事委员会令第 413 号）开始施行。根据《军人抚恤优待条例》，并按照上级要求，在县财政十分困难的情况下，逐年提高抚恤定补标准，使得全区重点优抚对象的生活普遍达到了当地一般群众的生活水平。特别是城乡现役军人家属优待金，2005 年修订后的《江苏省征兵工作条例》正式施行，洪泽县在淮安市率先于 2005 年起按省定标准予以兑现。县财政、民政等部门坚持“先盛优抚对象一碗饭”的财政支出思想，在财力十分紧张的情况下，优先拨付优抚经费，并及时发放到优抚对象手中。发放方式由先前的人工现金发放，改为现在的银行存折发放，定时划拨入户，减少了优抚对象路途往返，也便于各级监督部门审计监督，发放准确率 100%。其中，2012 年，洪泽县共有优抚对象 1558 人；2014 年，洪泽县共有优抚对象 1481 人；2017 年，洪泽县共有优抚对象 1407 人；2019 年，洪泽县共有优抚对象 1279 人，重点优抚对象 679 人。

（二）坚持深化改革，安置工作不断创新

自 2001 年始，县（区）委、县（区）政府十分重视军队转业干部、退役士兵、随军家属的安置工作，部队转业干部、退役士兵均按照国家有关政策，在确保第一次就业的前提下，将积分作为分配的重要依据，并在县（区）政府网站的“双拥”专栏上公示安置对象的积分，安置率 100%。县委、县政府还将随军家属纳入同年退役士兵安置渠道进行安置，定向分配到事业单位，2002 年一次性安置 5 名随军家属就业，2004 年安置了 1 名军嫂，2010 年安置了 4 名军嫂，并且都进入了她们十分满意的工作单位，2001—2019 年期间随军家属安置率连续 19 年达 100%。

（三）加强组织协调，社会帮扶不断深化

一是着力解决优抚对象生活难问题。2001 年，全国“双拥”工作领导小组民政部在全国范围内开展“爱心献功臣”活动，洪泽县县（区）、镇（街道）两级广泛开展“一助一”扶贫和“爱心献功臣”活动，每年均组织区直机关与一批困难优抚对象开展结对帮扶。2003 年，洪泽县民政局被全国“双拥”工作领导小组民政部评为“爱心献功臣”先进单位。二是着力解决优抚对象住房难问题。通过政府补助、集体资助、政策优惠、亲友帮助、自筹等多种渠道，因地制宜解决广大优抚对象的住房困难。此外，特等、一等残疾军人全部由政府出资保障住房。三是着力解决优抚对象治病难问题。2007—2014 年，民政部、财政部、劳动和社会保障部（现人力资源和社会保障部）、卫生部制定出台《优抚对象医疗保障办法》（民发〔2007〕101 号），对一至六级残疾军人的医疗费用予以保障。2015 年，根据县民政局、财政局、人力资源与社会保障局、卫生局联合出台的《洪泽县重点优抚对象医疗保障办法》（洪民发〔2015〕52 号、洪财发〔2015〕53 号、洪人社发〔2015〕10 号、洪卫发〔2015〕22 号），县政府印发了优抚对象治病优惠减免方面的政策文件，设立了重点优抚对象医疗专项基金 50 万元，县（区）、镇（街道）两级共设优抚诊所 6 所，优抚病房 20 间，优抚病床 46 张，并全面落实了“四优先、四免费、四减半”（四优先是指优先挂号、优先就诊、优先取药、优先住院治疗，四免费是指免收挂号费、注射费、观察费和出诊费，四减半是指住院床位费、辅助检查费、手术费材料费等费用减半）医疗优惠政策。县、镇民政部门还根据优抚对象家庭情况，给予病残优抚对象适当经济补贴。

三、建立拥军实事项目长效机制

在“双拥”共建中，洪泽军地双方求真务实，充分发挥各自优势，急对方所急，帮对方所需，为发展社会生产力和提高部队战斗力提供了动力，拓展了“双拥”工作领域。军民共建工作有序开展，“军民共建”是军民共建社会主义精神文明的简称，是指中国人民解放军各部队同驻地人民群众共同开展的社会主义思想建设和文化建设活动。2005—2009年间，县（区）人武部与县（区）供电公司、县（区）电信局、县（区）热电公司、三河镇收费站结为对子；县（区）消防大队与洪泽县第二中学（现更名为洪泽湖高级中学）、电力宾馆、中国农业发展银行洪泽分行结为对子；县（区）武警中队与县（区）图书馆、洪泽县中学、县（区）移动公司、临河社区结为对子。2010—2019年，县（区）人武部与县（区）供电公司、县（区）电信公司结为对子；县（区）消防大队与洪泽湖高级中学、中国农业发展银行洪泽分行结为对子；县（区）武警中队与洪泽区中学、县（区）移动公司、临河社区结为对子。县（区）政府专门成立了以常务副县（区）长为组长的科技拥军工作领导小组，加强对科技拥军工作的领导。领导小组以提高部队战斗力和科技练兵能力为重点，组织各部门积极为驻洪官兵办实事，一批批拥军项目相继完成。此外，自2001年起，县（区）委、县（区）政府已经连续19年每月补助驻洪部队官兵生活费和医疗补助费，年补助金额达12万元，累计补助金额达150万元。部队的粮、油、水、电等生活必需品，按政策得到优先、优质、优惠保障供应。据统计，全区2005—2019年连续14年高标准地完成了市委、市政府下达的军地互办实事项目，累计投入资金3000多万元。积极申报军民融合企业。2017年，瑞牧公司被省推选为军民融合企业，获补助资金24万元。2018年，华晨气缸套股份公司的军民两用高性能船舶发动机缸套生产线和江苏鑫信润科技股份有限公司的军民保密证书认证被市军民融合小组认可，各获15万元扶持资金。

驻洪部队官兵坚持把地方当故乡，视人民为亲人，大力支持地方经济建设，他们把军警民共建工作纳入工作规划，精心组织实施，使共建活动经常化、规范化、制度化。自2001年以来，驻洪部队与共建部门共建军警民文明路，定期上街宣传、保洁路面、维护交通。使人民路、东风路更美更亮。驻洪部队官兵积极参加值勤、环境卫生的整治，受到县（区）领导、广大群众的赞扬。自2001年以来，县（区）人武、消防、武警每年为地方兴办5件实事，每年为全区2000多名高中新生开展军训，同时在江苏省洪泽中学、洪泽湖高级中学派驻辅导员，开展共建共学活动，为地方培训消防保安人员，踊跃参加抗洪抢险，帮助驻地群众抢收抢种，配合开展严打整治等工作，在为地方经济发展和社会稳定保驾护航中，县（区）武警中队连续8年被省武警总队授予“基层连队先进单位”的称号，密切了军民之间的鱼水情谊。

（执笔人：徐阳）

在改革中发展的洪泽卫生事业

淮安市洪泽区卫健委

改革开放四十年，洪泽县（区）加大公立医院改革力度、坚持医保制度便民惠民，建立健全分级诊疗制度、提升基层公共卫生服务能力，实施科教创新战略、不断壮大卫计人才队伍，全县（区）医疗卫生服务体系建设取得长足发展。为洪泽的经济社会发展提供了坚实基础和有力保障。

一、改革初期的洪泽卫生事业（1978—1989）

1978 年，党的十一届三中全会召开后，洪泽县（区）的医疗卫生事业进入了一个新的历史发展时期。针对“左”的干扰造成的各种弊端，采取切实有效的措施，拨乱反正，进行改革，坚定不移地把工作重点转移到医疗卫生现代化建设上来。1979 年 1 月，卫计委等三部委联合印发了《关于加强医院经济管理试点工作的通知》。1980 年，国务院批转《关于允许个体医生开业行医问题的请示报告》，打破了国营医院“一统天下”的局面，医疗改革“初露端倪”。1985 年，国务院在批转卫计委《关于卫生工作改革若干政策问题的报告》时提出，“必须进行改革，放宽政策，简政放权，多方集资，开阔发展卫生事业的路子，把卫生工作搞好”。全国医改工作正式启动，当年成了中华人民共和国医疗卫生事业改革的开端。这一时期，县委、县革委（后改称县政府）十分重视全县卫生改革工作：

（一）加强卫生行政管理机构建设

1972年，成立洪泽县革委会卫生科。县委、县革委主要领导十分重视县医院及卫校的基础设施建设，仅在1977年12月、1978年4月、1979年6月，先后三次批复征用高良涧镇环城村土地提供给县医院和卫校基本建设使用。1981年，计划生育委员会脱离卫生局，独立建制。1983年，全省机构改革，设立洪泽县卫生局。全局编制21人，其中行政编制9人，事业编制12人，下设办公室、医政药政科、妇幼防疫科、财务科及爱卫会办公室。1989年，设立中共洪泽县卫生局党组。

（二）积极构建医疗卫生新秩序

开展卫生人才队伍建设改革。采取卫技人员归队、归行、归专业，发展医学教育，为农村基层定向引培专业人才。县委、县政府全面落实知识分子政策，把大批德才兼备的知识分子提拔到领导岗位上来。1984年，县政府把“百分之九十五以上村建立卫生室”工作目标列入《洪泽县镇主要干部一九八四年责任制实施意见》。对三河、临淮、成河、西顺河、高良涧等乡镇（1985年前半城、临淮、成河、淮河四个乡镇建制隶属于洪泽县）的村卫生室建设未达到95%的目标任务予以全县通报并限期整改以提高达标。县政府《关于进一步落实知识分子政策的决定》中规定：从今年7月份起，凡分配到乡镇工作的大中专毕业生，不实行见习期；凡分配到湖区工作的中专以上毕业生，其工作向上浮动一级。连续工作八年者，其浮动工资予以保留。自1985年开始，县委、县政府将人才发展列入“2000年发展规划”，加速人才开发。试行院、所、站长负责制和专业技术人员聘任制，调动广大卫生人员积极性。放宽政策，实行多形式、多层次、多渠道办医，对集体所有制的卫生机构实行在国家辅助下的“独立核算，自负盈亏，民主管理，按劳分配”的原则，进一步增强了医疗卫生机构的活力。截至1989年，全县拥有医疗卫生机构48个，卫计人员672人，平均每千人口拥有卫技人员1.93人，病床595张，平均每千人口拥有1.71张；城乡医院总建筑面积达42796平方米。县（区）、乡（镇）、村（居）三级医疗卫生保健网已初步形成，部分传染病得到控制或基本消灭，医疗水平和人民健康水平普遍提高。

（三）大力推动卫生科研工作

通过横向联合，取长补短，以大带小，技术扶贫，促进了医疗技术水平进一步提升。1978—1989 年，洪泽县伤寒、副伤寒快速诊断法获省政府科技进步成果二等奖。县疾控中心（原卫生防疫站）副主任医师王礼文运用间接血凝抑制试验与 SPA 协同凝结试验，测试伤寒血，培养标本与患者体液中伤寒杆菌抗原，比原常规细菌培养方法提早两天以上报告成果。通过临床检测 233 份血培养标本，符合率为 100%，达国内先进水平。与此同时，王礼文把间接血凝试验和微量杀菌试验用于伤寒血液标本抗体的检测，可以把肥达氏反应的阳性率从伤寒早期诊断的 33. 3%提高到 95. 2%。伤寒抗体杀菌试验在伤寒病发热两天后即可显示阳性反应，比肥达氏反应提早 3～10 天做出诊断报告。方法简单、快速、敏感，为国内首创。

（四）加快发展农村卫生事业

1969 年，全县实行合作医疗，“大队门诊室”易名为“大队医疗点”或“大队医疗室”。医生属亦医亦农性质，参加农业分配，称“赤脚医生”。1970 年，全县掀起大办合作医疗高潮，培养“赤脚医生”。共有“赤脚医生”378 人，积极为广大社员群众防病治病。1978 年，对农村集体所有制卫技人员实行统一编制、统一管理、统一使用、统一待遇政策，集体卫技人员和农村卫生院床位有了较大幅度的增长。1979 年，全县卫生工作贯彻执行了国民经济“调整、改革、整顿、提高”的八字方针，抓实了县、公社医疗机构的整顿，建立健全了各项规章制度，提高了医疗质量。1984 年，根据省、市卫生部门意见，村卫生室实行整顿，“赤脚医生”易名为“保健医生”。1989 年，全县共有村卫生室 198 个，保健医生 346 名，经县卫生局考核合格的“保健医生”共 210 人。在乡（镇）卫生院中开展由县卫生局直接管理改为县（区）、乡（镇）分级管理试点工作，理顺了乡（镇）卫生院的领导关系。

（五）扎实推进卫生经费投入改革

1971—1978年，洪泽县卫生事业经费每年总额平均达140万元，卫生事业支出主要为四大部分：一是卫生支出，年均达10万元。二是公费医疗经费，年均20万元。三是计划生育经费，每年60万~90万元。四是其他经费，每年20多万元。此阶段，国家按卫生部门人头下达卫生事业经费，全民人员由国家包发工资，集体人员由国家补助60%的工资。1982年，国家实行财政制度改革，财政实行切块包干，卫生事业投资由地方财政解决。1985年，县委、县政府开始对县直医疗单位进行经费补偿办法改革。实行按工作数量、工作质量、经济效益等综合考核浮动补助办法，调动了单位积极性。全县各医疗单位卫生事业费的改革，首先选择在县医院、岔河镇两个单位开展试点，1981年取得成效后，在全县推广两试点公费医疗预算包干的经验。

（六）稳步提升公共卫生服务水平

国家法定传染病发病率和致死率显著下降。血吸虫病于1976年基本消灭，斑疹伤寒已极少发生。进入20世纪80年代后，由于深入开展计划免疫工作，白喉、脊髓灰质炎、麻疹、百日咳等发病率提前达到国家规定控制标准。传染病死亡病因从第一位下降至第七位。1980年4月，县委、县政府撤销赵集地区医院设立洪泽县传染病防治院，负责双沟、三河、公河、万集四个乡（镇）的传染病收治和计划生育手术。

（七）加快建设医疗急救系统

1980年，提出了加强急诊“三室三配套”（急诊室、抢救治疗室、康复室；人员、车辆、抢救设备）建设。1983年，县医院首配急诊救护车，设急诊三室。1988年，县医院急诊大楼竣工。1989年，县医院抢救成功率平均达90%。

（八）妇幼卫生工作有效开展

1989年，县妇幼保健院所设立高危门诊，孕产妇死亡率下降到4.38‰，围产儿死亡率下降到9.56‰。

（九）大力开展健康教育工作

截至1989年，洪泽县建立了县、乡（镇）、村（居）三级卫生宣教网，年均开展各种卫生宣传活动50余次，投广播稿100余篇，投报纸杂志150余篇，举办卫生讲座80余场，编印宣传材料20余种4万多份。

二、改革中期的洪泽卫生事业（1990—1999）

1992年9月，国务院印发《关于深化卫生改革的几点意见》（卫发〔1992〕34号），提出医院要在“以工助医”“以副补主”等方面取得新成绩，医疗服务进入市场化阶段，中国再次掀起新的改革浪潮。此后，点名手术、特殊护理、特殊病房等新事物像雨后春笋般在医疗系统中涌现。这一阶段，我县的卫生事业在投入相对不足的情况下，县委、县政府仍然高度重视卫生事业的稳步发展，并取得了长足的进步。全县卫生改革工作主要有：

（一）大力开展等级医院创建活动

进一步加强医院软硬件建设，狠抓单位内部管理和业务技术水平的提高，开展了以“三基本”（基本知识、基本技能、基本操作）为重点的业务练兵活动。1994年，洪泽县委、县政府在县医院开展省级医院评审活动。1995年，县医院通过省二级甲等医院评审。1996年，县医院顺利通过国家级“爱婴医院”评估，被世界儿童基金会授予“爱婴医院”称号。1999年，县妇幼保健所建成等级妇幼保健所。

（二）启动社会医疗机构法制化管理

1994年，县政府出台《洪泽县社会医疗机构管理暂行办法》，全县各地积极组织实施，有关部门联合执法，依法取缔一批非法开业的诊所，打击游医药贩。组织个体行医开业人员业务考试，严格执行医疗广告的省、市、区三级审批制度。1995年，根据国家卫生部颁布的《医疗机构管理条例》（国务院令〔1994〕149号），县政府制订了《洪泽县域医疗机构设置规划》。1997年，全县卫生系统依据卫计委《医疗机构管理条例》，全面清理整顿医疗机构。县（区）、乡（镇）两级组织执法活动 8 次，打击无证游医、药贩 17 个，没收药械价值 4 万多元。对符合办医条件的，设置审批，发放设置许可。

（三）继续完善内部目标管理责任制

1992 年，县医院制订《奖金与津贴实施方案》，修改《综合目标管理责任制》，加大效益分量，实行工资百元浮动，分科承包，条块考核，汇总核算。进一步深化劳动人事分配制度。制订了以分配制度改革为主的改革方案，调动了医务人员积极性。1993 年 3 月，县医院与放射科签订“技术经济责任制承包协议（期限一年）”，拉开了洪泽县卫生改革的帷幕。1994 年，洪泽县在全面实行院长风险抵押综合目标管理基础上，对特别贫困的西顺河镇卫生院实行租赁承包，很快扭转了亏损局面。注重经营补偿，加强成本核算和财务审计，划小核算单位，强化院、科两级核算，提高了收益。县直医院业务收入比上年增长 29%。1996 年，县直 3 所医院开展全程优质服务竞赛活动。各医疗单位院根据“谁主管、谁负责”的精神，层层落实责任制，与业务工作一起进行考核。全县各医疗单位服务意识日益增强、职工素质明显提升、管理水平显著提高。为进一步贯彻落实党的知识分子政策，县委、县政府决定在县医院原有宿舍基础上新建 2 幢高级知识分子楼。1997 年 8 月，2 幢 6 层共 60 套新建的中高级知识分子宿舍楼投入使用。1998 年、1999 年，洪泽县兴建高知楼的经验吸引淮阴市周边兄弟医院纷纷前来学习借鉴。

（四）持续推进医保制度改革

改革公费医疗制度。1992 年，县政府为加强对县直单位的公费医疗管理，决定成立县公费医疗办公室，办公地点设在县医院。县直单位的公费医疗经费由县医院承包管理，经费总额为一年 132 万元。全县推行“自主择医、定额管理、结余奖励、超支自付”的办法（试行）。扩大患者对就医单位的选择面，县直 3 所医疗单位中选定 1 所医院作为定点医院。根据享受人员年龄档次和特点，制定不同定额，每个人编号建立个人账户，年中结算，并奖励给个人剩余金额的一半。个人定额超支后，个人自付一定数额（200~

300元)，超过自付金额后，单位分担20%，医院分担20%，其余由县财政负担。1995年，对个别条款进行了修改，即对个人垫付实行限额封顶。1996年，全县开展公费医疗联审互查。实行职工医保办法。1996年5月，洪泽《行政事业单位职工医疗保险试行办法》实施，医疗保险按工资总额10%筹集，其中用人单位缴纳8%，个人2%。实行统筹医疗基金和职工个人账户相结合的管理办法。1999年底，根据国家和省统一部署，我县取消公费医疗制度，机关事业单位职工全面实施医疗保险制度。

探索农村合作医疗新路子。1995年，全县决定重建农村合作医疗，并确定在岔河、黄集两地先行试点，每人每年筹集15元，采取大病合作的风险型，报销起点200元。1997年，洪泽在全县启动合作医疗工作，实行"分段按比例"报销，还在部分乡镇开展"大病合作型"合作医疗和企业职工合作医疗保险试点。1999年，全县大力推行合作医疗，12个乡（镇）、146个行政村（居）与70%以上农户签订筹资协议，全县合作医疗启动运行。1999年，全县所有乡（镇）实施合作医疗，实际参加人口接近19.7万，农业人口的覆盖率80.1%。

（五）积极探索农村卫生改革发展经验

1993年，洪泽县政府印发了《关于进一步加强农村卫生工作的通知》，农村卫生发展速度进一步加快。全县推广创立了"乡村一体、联网经营、独立核算、利益共享"的一体化管理新模式，并先行在东双沟6个乡镇成功试点，1995年在全县推广。投入力度不断加大，1994年洪泽全县卫生事业费补助基本达到省政府标准。农村卫生三项建设进展加快（基础设施、人员、财政投入）。1991—1994年，全区共筹集3000万元完成乡镇卫生院建设项目2.5万平方米，添置千元以上设备100多台（套），培养中专以上医护人员近200人（次）。加大乡村医生系统化教育，1991—1995年，全县共培养了308人。1998年，全县开展乡村医生系统化教育培训评估，200多名乡村医生中，52%达到中专水平，在全市处于前列。县卫生局和乡（镇）卫生院设立人才培养基金。乡村医生报酬逐步纳入合同管理，基本待遇得到妥善解决，村卫生室办医、集体办医稳定在96%以上。岔河、黄集、东双沟等地探索乡村联办、院室一体的办医模式。1999年，全县12个乡镇实行乡村卫生组织一体化管理，占乡镇总数的100%。农村卫生三项建设经费投入1228万元，组织了35支医疗队下乡开展诊疗活动。

（六）加快公共卫生事业发展

1992年，洪泽县相继将卡介苗、脊髓灰质炎疫苗、乙肝疫苗、百白破疫苗和甲肝等疫苗纳入儿童计划免疫程序，于1995年通过省市考核。县委、县政府全面推行儿童计划免疫保偿制，实现了以县、镇为单位儿童免疫接种率达到85%以上的目标。1996年，全县实现“基本消灭麻风病”目标。1997年，洪泽县血吸虫病达到血吸虫病传播阻断标准。坚持推行妇幼保健保偿制。仅1994年，全县已有10个乡（镇）2600名孕产妇，1890名儿童参加投保。全力开展卫生城市创建活动。洪泽县从1990年开始开展创建卫生城市工作，1996年被授予“江苏省卫生城市”称号。实施碘缺乏病防治策略。1995年底，开始实施以食盐加碘为主，特需人群补服碘油丸为辅的综合防治措施，人群的碘营养状况得到了明显改善。1996年初，省委、省政府实施“民心工程”“甘泉工程”，加强高氟地区降氟改水力度。至1999年，基本解决了淮北高氟地区和污染严重地区的饮用水问题，病区村改水率为97.46%。

（七）全面实施卫生初保工作

初级卫生保健是指最基本的，人人都能得到的、体现社会平等权利的、人民群众和政府都能负担得起的卫生保健服务。1990年，国家卫生部、国家计委、农业部等部门联合颁布了《关于我国农村实现2000年人人享有卫生保健规划目标》文件，对初级卫生保健工作进行了统筹规划。1996年，县政府将初保工作列入各级政府工作目标，层层签订责任状，各级政府落实健全机构，加强人员培训，深入基层调研，加强面上指导，认真监督实施。洪泽县通过省级评审。1998年，全县达到初级卫生保健合格标准。1999年，全县“初保合格”乡镇总数达到8个，占乡镇总数的66.7%。全县住院分娩率达99.6%，孕产妇系统管理率87%，3岁以下儿童系统管理率91.5%。

（八）启动开展住院医师规培工作

1992年，洪泽县人民医院开展住院医师规范化培训工作试点，对本科或大专毕业的住院医师进行五到七年的规范化培训。至1996年，洪泽县人民医院共有12名住院医师学完培训计划规定的内容。从1995年起，全区其他医院也开展住院医师规范化培训活动，洪泽县中医院、区妇幼保健院从1996年起全面推广试点经验，实施住院医师规培。1997年，县政府印发《洪泽县临床住院医师规范化培训实践考核办法（试行）》，全县所有医疗机构实施住院医师规培，促进该项工作实现规范化和法制化。

三、深化改革时期的洪泽卫生事业（2000—2008）

2000年，国务院印发《关于城镇医药卫生体制改革的指导意见》（国办发〔2000〕16号），将医疗机构分为营利性和非营利性两类管理，公立医院内部引入竞争机制，放开管制，规范运营，实行医药分开。2002年，中共中央、国务院公布《关于进一步加强农村卫生工作的决定》（中发〔2002〕13号），强调要建立和完善新型农村合作医疗制度和医疗救助制度。这一阶段，是各种改革趋势交叉最多的时期，医疗卫生行业的市场化作用逐渐显现，改革领域和层次不断提高。全区卫生改革工作主要有：

（一）深化城镇医药卫生体制改革

2001年，县政府完成医疗机构分类登记工作，全区非营利性医疗机构共15个，营利性医疗机构共110个。支持私营个体医疗机构以联合、兼并、参股、收购等多种形式参与公立医院改制、改组，批准民办医院5家。制定关于全员聘任和竞争上岗的配套文件，在部分单位进行试点。全县医疗机构普遍推行病人选医生工作，在洪泽县人民医院试行“责任制医疗制度”和病人选医疗组工作。全县建立药械采购服务中心，乡（镇）卫生院及以上医院全部进入中心进行比价采购和招标采购。2002年，全县已建成3个社区卫生服务中心，8个社区卫生服务站。药品集中招标采购工作由点到面逐步推广，有效遏制医药费用增长过快势头。2005年，坚持“保一块、放一块”的原则，着力办好政府重点建设的基本医疗和公共卫生机构，对增量资源，鼓励社会非公有资本投入。推进“两权分离”改革，完善区直医院“托管制”改革方案，健全绩效考核体系，全县85%的乡镇完成“两权分离改革”。城区建成社区卫生服务中心15个、站24个，有12个乡镇卫生院转型为农村社区卫生服务中心，126个村卫生室改建为农村社区卫生服务站。2003年，县医院副主任医师佘正明《急性缺血性脑血管病患者血清可溶性ICAM-1和VCAM-1动态变化及临床意义》论文荣获淮安市科学技术进步成果三等奖。2008年，洪泽县人民医院投入3000万元新建建筑面积15929平方米的病房楼。

（二）持续推进农村卫生事业改革

2001年，全县认真学习贯彻国务院办公厅《关于农村卫生改革与发展的指导意见》（国办发〔2001〕39号）精神，配合撤乡并镇工作，对卫生资源进行调整重组。8月，县政府成立了以分管副县长为组长的全县农村卫生改革与发展工作领导小组，督促指导全县农村卫生事业改革工作。并在全县开展产权制度改革方面实行多种形式的试点。公开招聘6名乡镇卫生院长，推广有条件的乡镇卫生院中层干部实行竞争上岗机制。全县初保乡镇达12个，先进乡镇达6个，全县实施一体化管理的乡镇11个，占乡镇总数的96%。全县合作医疗以村为单位覆盖率达35.68%。2005年，我县在全市率先大力推进农村卫生机构规范化防保所、标准化乡镇卫生院、示范化农村社区卫生服务中心等“三化”建设。全县有10个建制乡镇达到初保合格乡镇标准，10个乡镇卫生院达到市级标准化乡镇卫生院要求，建成了10个市级规范化防保所和一批示范化农村社区卫生服务机构。

（三）加强卫生人才队伍建设

2003年，县委、县政府继实施“百名人才工程”后，对医疗卫生系统提出了“创名院、建名科、出名医”的“三名”战略：以“名医”战略的实施，抓好人才培养；以“名科”战略的实施，抓好专科建设和技术发展；以“名院”战略的实施，抓好医疗卫生机构建设。为实施“三名”战略，制定了系统的管理办法，加大了投入，强化了配套建设。通过实施“三名”战略，建立了人员相对稳定、结构日趋合理、素质不断提高的人才队伍，重点专科建设取得突破，科研能力逐步提升，医疗卫生技术水平不断提高。

（四）大力实施新型农村合作医疗

2000年，为向全县城乡居民宣传推广新型农村合作医疗制度（简称“新农合”），洪泽县委、县政府在全县城乡进行了广泛的宣传发动，组织、引导、支持农民自愿参与，个人、集体和政府多方筹资，实现以大病统筹为主的农民互助共济政策。免费发放宣传折页数共计十万份。2003年，洪泽在县医院设立新型农村合作医疗办公室，为全县城乡开展新农合集中审批支付窗口，参合农民覆盖率逐年增高。2003年参合率为56.6%，2004年为83.8%，2005年为88.4%，2006年为92.6%，2007年为97.00%，自2008年以来，持续保持在99%以上。参合农民医疗保障水平越来越高。2003年新农合启动时参合农民筹资标准是人均30元，到2006年人均筹资标准提高到每人不低于50元，到2008年人均筹资标准提高到每人不低于100元。

（五）稳步推进卫生监督体制改革

2003年5月，根据县委、县政府关于“洪泽县卫生监督体系工作”的批示意见，“洪泽县卫生防疫站”改制为“洪泽县疾病控制中心”和“洪泽县卫生监督所”，全县启动卫生监督体系建设工作。截至2007年年底，全县已全面建立了“结构合理、运转协调、行为规范、程序明晰、执法有力、办事高效”的卫生监督体系。镇（街道）卫生监督分支机构建设全面启动，在中心镇（街道）设置卫生监督分支机构。卫生监督网络平台建设成效明显。县卫生监督所2006年自主设计开通了卫生监督网站，2007年，自主研制了卫生许可管理软件，2009年年初，自主开发了网上办公系统并投入运行。卫生行政许可工作进一步规范。2004年，县政府制定了《洪泽县卫生行政许可工作规范》，启用了卫生行政许可专用章，凡涉及卫生行政许可的文书一律加盖专用章生效。卫生行政许可事项法定审批时限缩短了五分之四，群众满意率达100%。卫生监督长效监管机制得到进一步落实。2016年，区卫生监督所为适应行政审批工作需要，简政放权，提高行政审批效率，选派一名业务精、能力强、作风实、肯吃苦的年轻同志到区行政审批中心卫生服务窗口现场办理卫生行政审批，服务办事群众。自2003年以来，对食品经营单位开展了全方位指导，强化企业自律意识，在食品生产经营单位全面推行食品卫生监督量化分级管理制度，餐饮经营单位量化分级管理覆盖率达99.5%以上，学校食堂全部实施了量化分级管理制度。

（六）深入开展爱国卫生运动

2002年以来，洪泽县委、县政府以创建省级卫生城市工作为龙头，改水、改厕和健康教育为重点，投入大量的人力、财力全面推进爱国卫生运动。2007年，洪泽县被省爱卫会命名为“省级卫生城市”。农村改水工作成效显著。截止到2005年年底，全县农村累计新建水厂62个，受益群众近40万人，自来水普及率达98.3%。截至2007年年底，全县建成省卫生县城1个，省卫生镇3个，省卫生村8个；市卫生城2个，市卫生镇4个，市卫生村15个，建成省级爱国卫生先进单位9个，市级爱国卫生先进单位12个；城区建成卫生社区12个。

（七）加强卫生应急处置能力建设

2003年6月下旬，洪泽县普降大到暴雨，造成全县特大洪涝灾害。灾害发生后，县委、县政府主要领导迅速批示。县卫生局立即启动应急预案，组织医疗小分队、防疫小分队，开赴灾区，及时发现与控制区内突发疫情，实现“大灾之年无大疫”的预期目标，受到了市领导同志的高度肯定。科学处置液氯泄漏。2005年3月29日晚，因交通事故导致槽罐车液氯大面积泄漏。事故发生后，洪泽县积极响应淮安市卫生局的现场处置要求，选派疾控方面专门技术人员参与现场处置，为成功处置突发公共卫生事件奉献自己的一份力量。2008年，四川汶川“5·12”特大地震灾害发生后，按照卫计委和省卫生厅统一部署，洪泽派出一名急救车驾驶员和一名骨伤科技术骨干赴地震灾区开展救援工作，直接救助数十名伤病员，圆满完成了医疗救援工作，洪泽县赴川抗震救灾队员受到了淮安市有关部门的好评与表扬。

（八）成功抗击“非典”等疫情

2003年春季，“非典”（SARS）疫情发生，县卫生局在县委、县政府领导下，按照卫计委、卫生厅统一部署，迅速组织全区卫生系统全力以赴地投入抗击“SARS”战斗中。通过严密监控，科学防治，最终实现了“无继发病例，无医护人员感染，无死亡病例”的预期目标。2018年夏秋之交，金湖县黎城镇出现注射过期疫苗重大社会突发事件，引发全社会关注。区卫计委积极组织协调相关部门协同开展疫情防控工作，及时、全面落实各项防控措施，积极、有效、妥善地处置了疫情，得到省卫生厅、省疾控中心和淮安市领导的充分肯定。

四、全面改革时期的洪泽卫生事业（2009—2018）

2009年，中共中央、国务院通过《关于深化医药卫生体制改革的意见》（中发〔2009〕6号）和《2009—2011年深化医药卫生体制改革近期重点实施方案》（国发〔2009〕12号），全面开启新一轮医改。2014年，省被国务院列入综合医改省级试点，省委、省政府出台《关于深化医药卫生体制改革、建设现代医疗卫生体系的意见》，吹响了推动综合医改工作的号角。进入全面改革时期，县（区）委、县（区）政府高度重视卫生事业的发展，坚持把加快发展卫生事业作为执政为民的大事、解决民生问题的关键措施来抓，县（区）委、县（区）政府每年都要召开一次由各级党委、政府主要负责人参加的卫生工作会议，专题研究和部署卫生工作。县（区）委、县（区）政府主要领导经常深入基层、深入医疗卫生单位进行调查研究，亲自主持办公会、会办会，协调解决卫生事业发展中的困难和问题。主要工作：

（一）着力推进“健康洪泽”品牌建设

以品牌建设统领卫生事业发展。将全力提升“健康洪泽”品牌写入《洪泽区“十三五”卫生与健康规划》，明确提出“1+4+10”的“十三五”卫生计生事业发展框架。“1”即打造一个品牌——“健康洪泽”品牌，提升医养融合美誉度辐射力。“4”即“四个一”，主要目标：构建一个体系——现代医疗卫生服务体系，健全一套制度——基本医疗卫生制度，形成一个中心——洪泽湖区域医疗融合中心，实现一个指标——城乡居民健康主要指标达到国内先进水平。“10”即区域医疗中心建设工程、公共卫生服务中心建设工程、医联体建设工程、幸福家庭创建工程、人才强医工程、重点专科建设工程、科技创新工程、中医药提升工程、智慧健康服务工程、健康素养工程等“十大工程”。将品牌建设融入医药卫生体制改革。持续深化公立医院改革，建设洪泽湖区域医养融合中心，增强品牌辐射力。持续推进分级诊疗建设，构建新型医联体（医疗集团），提高医疗服务能力，提升品牌影响力。持续提升医改保障能力，加大资金投入，提高医疗保障水平，提升人口健康信息化水平，健全药品供应保障机制，构建多元化办医格局，提高“健康洪泽”品牌知名度。以“健康洪泽”建设助力品牌提升。着力提升计划生育服务管理水平，认真落实“全面两孩”政策，帮扶特殊困难计划生育家庭，做好流动人口计生服务管理工作。着力提升中医药服务能力水平，深入实施“治未病”健康工程，推进医养结合。着力提升人才队伍建设水平，加大高层次人才引进力度，积极实施基层“20名医学人才培养工程”。推动区公共卫生中心、区妇幼保健院建设，提升公共卫生服务水平。截至2018年，全区共拥有医疗卫生机构134个，每千人医师数、护士数、床位数分别达到1.98、2.06、4.7。全年接待门急诊150.12万人（次），住院40544人（次）。

（二）积极推进公立医院改革

2013年，洪泽县委、县政府选择洪泽县人民医院试点推广“两升两降”（医院业务量、医疗服务收入增加，药品费用和药占比降低）的基础上，全县15家公立医院全面取消药品加成，实行零差率销售。2015年10月31日零时，全县3所城市公立医院全面实施药品零差率销售，近2000种药品取消15%加成，调整医疗服务项目价格，提高2175项、降低203项，12所镇级公立医院同步调整。同时，出台城市公立医院医药价格综合改革实施方案等系列文件，形成集价格调整、财政补偿、医保配套和医疗救助于一体的“1+4”政策体系，受到上级肯定。县（区）、镇（街道）均成立公立医院管理委员会。出台公立医院管理体制改革试点工作意见、县直公立医院法人治理结构建设试点实施方案，在洪泽县人民医院、洪泽县中医院、洪泽县妇幼保健院开展法人治理结构改革试点。县委办、县政府办印发《公立医院绩效考核实施方案》，完善收入分配激励约束机制。

（三）持续完善分级诊疗制度

2012 年，县政府出台分级诊疗制度建设实施方案和纵向医疗联合体建设的实施意见，紧紧抓住淮安市在洪泽县试点契机，初步形成分级诊疗就医新秩序。加强医联体建设。2012 年 8 月，县委、县政府决定：县医院与县中医院合并联合成立县医院集团，一套班子、两块牌子。2015 年 12 月，县医院与淮安市一院签订战略合作协议，组建紧密型医疗联合体；2017 年区妇幼保健院与省市保健院建立技术支持型医联体，联合开展妇幼保健协作。2018 年，区级 3 所医疗机构与 12 个镇（街道）卫生院、社区医疗中心联合成立医疗保健集团，各医联体内签订双向转诊协议，为转诊患者提供绿色通道。3 所区级医院与 12 所镇（街道）卫生院建立医教研帮扶关系，与 10 多个省市医疗机构开展结对共建行动，区级医院与镇（街道）卫生院建立医护技术支援关系。全区共组建城区家庭医生服务团队 51 个、镇（街道）健康管理服务团队 126 个，团队月均上门服务不低于 2 次，初步实现服务“零距离”。

（四）不断加强医疗体系建设

洪泽县公共卫生服务中心和洪泽县妇幼保健院建设融资问题由县财政局担保并还款、贴息 2500 万元，进一步加快全县公共卫生服务中心体系建设。2011 年 8 月，苏北一流、全市领先的 32648. 81 平方米的县公共卫生服务中心和二级甲等的县妇幼保健院投入使用，为全县人民提供方便、快捷、优质、高效的妇幼医疗保健、急救医疗、疾病控制、卫生监督、新农合报销等卫生综合服务。尤其是将免费孕前优生检查、结婚证件申领、孕产期建档保健、住院分娩等环节整合到“一条龙”“一次性”办理服务，极大地方便了准备结婚生育的育龄群体，深受广大群众的拥护和好评。省委原书记罗志军亲临公共卫生服务中心考察调研。原省长李学勇在 2012 年全省人口与计划生育工作会议上，脱稿表扬洪泽县夕阳红人口文化大院。称赞洪泽县委、县政府超前谋划，从根本上解决了全县老年人老有所养、老有所医、老有所乐的问题。2012 年 3 月，县财政总投资金额 1.2 亿元、总建筑面积 33618 平方米的县中医院异地重建项目投入使用。2016 年 2 月，县委常委会全体成员集体调研县医院，从加大对医院投入、人才引进、建立医保会商机制、加快推进医院迁建等九个方面给予县医院全力支持。2018 年，为满足人民群众日益高涨的医疗服务需求，区委、区政府在 348 省道南侧，砚临河东岸兴建占地面积 185333 平方米、开设床位 1000 张的现代化的洪泽湖医养融合中心，洪泽湖医养融合项目总投资为 21.5 亿元，占地 185333 平方米，新建医技楼 43716 平方米、住院楼 66969 平方米、行政中心 3079 平方米、肿瘤中心 6557 平方米、生活中心 6114 平方米、传染中心 4035 平方米、疗养中心 6440 平方米、体检康复中心 3140 平方米、地下人防建筑 35348 平方米等。2020 年建成融疾病救治、康复养老、公共卫生、旅游休闲等多功能综合性的三级医养融合体，促进洪泽全域旅游高质量发展。

截至 2018 年，全区创成二级甲等医院 3 所（区人民医院、区中医院、区妇幼保健院）。全区有 2 个中心镇卫生院、3 个镇（街道）社区卫生服务中心、7 个镇卫生院，基础设施全部达到省定标准。三河镇卫生院创成“国家满意乡镇卫生院”，建成 5 个省级示范村（社区）卫生室，8 个市级家庭医生工作站。共和卫生院、蒋坝镇卫生院和黄集街道社区卫生服务中心实现家庭医生签约服务全覆盖，群众知晓率、满意率彰显。区中医院设立“治未病”中心，岔河、黄集、东双沟卫生院建成“省级基层示范中医馆”，全区所有卫生院、社区卫生服务中心均建立了中医科。基层中医药适宜技术培训率达 80%。社会办医环境不断优化。落实非公立医疗机构与公立医疗机构同等待遇，推动医生多点执业。引进省人民医院、市一院等医疗专家和技术协作团队来洪帮扶支教。全区现有非公立医疗卫生诊所共计 24 个。

（五）稳步提升公共卫生服务水平

2018 年，洪泽建立了以区“五大中心”（疾病预防控制中心、二级甲等妇幼保健中心、急救中心、采供血中心、医疗卫生监督中心）为龙头、区级医疗卫生机构为基础、镇（街道）卫生机构为网底的基本覆盖全区城乡、职责明确、持续发展公共卫生服务体系。区疾控中心实验室获得市级认证。区卫生监督所依法加强卫生监督管理力度，严厉打击非法行医，连续被授予江苏省级文明单位称号。区采供血中心托管给市中心血站后，加强内涵质量建设，无偿献血占临床用血总量达100%，成分输血达99%，名列全市前茅。区急救中心在全区率先建成市、区联动的急救网络体系，1分钟内出车率达90%，院前抢救成功率达99%。区妇幼保健院创成二甲医院。区公共卫生机构全面加强软硬件建设，相继添置了一批较为现代化的技术设备，服务能力不断提高。全区以镇（街道）为单位适龄儿童免疫规划疫苗预防接种率达96.91%，甲、乙类法定传染病总发病率低于省控指标，艾滋病筛查“四免一关怀”政策全面落实。全区达到省级消除疟疾、有效控制肠道线虫病标准，创建国家慢病综合防控示范区1个、省级示范区5个。手足口病、人感染H7N9禽流感等重大疫情得到科学有效防控。全区创成省级卫生应急示范（规范）区。

（六）巩固和完善新型农村合作医疗制度

2015年，洪泽县新农合人均筹资标准达486元。其中，各级财政补助不低于380元，个人缴费标准提高到每人每年100元以上。全县参加新农合人数23.06万人，参合率达99.98%。县、镇两级政策范围内住院费用报销比例达75.7%，镇、村两级政策范围内门诊费用报销比例达50%。2015年，全县符合大病保险赔付条件已达1853人，共赔付66万元，大病患者报销比例在基本医保报销之后再提高10个百分点。做好肺癌等20类重大疾病医疗保障工作，新农合报销比例达70%。所有统筹地区开展了混合支付方式改革，各镇按病种付费的病种数有三五十种，洪泽在全市率先对医疗机构实行信用等级管理。推进省级医院联网即时结报。2018年，新农合个人筹资标准提高到290元。在推进新型农村合作医疗过程中，我们始终把保障参合农民的合法权益和扩大受益程度作为工作的出发点和落脚点，不断提高农民群众健康的保障水平。实行了全区统一的补偿标准，将门诊纳入补偿范围，把部分慢性病、传染病、特殊病种门诊费用按住院标准报销，提高重点住院费用补偿段的报销比例。实行“一证通”就诊，在区、镇（街道）范围内取消转诊手续，扩大参合农民的自主择医权。完善“网络化”报销制度，费用报销实现联网管理，门诊费用即发即报，住院费用出院即报，努力让农民群众生病以后“看得了病、看得起病、看得好病”。

（七）大力实施“科教兴卫”战略

自2009年以来，县委、县政府积极实施“科教兴卫”发展战略，不断壮大高层次医学人才队伍培养、引进。县直各医疗单位专门制定人才引进计划，瞄准上海、南京、淮安等医学高地，加大对省、市级临床重点专科（学科）带头人、医疗骨干及硕士研究生以上的医学专家等领军人才的柔性引进力度。坚持“走出去”“请进来”，每年选派近百名医学人才赴省、市外培训、进修或短期考察。2017年，区委、区政府出台《洪泽区高层次卫生人才引进与培养办法》。截至2018年年底，全区卫生系统高级职称人才达122名，硕士以上人才达10名。省“卫生领军人才”“333”工程（江苏省发起实施，培养30名研究成果具有国际先进、国内领先水平的国家级科学家、工程技术专家和理论家，培养300名具有省内领先水平的省级优秀人才，培养3000名成绩显著的市级优秀人才）第二层次培养对象3人，市“卫生拔尖人才”“533”工程（淮安市“533英才工程”是继省“333工程”之后，淮安市实施的统领全市人才队伍建设的一项重大人才工程，旨在选拔培养一支引领淮安经济社会跨越发展的高层次学术技术人才队伍）第三层次培养对象43人。夯实基层卫生人才队伍。启动实施“100名基层医学人才培养工程”，加大住院医师规培、全科医生培训等工作力度。自2009年以来，二级以上医院的住院医师规范化培训率一直保持在100%，培训合格率达95%。完成镇、村医生全科医学知识培训60人（次），完成了118名乡村医生中专学历初补偿教育。创新重点专科建设理念和奖扶办法。设立奖励基金，对新增的市级临床重点专科每个给予2万元奖励，重奖科室（学科）带头人。各医疗单位均建立了奖励激励制度。目前，区人民医院消化内科创成市级临床重点，实现洪泽区市级临床重点专科零突破。积极推动科研创新。区医院成为“江苏省人民医院冠心病中心淮安市洪泽区人民医院分中心”和“江苏省心血管疾病危重症远程诊疗网络医院”，省肿瘤医院超声专家谭旭艳在区医院挂牌成立超声工作室，引进超声新技术。引进新技术、新项目130余项，获市新技术引进奖35项，20余项填补区内空白。

（八）扎实开展爱国卫生工作

2016年，洪泽撤县设区后，洪泽区进一步融入淮安市健康服务圈。2018年，全区新改扩建农村无害化卫生户厕2000座，普及率达81.68%。建成一个国家卫生乡镇、省级卫生镇全覆盖。创成“全国亿万农民健康促进行动示范区”一个，病媒生物防治工作和“四害”密度达到国家标准，农村生活饮用水水质卫生监测覆盖率100%。2018年顺利通过国家卫生县城验收复审，被授予“国家卫生城市”光荣称号。

（执笔人：凌学国）

围绕党的宗旨　扎实开展机关党建工作

中共淮安市洪泽区委区级机关工作委员会

党的十一届三中全会以后，洪泽县直机关党委在中共洪泽县委领导下，全面加强县直机关党的思想、组织、作风和制度建设。机关党委牢牢把握中心工作和全县改革发展的脉搏，紧紧围绕“服务中心、建设队伍”的中心任务，通过发挥党组织的战斗堡垒作用和共产党员的先锋模范作用，推动机关各项工作健康发展。为全县改革开放和经济社会发展发挥了重要作用。随着改革开放和社会主义现代化建设的快速发展，县直机关党委与时俱进，不断创新，把机关党的建设推向了一个蓬勃发展的新时期。2016 年年底，洪泽县级机关工委随洪泽撤县设区更名为“洪泽区委区级机关工作委员会”。经过近 40 年的奋斗，区级机关工委承前启后，励精图治。至 2018 年，机关党建工作稳步发展，组织机构健全，党的队伍不断壮大，精神面貌焕然一新，为全区各项事业的发展做出了应有的贡献。

一、开创机关党建工作新格局

20 世纪 80 年代初，党的十二大通过的党章对机关党组织的职能和工作任务做出了新的规定，为落实新党章的要求，更好地发挥机关党委会的职能和作用，机关党组织健全、巩固、提高工作进入实质性阶段。县委决定成立第一届中共洪泽县直机关委员会，并对机关党委的工作任务、职责范围做了新的规定。

1985 年，中共洪泽县直机关委员会改称“中共洪泽县级机关委员会”。县级机关党委实行党的代表大会制度，由县级机关党员代表大会选举产生党委领导班子，每届任期 3 年。至 1991 年，共历经三次换届选举党委领导班子。1994 年，县委决定将机关党委升格为县级机关总党委，正式成立中共洪泽县级机关总委员会，作为县委的派出机构，全面领导县级机关党的工作，班子成员改由县委任命，不再经机关党代表大会选举产生。

1995 年始，机关总党委为了加强机关党建工作，在供电局召开党建工作现场会，表彰、推介供电局党政组织不争核心中心，不计权大权小，不分谁虚谁实，齐心协力抓党建，促进全局各项工作全面发展的经验，为县级机关党建工作发挥了表率作用。此后，总党委坚持从自身建设抓起，着力解决机关建设中“一手硬、一手软”的状况，强调坚持一切以经济建设为中心，有为才能有位，从思想认识、工作内容、组织措施和党政关系各个方面坚持“两手一齐抓，两手都要硬”的理念。1997 年，根据县级机关机构改革的总体部署，“县级机关总党委”正式更名为“中共洪泽县级机关委员会”。

1998 年始，中共中央和省、市、县委先后召开了机关党建工作会议，并专门印发文件规范和加强机关党的建设。到 2000 年 3 月，县委决定撤销中共洪泽县级机关委员会，成立中共洪泽县级机关工作委员会（简称“县级机关工委”），作为县委的派出机构，统一领导和加强机关党的工作。

2002 年 1 月，“中共洪泽县级机关工作委员会”更名为“中共洪泽县委县级机关工作委员会”。时辖部门（系统）党委 22 个，党总支 13 个，党支部 96 个。至此，县级机关党的组织逐步理顺关系，组织机构基本稳定，机关党建工作开始步入科学化、规范化的轨道。嗣后，县机关工委全面加强县级机关党的思想、组织、作风、制度和反腐倡廉建设，围绕中心，服务大局，为县级机关各项工作的开展发挥重要作用。至 2010 年以后，县级机关工委按照细化、量化、科学化要求，完善党建目标管理制度，修订完善有关细则，严格量化考核标准，使党建目标管理成为推动党建工作规范化长效措施。

2015 年始，县级机关工委实施机关“智慧党建”项目，增强创新型机关党组织服务功能，依托县智慧党务平台，做好党员志愿服务积分管理系统的信息维护等工作，发挥“党员发展系统”功能，实现机关党员发展网上全程纪实化。创新开发党建工作绩效考核积分管理系统，对交办工作实施考核、排名，强化党建工作过程性考核。“智慧党建”项目得到省、市级机关工委的高度评价。

2016年，洪泽撤县设区，“县级机关工委”更名为“中共洪泽区委区级机关工作委员会”（简称“区级机关工委”）。区级机关工委所辖党委调整为19个，管理党员总数3893人。嗣后，区级机关工委细化并完善基层党建工作责任制考核评价体系，将61个区级机关党组织纳入党建目标考核范围，全面实行党建督查制度，不断提高党建工作水平，确保机关党建工作任务落到实处。到2018年，建立机关党组织书记半年述职、年度专项述评机制，力促机关党组织负责人扛起党建第一责任人责任。建立健全党建督查制度，强化党建重点工作项目化管理。是年，洪泽区机关工委被洪泽区委授予党的建设工作和精神文明及宣传思想工作先进集体的称号。机关党建工作稳步发展，全面形成党建工作新的格局。

二、抓好基层组织建设坚强堡垒

20世纪80年代开始，洪泽县直机关党委根据加强党建重心调整和工作实际需要，对县机关各级党组织逐年进行调整、充实、巩固、提高，形成坚强的核心力量。1988年，县政府办公室设立党总支委员会，辖办公室、体改办、老龄委、行政科和小车班、招待所6个党支部。此后，县公安局等相继成立党总支委员会。当年共改选党支部58个，调整健全支部委员会8个，批准新设立直属支部2个、分设支部1个。时机关党委共辖党总支17个，党支部153个，其中直属支部56个，党员2489人。经县委同意，县直机关党员超过7人的党支部设支部委员会；党总支和党员人数超过50人的党支部，配备1名专职党务干部。同时，决定撤销商业局党委，设立商业局党总支，隶属机关党委（1993年恢复设立党委）；将经委党委的机关党支部划归机关党委管理。是年，烟草公司等单位组建党支部，供电局党支部升格为党总支。当年机关党组织发展到 19 个党总支，174 个党支部。

20 世纪 90 年代开始，根据机关党建工作需要成立农经委党委，辖农水口 4 个党总支、25 个党支部、401 名党员。县级机关重新构筑了“机关三党委”的格局。1992 年，县属经济主管部门纷纷改制为集团总公司，供销集团总公司率先成立党委，由此拉开了大支部升总支，大系统设党委的序幕。到 1994 年，邮电局、民政局、劳动局等党员较多的大支部先后升格为党总支，商、粮、物、供、交通、外经委、供电局等大总支升格成立党委，使县级机关党委总数增加到 10 个，此时被称为机关“十大党委”。

1998 年，中共中央印发《中国共产党党和国家机关基层组织工作条例》（以下简称《条例》），这是我党历史上第一个全面规范党和国家机关基层组织领导工作的重要法规，是新时期加强和改进机关党建工作的指导性文件。县级机关党委认真学习贯彻落实《条例》，把党的各级基层组织建设提到一个新的高度。

2000 年始，根据县委出台的《洪泽县党政机构改革方案》，按照党组织设置与行政机构隶属关系相一致的原则，对县直机关，企事业单位党组织设置进行调整。至 2001 年，先后调整、撤销、改选了 18 个党总（支）部，选配了 36 名党务干部，对 17 个非公企业配备了党建工作指导员和联系人。到 2007 年，根据党的基层组织建设新要求，对所属 8 个党（总）支部的领导班子进行调整。同时在思想、组织、精神文明、综合治理、群团工作五个方面对机关党组织工作目标进行了明确规定，促进基层组织工作再上新台阶。是年，以“五好”（领导班子好、队伍素质好、制度建设好、工作业绩好、群众反映好）创建为抓手，加强基层组织建设。其中有 21 个直属党（总）支部被县委表彰为“五个好党（总）支部”。至 2009 年，将所属 70 个党组织划分为 6 个片组，明确负责人，并先后召开 12 次县级机关党建工作交流研讨会，把党建工作落到实处。对已换届的党（总）支部 29 个，调整充实党组织领导班子成员 132 人，新设立党总支部 1 个，新设立党支部 2 个。2010 年始，县级机关工委每年年初制订印发机关党建工作要点，明确“五好”党委、党总支、党支部标准，根据创建标准进行党组织分类定级，通过综合测评，形成你追我赶、相互促进的局面。同时，实行机关党建基础工作规范化建设，党组织内部机制、组织、宣传、纪检、群团等党建基础工作，明确标准，设定分值，严格考核，评定格次，强化整改，提升机关党建规范化水平。

2015 年始，县级机关工委对 62 个机关党组织开展集中换届工作，强化组织建设。对 53 个机关党（总）支部书记开展党建专项述职评议活动，促进机关党组织书记履责尽职。同时，注重提高党员干部综合素养，先后举办区级机关党组织负责人参加“延安能力素质拓展培训班”和“党务干部专题业务培训班”学习，全面提升党员干部政治业务素养。至 2018 年，区级机关工委共辖党委 19 个、党（总）支部 42 个。机关工委规范开展基层党组织按期换届工作，参加集中换届的包括 15 个党委下属党组织和 43 个工委直属的机关党组织。党的基层组织建设进一步走上科学化、制度化、规范化的轨道。

三、加强党员队伍建设夯实根基

党的十一届三中全会以后，洪泽县直机关党委逐步加强党的队伍建设，在加强基层组织建设的同时，党员发展与管理逐步走上科学化、规范化的道路。1982 年，为了适应改革开放发展经济的需要，党的十二大提出实现干部队伍的“革命化、年轻化、知识化、专业化”的要求。县直机关党委全面落实党的知识分子政策，注意培养党外知识分子充实党的队伍。到 20 世纪 80 年代中期，县级机关党委按照“坚持标准、改善结构、保证质量、慎重发展”的 16 字方针，要求各支部发展党员必须于年初制订党员发展计划并报送机关党委审核。发展对象必须是工作 2 年以上，并且已向党组织递交了入党申请书，在思想上和实际行动上积极向党组织靠拢的积极分子方可纳入培养对象，并由机关中心党校组织培训学习，否则不予发展。此后，党员发展工作稳步开展。从1989年开始，发展党员工作进一步制度化、规范化、公开化。党委决定对建党对象和预备党员培训，每年上半年安排在四月初，便于利用清明节组织学员祭扫烈士墓，瞻仰先贤，凭吊英烈，加强革命传统教育。每期培训班必须保证在5—7天。同时按照新时期党员质量的要求，对发展党员的结构做了适当调整，把发展党员的重点放在工作第一线，重在发展35岁以下的业务骨干，重在发展具有高中以上文化的知识分子，并注重发展女党员且比例不低于10%。当年发展新党员人数共70人，其中35岁以下、高中以上文化、第一线骨干比例均达到65%~70%，女党员占13%。1991年7月，为了使广大党员增强党的意识，在机关纪念建党70周年大会上，首次组织新党员集体宣誓，并自此形成惯例，成为每年活动的一大亮点。纪念大会还举行为新党员佩戴党徽仪式。同时作为珍贵礼物颁授给机关全体党员，要求大家胸佩党徽，对外宣誓我是一名共产党员，时时处处要起先锋模范作用；对内自加压力，牢记党员的神圣职责，时刻注意自己的形象，达到荣誉感与责任感的统一。此后，在企业党组织中开展“我是企业主人公”党员事迹演讲活动，层层选拔事迹突出的党员参加县“七一”纪念大会演讲。党委和县总工会、妇联、团县委等经常组织演讲比赛，促进广大党员和党外积极分子的自我学习和自我提升。

20世纪90年代，在抓好机关、企事业单位党员发展的同时，党委注意在高中和中专学校发展品学兼优的学生加入党组织。1994年7月，在洪泽县中学召开在高中学生中发展党员现场会，2名即将毕业的优秀学生被吸收入党，为学校思想政治教育和培养党的新生力量发挥了重要示范作用。此后，洪泽卫校3名学生被批准入党，这是该校建校后第二次在学生中发展党员。为进一步提高党员教育质量，党委决定实行“区域教育法”，即将所有总支和直属支部按单位性质、行业特点或办公区域分成14个教学区，由党委按教学区集中组织上大党课，既解除了党员人数较少且无专职党务干部、单独上党课困难较大的后顾之忧，又保证了党课教育的质量。此法施行以后，深受党务工作者和广大党员的欢迎。

1998年，周恩来总理诞辰百年，机关各级党组织运用各种形式开展学习伟人活动，对全体党员进行“恩来精神”教育。清明节和“七一”纪念日，党委分别组织参加积极分子培训的学员和新入党的预备党员共180多人赴周恩来纪念馆，瞻仰一代楷模，缅怀周总理的丰功伟绩。

2000年始，党员发展和教育管理的中心逐渐下移至各分党委。通过不断改革创新，县级机关党员发展和教育管理工作井然有序，入党积极分子和预备党员培训工作常态化。到2010年，县级机关工委共发展党员1108人，党员队伍逐步壮大，为洪泽县级机关各项事业发展发挥了重要作用，也为党的事业培养了新生力量。嗣后，加强对入党积极分子和发展对象的教育培训工作，增加党的基本历史、基本理论等内容，邀请有关专家为学员授课，进一步提高教育质量。

2014年始，机关工委贯彻落实党的群众路线教育实践活动，在县级机关党员干部中开展“为了谁、依靠谁、我是谁”征文和知识竞赛活动；组织党员干部走进社区开展志愿活动；联合团县委等单位组织机关青年党员举行“洪泽发展我成长，青春智慧献给党”演讲比赛；组织新党员赴烈士陵园举行入党宣誓活动等，帮助广大党员提高思想政治素质。机关工委对发展新党员和预备党员转正等，始终坚持全面衡量和党性原则，严把支部大会讨论关、党委审批关、预备党员转正关、发展党员公示关。到2017年，区机关工委进一步加强党员教育管理、强化基层党建工作常态化。年内区级“区域党建联盟”开展十多次形式多样的主题实践活动，26家党组织参加活动，参训党员800余人（次）。至2018年，区级机关党员总数超过5000人。其中，发展学生党员50多人。区级机关党员队伍日益壮大，党员素质普遍提高，在不同的岗位上充分发挥先锋模范作用。

四、强化思想作风建设提高队伍素质

（一）学习型党组织不断深化

20世纪80年代始，县直机关党委紧跟形势，把握方向，勇于探索，不断创新，大力宣传党的各项方针政策，开展形势、任务教育。县委提出各级党组织要加强学习，深刻理解党的十一届三中全会精神，加深对改革开放的理解和执行力度，加快改革的步伐。党的十二大召开以后，进一步加强领导干部的学习，促使党员干部全面领会建设中国特色社会主义的重大意义。

20 世纪 90 年代始，按照县委要求，县级机关党委成立学习中心组。并建立健全包括自学、辅导、讨论、交流、调研、考勤、考核、评比、档案等各项制度，促使领导干部学习不断深化。先后系统学习党的十二大至党的十五大精神，对坚持四项基本原则，社会主义初级阶段的理论，建立社会主义市场经济体制等重大决策提高了认识，认清了前进的方向。

2000 年后，在党委学习中心组的基础上，根据县委提出的建设“学习型洪泽”的决策，倡导建立多元学习平台，创建各类学习组织，构筑终身教育体系。同时开展机关、企业、家庭等各具特色的学习型组织创建活动，打造一批特色鲜明的学习载体，如机关学习日、高层论坛、教育培训网络、群众性读书活动等。

2006 年始，县级机关工委以共产党员先进性教育活动为契机，组织“比学习、比作风、比服务，争做优秀共产党员”主题教育活动。县机关工委制定《县级机关各级党组织领导班子中心组理论学习计划》，组织开展党的十六届六中全会、社会主义荣辱观等专题学习活动。在全市举办的《学习党章，争做先锋》主题征文活动中，共收集征文 48 篇，其中报市参评 15 篇，获奖 6 篇，占全市获奖征文总数的 25%。为了加强对党员干部的教育学习管理，党的十七大召开以后，及时布置安排专题学习活动。在十七大精神学习中，进行联合党课的尝试，即支部就近联合，同行业联合的形式，将所属党组织分为五大系统（党群、政法、财税、文卫、农水）展开教育培训，深化机关党员干部对党的路线方针政策的理解，增强党员干部驾驭市场经济全局发展的能力。至 2009 年，先后推出县检察院、国税局、总工会、海事处等一批学习型机关典型，供电公司等一批学习型企业典型以及一批学习型家庭典型和学习型干部典型。其间，邀请专家学者为机关党员干部做《建设马克思主义学习型政党，提高全党思想政治水平》和十七届四中全会、五中全会精神等内容的专题授课，从而提高广大党员的理解力和执行力。

2010年始，开展“建设学习型党组织，做创新型实干家”活动。推动形成理论联系实际的良好作风，摸实情，干实事，求实效。以学习型党组织为主导，推动学习型机关、企业、家庭等建设深入开展。形成以党委中心组学习为龙头，以基层中心组，基层支部领导干部学习为重点，广大党员干部积极参加理论学习的氛围。以创建学习型党组织为目标，推进各级党组织学习制度化、规范化。围绕学习贯彻党的十八大精神、习近平系列讲话、中国特色社会主义和中国梦教育、群众路线教育、领导干部反腐败和“四风”教育，运用基层党校、党员冬训、支部党课和各类讲坛等载体，带动学习型党组织和学习型社会建设。到2013年，机关工委把讲和学结合起来，开展“讲和学”活动，组织专家讲理论、骨干讲业务、书记讲党课、党员讲体会“四讲活动”，引导机关干部学深学透。利用中心组学习、“三会一课”、电化教育、大湖论坛、洪泽湖广场大讲堂、网上课堂、手机党校、道德讲堂等载体，促进机关党员干部真学实学。

2014年后，县级机关工委围绕“学习型、服务型、创新型”机关党组织建设，推动党建工作再上新台阶。党委根据“职能相近、区位相邻、自愿互助、规模适度”的原则，创新成立了7个区域党建联盟。区机关61个党组织、5000余名党员每月20日统一开展活动，将固定党日与“三会一课”、组织生活会、党建联盟等活动深度融合，坚持用党的理论创新成果武装头脑，主要领导带头上党课、讲理论，推动学习入脑入心。同时深入学习贯彻习近平总书记系列重要讲话精神和治国理政新理念新思想新战略。切实提高学习活动效果。到2018年，区级机关工委把区域党建联盟活动作为抓手，将党的十九大精神的贯彻学习、主题教育活动等内容作为规定动作，开展学习教育活动。各联盟根据实际情况自选其他教育活动内容，做到规定动作不打折扣，自选动作创新有实效。区党建联盟全年累计开展各类活动24次，38家党组织参加学习活动。通过活动的开展，增强区域党建联盟品牌活动的吸引力，提高机关党员的参与度，让党员切实感受到联盟服务的实效。通过建设学习型党组织，促进机关各级领导干部学习自觉性、主动性，进一步推动机关党建品牌建设，推进机关党建创新，把党员干部的政治热情转化为生动的党性实践和工作实践，最大限度地凝聚推动经济社会发展的正能量。

（二）机关作风建设齐抓共管

县直机关党委从 1980 年开始，逐步加强机关作风建设。1985 年，第一届机关党委成立后，结合整党工作的开展，全面加强机关作风建设。1990 年始，县级机关党委制定机关学习、工作、劳动三项制度，并由县委办公室发文施行。此后“三项制度”成了常效管理制度，“三项制度”的执行使机关干部职工精神振奋，热情高涨，机关单位面貌一新。是年，结合机关党建工作出台目标管理制度、支部书记例会制度、党支部定期向党员报告工作制度和党员干部培训制度。这些制度的出台，和机关“三项制度”相得益彰，更加规范。嗣后，对“三项制度”的落实跟进检查，建立联席会议制度，重点检查交流“三项制度”执行情况。1992 年“三项制度”落实再出新举措，党委每月组织检查一次并向县委汇报。相对固定地抽调了 15 人组成检查组，不定期、不间断地进行明察暗访，并按百分制记录考核。到 1995 年，机关党务工作会议把机关作风整顿列为各级党组织的重要任务，与“树形象、兴洪泽”活动齐抓共进。同时，总党委认真总结“三项制度”运行情况、对制度进行进一步的修订完善，并制订违反“三项制度”的处罚细则等配套措施。县成立机关作风整顿领导小组，总党委书记任办公室主任，具体负责机关作风整顿工作。召开机关作风整顿动员大会，推介先进个人、先进单位的做法经验。各单位排查问题，建章立制，机关作风齐抓共管，对机关建设起到了巨大的推动作用。

为了使机关作风建设成为一种长效机制，总党委统一编写印制党组织阵地建设制度版面，为机关所有党组织提供统一规范的硬件装备，使县级机关制度建设进一步公开化、具体化。同时，出台新一轮机关作风建设的意见，增加、细化财务管理制度和机关干部下基层制度。此后，开展人大代表、政协委员评议机关作风的活动，更有效地促进机关“三项制度”的执行，推动机关作风的彻底转变。2000年始，县机关工委把机关作风建设纳入党建工作统一考核，制订出台机关党建目标责任制及考核细则，并运用党课、培训班、电化教育等形式对全体党员开展人生观、道德观、权力观的教育活动。在党员干部中开展“增强纪律观念，自觉接受监督”主题教育活动，使机关“三项制度”执行得到全面落实。2010年后，机关工委按照“细化、量化、科学化”要求，更进一步完善党建目标管理制度，修订、完善有关细则，严格量化考核标准，使党建目标管理成为推动作风制度建设常态化的可靠保证。到2018年，区级机关工委更加重视机关作风建设，机关各项工作得到全面提升。

（三）宣传教育工作与时俱进

20世纪80年代始，县直机关党委把宣传思想工作放在各项工作的首位，采用举办“三会一课”、讲座、培训班、报告会、演讲会、知识竞赛等形式对广大党员进行教育。机关党委深入学习、宣传党的十一届三中全会精神，把工作重点向社会主义现代化建设转移，推进改革发展。

1982年，党的十二大召开以后，县直机关党委根据县委关于认真抓好十二大文件学习的要求，先后安排县直机关干部到县委党校轮训学习，轮训对象为县委、县政府机关全体干部，县直工厂、企事业单位的正副职书记、厂长、经理、政工干部等。学习的重点围绕十二大文件中有关改革的论述，使广大干部认清改革的重要性和紧迫性，认清改革的总目标和总方针，认清改革同共产主义远大目标的关系。从而认真总结经验，自觉清理“左”的思想，振奋革命精神，做改革的促进派，为切实开创各项工作的新局面做出贡献。

1987年始，组织广大干部职工学习、宣传贯彻《中共中央关于社会主义精神文明建设指导方针的决议》。对广大党员、干部、职工进行全面的思想教育，把精神文明建设列入各单位重要议事日程。同时在机关广泛开展“五讲四美三热爱”（讲文明、讲礼貌、讲卫生、讲秩序、讲道德；心灵美、行为美、语言美、环境美；热爱祖国、热爱社会主义、热爱中国共产党）宣传教育活动，以树立良好的社会风尚。逐步开展文明单位、文明行业、文明家庭、文明职工等的创建活动。文明创建活动促进了机关作风的转变。此后，围绕学习贯彻党的十三大精神，组织党员干部学习十三大《沿着有中国特色的社会主义道路前进》的主题报告，深刻领会社会主义初级阶段理论，重点把握党在社会主义初级阶段“一个中心、两个基本点”的基本路线和到21世纪中叶分“三步走”、实现现代化的发展战略。同时，结合洪泽实际，认真学习、宣传、贯彻中共洪泽县第五次代表大会精神，推动洪泽改革开放快速发展。为配合理论学习，党委请市优秀党员报告团做专场事迹报告，机关全体党员聆听报告。会后，层层组织座谈讨论，对照优秀党员的先进事迹，谈感受，谈体会，从我做起，从现在做起，树立好新时期共产党员的应有形象。

20世纪90年代始，县级机关党委全面围绕经济建设中心任务，解放思想、抓住机遇、开拓创新、扎实工作。先后开展了党的十三大、十四大及社会主义市场经济体制改革等文件精神的学习活动。增强了贯彻党的基本路线、走中国特色社会主义道路的坚定性，提振了振兴洪泽、深化改革、加快发展、实现小康目标的信心。此后，党委将思想政治建设的重点放在弹好“四重奏”上，即建好党员教育、党员活动的“点、校、室、家”。点即党委工作联系点，校即基层党校，室即支部党员活动室，家即党员之家。先后建成基层党校19所，建校率达100%，为加强宣传思想工作奠定了基础。从1995年开始，围绕“树形象、兴洪泽”主题教育活动。在机关开展“我看洪泽”大讨论，“学理论、闯市场、奔小康、比贡献”大竞赛活动；在机关、企事业单位开展“学习孔繁森，争做好公仆”“学习张家港精神，振兴洪泽经济”“爱我中华、兴我企业、看我贡献”等系列专题教育活动。到1998年，围绕开展改革开放20周年纪念活动，对干部进行以“看成就、话改革、争贡献”为主题的宣传教育；在企业开展“讲主人话、尽主人责、做主人事”主题教育活动；在机关全面开展“四学一纪念”活动，即学党章、学

《邓小平文选》、学党的十四届四中全会文件、学建设中国特色社会主义理论等。在组织参加全国党章知识竞赛活动中，县级机关党委获组织奖，受到中组部组织局、党建研究所、党建读物出版社的联合表彰。党的十五大闭幕后，党委立即把学习、宣传、贯彻十五大精神的要求落实到每一个支部。同时组织机关党务干部参加十五大精神培训班、学习报告会等。1999 年开始的“三讲”（讲学习、讲政治、讲正气）教育，机关各级党组织的“三会一课”、中心组学习都以“三讲”为主要内容。此后，在机关各级党组织中开展“致富思源、富而思进”的“双思”教育活动。组织“双思”教育培训、“双思”知识竞赛和演讲比赛。在面向广大党员干部和职工开展宣传思想教育的过程中，党委逐步建立健全理论学习的正常化、规范化管理制度。

2002 年后，组织党员干部认真学习党的十六大报告，认真学习“三个代表”重要思想，宣传学习中共中央《关于完善社会主义市场经济体制若干问题的决定》《关于加强党的执政能力建设的决定》《关于构建社会主义和谐社会若干重大问题的决定》等，使广大党员增强了继往开来、与时俱进、全面建设小康社会、加快推进社会主义现代化、开创中国特色社会主义事业新局面的决心。到 2008 年，开展纪念改革开放 30 周年系列宣传教育活动。开展“知我洪泽、爱我洪泽、强我洪泽”主题教育，大力推进学习型机关创建工作，开展党员干部党建论文评选活动，其中有 10 篇论文在市评比中获奖。其间，县级机关工委开展以“学习周总理、争做好公仆”为主题，以“创建优质服务、优良作风、优美环境和群众满意、基层满意，县委、县政府满意”的“三优三满意”文明机关创建活动。把创建活动与创先争优、“青年文明号”“巾帼建功”、党建联系点共建等文明创建活动相结合，在全市“学恩来精神，赛优质服务”创评活动中，机关工委报送的县地方海事处马浪岗海事所、县地税征收服务厅被市表彰为“优质服务示范窗口”“优质服务窗口”，另有 2 人被表彰为“优质服务标兵”。通过系列教育和学习活动，深化了爱国主义教育，推动了县级机关群众性精神文明建设。在系列活动中，县机关工委始终坚持开展向先进模范人物学习的活动，做到学有榜样，赶有目标。

多年来，县内相继涌现多名在省内外及全国有一定影响的先进典型人物。其中“气象铁人”李洪根、全国劳动模范刘长贵、全国优秀法官张贵银，还有从洪泽湖上飞起的“大湖鸿雁”唐真亚等，多级党组织充分利用身边先进模范人物的事迹，教育身边的干部职工无私奉献，奋发有为。先进模范人物和先进单位带动了一大批干部和职工，为洪泽经济和社会发展贡献力量。其间，在机关深入开展学习、宣传党的十七大精神，深刻理解继续解放思想，坚持改革开放，推动科学发展，促进社会和谐，为夺取全面建成小康社会新胜利的核心精神。

2010 年后，围绕崛起主题，开展针对性、多形式的主题大讨论，在潜移默化中把干部的思想引领到跨越崛起的目标上来。开展“苦干三年，洪泽崛起”形势教育，“建设学习型党组织”党员干部主题读书和创先争优活动，推动形成理论联系实际，摸实情、干实事、求实效的良好作风。

2013 年始，机关工委把学习宣传、贯彻党的十八大精神作为各项工作的中心，深入学习全面领会十八大主题报告《坚定不移沿着中国特色社会主义道路前进，为全面建成小康社会而奋斗》的重要意义，树立锐意进取、攻坚克难、继往开来、全面建成小康社会的必胜信心。2016 年始，区级机关工委认真开展“三项行动”。一是党员理论武装“引领行动”。以“两学一做”学习教育为契机，通过理论报告会、支部党课、党员冬训等形式，组织机关 5000 名党员深入学习党章、党规和习近平总书记系列讲话精神。分别举办入党积极分子、预备党员、党务干部培训班，全面提升党员干部理论素养和党性修养。二是道德文化培塑“先锋行动”。以机关周末道德讲堂、文化广场大学堂等为宣传载体，强化机关先进文化引领服务群众功能。三是家风家训建设“融入行动”。将家风家训融入入党积极分子（发展对象）、预备党员主体班培训，加强机关员工美德教育；将家风家训融入道德讲堂，提高机关干部廉政意识和自警意识。同时结合开展党建活动“凝心工程”，先后组织入党积极分子、预备党员及党务干部赴沙家浜革命教育基地参加实境教育等活动，增强机关党员守纪和规矩意识。并在机关各行各业大力开展“爱岗敬业·永远跟党走”红色经典朗读比赛，组织机关入党积极分子开展“创建全国文明城市我先行”志愿服务和全国文明城市创建宣传主题进机关活动。

2018 年，区级机关工委通过党员冬训举办集中宣讲活动、党组织书记带头示范上党课等形式，结合中心组学习、支部“微党课”深入学习党的十九大精神和习近平新时代中国特色社会主义思想。并安排党组织负责人和党务工作者分别在山东枣庄和区委党校举办培训班。培训运用讲授式、案例式、互动式、研讨式等教学方法，深入学习贯彻党的十九大精神，提高机关党组织负责人和党务工作者的政治理论水平和业务工作能力。是年，洪泽区级机关工委被区委授予党建工作和精神文明建设及宣传思想工作先进集体的称号。洪泽区级机关工委紧跟时代步伐，切实开展宣传思想工作，把全体党员和广大干部职工团结在党的周围，为洪泽区全面实现小康贡献力量。

（四）党风廉政建设常抓不懈

1979 年，中共洪泽县委纪律检查委员会成立，把党的纪律检查工作提上议事日程。1980 年 2 月，中共十一届五中全会通过的《关于党内政治生活的若干准则》（以下简称《准则》），是当时历史条件下，提高党员特别是干部的思想政治水平，增强党性，加强党的建设的一项具有重大意义的措施，在党的历史上是一个创举。洪泽县直机关党委认真学习贯彻《准则》。并组织各基层党组织对照检查，针对当时县内少数干部以权谋私，搞户口非法“农转非”、利用职权建房分房、拖欠公款、侵占公物等不正之风，党委配合有关部门，组织各单位自查自纠，对情节严重的给予批评教育直至相应处分。

1985 年始，为实现党风的根本好转，促进经济体制改革的健康发展，根据《中共中央关于整党的决定》，县委印发了《关于全县第一批整党工作的安排意见》，县级机关和部分县直企事业单位列入其中。县直机关党委以党的十二大精神为指导，根据县委的统一部署，以新党章、《整党决定》《党员必读》为主要教材，通过举办轮训班、上党课等形式，开展党性、党风、党纪学习教育，提高对整党必要性和紧迫性的认识，全面加强党风廉政建设。

这次整党主要采取党员集中学习、开展批评与自我批评的方法，提高党员觉悟，解决党组织和党员存在的问题。至1987年3月，整党工作基本结束。整党把整改贯穿始终，以达到统一思想、整顿作风、加强纪律、纯洁组织的要求。集合纪律检查和整党工作，对党政机关和党政干部以权经商、损公肥私、违反政策、巧立名目、多发和滥发钱物、用公款请客送礼、挥霍浪费等新的不正之风，逐一查处，惩腐倡廉。

1988年1月，县机关党委设立纪律检查委员会，并在机关党的第二次代表大会上选出首届机关纪委班子。嗣后，县级机关纪委组织广大党员干部深入学习《中国共产党章程》《中国共产党纪律处分条例》《中国共产党党员领导干部廉洁从政若干准则》（以下简称《廉政准则》）等党纪党规，增强机关党员干部的法纪意识。20世纪90年代以后，每年均组织一次党性、党风、党纪主题教育和世界观、人生观、价值观主题教育活动。结合上廉政党课、召开专题民主生活会等，在学习教育活动中注意用正反典型来教育广大党员干部。机关党风廉政建设走上了正规化、常态化轨道。

2001年后，机关工委出台了县级机关党建目标责任制及考核细则，进一步加大党内监督力度，推动党风廉政建设责任制的落实，在党员干部中开展“增强纪律观念，自觉接受监督”主题教育活动。并制定了机关党员干部评廉、述廉、考廉制度。同时，机关工委与机关党组织签订党风廉政责任状，作为党风廉政建设的重要考核内容。每年根据不同情况和新的要求，制定印发党风廉政建设责任分解意见，年终考核检查。其间，县委印发《关于加强廉政文化建设的意见》，全面开展廉政文化“进机关、进社区、进家庭、进学校、进企业、进农村”的廉政文化“六进”活动。至2010年，机关廉政文化示范点创建工作持续升温，并取得丰硕成果。其中，洪泽县供电公司被评为江苏省第二批廉政文化示范点；县地税局、交通局、文化局（道德苑）被评为淮安市第二批廉政文化示范点；县国税局被评为江苏省第四批廉政文化示范点；县药监局、国税局、实验小学被评为淮安市第三批廉政文化示范点；县法院被评为淮安市第四批廉政文化示范点。廉政文化示范点创建对广大党员特别是党的各级领导干部起到了一定的教育和警示作用。嗣后，机关党风廉政建设把学习贯彻好《廉政准则》作为一项重要内容来抓。举办廉政教育培训班，组织党员干部参加县纪委举办的《廉政准则》考试，各支部开展系列学习活动等，加强党员干部的廉政教育。机关工委有计划、有针对性地派党员干部参加所属党组织民主生活会和述职述廉会，配合有关部门对机关作风和软环境建设进行监督检查，遏制违法违规行为。通过落实党风廉政建设责任、加强教育、完善制度、强化监督等措施，积极推进教育、制度、监督并重的惩治和预防腐败体系构建，推动机关各项工作健康发展。

2012 年始，县机关工委与直属党组织主要负责人签订“党风廉政建设责任书”，落实党风廉政建设责任制。先后出台党建工作考核细则，加强县级机关党风廉政考核，考核结果与年度评先评优挂钩。同时，在机关开展“学习伟人周恩来，践行‘五德’（思想品德、政治道德、为官政德、社会公德和家庭美德）做表率”活动。并且通过播放警示教育片开展典型案例剖析、召开座谈会、组织领导干部教育培训等形式，强化宣传教育效果，受教育党员干部累计达 520 人（次）。组织机关党员干部学习《党的组织制度和党的纪律》《预防职务犯罪》《党的纪律与党内监督》等文章，把反腐倡廉教育与领导干部的教育培训有机结合起来，做到警钟长鸣，廉洁自律，端正方向。

至 2018 年，区级机关工委突出惩防体系建设，加大监督检查力度，着力解决党员干部在党性、党风、党纪方面存在的突出问题。抓好《党内监督条例》《党纪处分条例》等党内法规的学习宣传教育活动，严格执行《廉政准则》，加强对领导干部配偶、子女和身边工作人员的教育、管理和监督。落实党风廉政建设责任制“一把手”工程。细化责任分解，优化责任考核，强化责任落实，完善领导班子成员党风廉政建设责任制“一岗双责”的职责。加强信访案件信息的收集，做好群众来信来访工作，配合县纪委做好信访案件查处工作，着力从严治理干部队伍。

经过 30 多年的反腐倡廉宣传教育，洪泽机关党风廉政建设一直向好发展，为保持机关党员队伍的纯洁性起到了巨大的促进作用。

五、服务经济建设中心做贡献

20世纪80年代开始，县直机关党委坚持围绕中心抓党建，努力探索机关党建服务中心工作的有效途径，创新工作思路、拓宽工作领域、延伸工作触角，使机关党建工作始终真正地融入中心、服务中心，做到“有为、有位、有影响”。机关党委把发挥基层党组织和党员干部的凝聚力、战斗力作为推动机关党建创新发展的核心动力。为了调动基层党组织和广大党员干部开展创新创优的积极性，引导机关党组织和广大党员干部千方百计谋创新，一心一意促发展。为推动地方经济和社会科学跨越发展注入了新的活力。

自20世纪90年代开始，县级机关工委将招商引资、企业招工工作放在重要位置，先后多次组织力量到浙江、安徽、苏南等地招商、招工，为洪泽引进资金、引进企业、引进技术，为企业解除用工之忧，均取得一定成效。

2000年后，加大招商力度，组织力量到苏南、福建、浙江、上海等地开展招商引资活动，邀请客商到洪泽考察，吸引投资，同时做好企业帮办和挂钩村结对帮扶工作。

2008年始，县级机关工委按照县委、县政府提出的招商引资要求，抓好招商引资、拆迁、环境整治工作。积极响应市、县号召，组织机关干部参加创模、创卫、创文明城市等创建活动。在机关干部职工中开展全市组织的创“优质服务窗口、优质服务明星”竞赛活动。是年，有20个单位、20名个人在全县评比中获奖。在全市开展的“优质示范服务窗口”“优质示范服务明星”创评活动中，县国税局第一税务分局、供电公司城区营业厅和工商行政登记注册窗口被评为市级“优质示范服务窗口”，有2人被授予市级“优质示范服务明星”的称号。2009年，县劳动和社会保障局职业介绍服务大厅、国税局第一分局被表彰为“市级优质服务窗口”，有2人分别被市级机关文明委授予“优质服务明星”和“优质服务标兵”的称号。

2010年后，按照县委创先争优活动统一部署，动员机关党组织和全体党员围绕县委制定的“苦干三年，洪泽崛起”战略目标，结合本部门、本单位实际在各自岗位上建功立业，为洪泽“率先达小康”做贡献。县机关工委从“围绕经济抓党建，抓好党建促发展”出发，进一步做好招商引资工作。引进总投资 2 亿元的江苏中制光电科技项目。同时大力开展创新创优活动，县教育局的“洪泽农村初中生进城就读”、县老干局的“夕阳红大院创新管理服务”项目分别被评为市级一、二等奖。此后，机关工委抓住创新创优工作重点，破解党务与业务融合难点。通过加大工作力度、强化督查推动等举措，促进全县创新创优项目数量和质量双提升。2016 年始，区级机关工委认真实施创新创优“提升工程”。通过将党建创新创优工作列入大目标管理、量化考核指标、强化组织申报、加强督查推进等措施，有效提升全区党建创新创优活动工作成效。区级机关工委制定《淮安市洪泽区创新创优项目考评办法》，进一步激励各部门和单位开展创新创优工作。至 2018 年，先后组织实施经济建设、公共管理、党建和精神文明类创新创优项目累计 200 多个。其中，“小型水利工程管理体制改革”“举办首届中国农民丰收节系列活动”获市级创新创优项目一等奖，“全力助推淮安华强方特项目建设”获市级创新创优项目二等奖，“蒋坝·中国河工风情特色小镇建设”等 4 个项目获市级优秀奖。“智慧党建”项目获评全省机关党建创新创优活动优秀项目，全市仅两家、县区唯一。区级机关工委围绕中心工作，大力开展创新创优活动，全力助推洪泽区经济社会快速发展。

（执笔人：胡泽民）

区委党校干部教育培训40年

中共淮安市洪泽区委党校

自改革开放以来，党的干部教育培训工作面临着新形势、新问题、新任务的挑战。中国共产党发扬优良传统，高度重视并努力改进和创新党的干部教育培训工作，为改革开放和社会主义现代化建设事业的发展提供人才保障和支持，使党的干部教育培训工作成为我们党的真正优势。

一、与时俱进推进培训教育

自1978年1月党校恢复以来，洪泽县委党校充分发挥党员干部教育培训主阵地、主渠道的职能作用，积极开展党员轮训工作。翌年至1981年共办轮训班10期，累计轮训各级党员干部1082人（次）。1986年至1987年办轮训班9期（乡村干部轮训班2期，读书班7期），累计轮训各级党员干部1900余人（次）。

2006年，党校认真探索干部培训规律，不断充实教学内容，努力创新教学方法，积极拓展培训渠道。有计划、分期分批培训、轮训乡科级党员领导干部、机关中层干部、农村基层党支部书记和村委会干部；培训青年党员干部和理论宣传骨干。举办各类专题研讨班、读书班。承办国家、省、市函授分院洪泽辅导站工作，对全县在职干部进行学历教育。建立唯实职业技术学校，开展农村劳动力转移培训。全年共举办各类培训班17期，教育培训人数累计1438人（次）。具体为新任副科级干部培训班、建设社会主义新农村教学研讨班、学习信访条例培训班、学习《江泽民文选》和党的十六届六中全会精神培训班、叉尾鱼回鱼养殖培训班、保险业务知识培训班、农村种植业大户培训班各1期，会计基础知识培训班6期，农村劳动力转移培训班4期。

2007年，县委党校累计举办各级各类培训班33期。其中，举办“周末讲座”13期，培训人员达2600人；举办电子政务网建设培训班3期，为全县各镇、县各部委办局培训专兼职业务骨干305人，保证全县建网工作的顺利完成；与县财政局共同举办“会计基础知识”培训班8期，累计800余人（次）受训。与县总工会、妇联、农业局、农干校、保险公司、安监局等单位合作，共同举办各级各类培训班9期，累计2300人（次）受训。

2008年，党校按照县委和组织部门对全县干部队伍建设的总体要求，结合学校全年培训任务，分期分批开设各种类型培训班。年内，先后举办村（居）支部书记培训班、科级干部培训班、后备干部培训班、十七大报告教学研讨班、青年干部培训班、继续教育培训班、公务员“5+X”培训班、“周末讲座”等共23期，累计5500人参加培训。为提高培训人员的整体素质，积极调整办学思路，创新管理理念、培训模式、培训内容和方式，通过直接面授、网络培训、远程教学等方法，着力提高参训人员理论水平和综合素质。此外，还联合其他职能部门，举办各类培训班共20期。

2009年，全年举办了近20期培训班，培训人数共计4216人。其中：洪泽发展论坛3期，参训2500人（次）；副乡、科级干部培训班1期，参训180人（次）；青年后备干部培训班1期，培训人数86人；新任科级干部培训班1期，培训人数30人（次）；村（居）党组织书记培训班1期，培训人数124人；科学发展观专题培训班1期，126人（次）参训；招商引资专题培训班1期，培训120人（次）；十七届四中全会精神专题培训班4期，培训人数800人（次）；计划生育干部培训班1期，培训人数128人；行政执法人员培训班1期，培训人数106人；国家公务员初任培训班1期，培训人数86人；专业技术人员初任培训班1期，培训人数120人；信访工作业务培训班1期，培训人数80人。在办好主体班教育培训的基础上，党校协办了县委组织部牵头的县直机关干部“周末讲座”8期，共计2500人受训；与县人事局联合举办公务员“5+X”能力培训班26期1300人、专业技术人员继续教育培训班26期1560人；与县直机关、乡镇、企业等10个部门和单位联合办班11期，参训人数944人。

2010年，党校全年共举办16期培训班，累计培训1500余人。其中：副乡、科级干部培训班1期，培训人数180人；中青年后备干部培训班1期，培训人数100人；新任科级干部培训班1期，培训人数50人；村（居）党组织书记培训班1期，培训人数124人；招商引资专题培训班1期，培训人数120人；国家公务员初任培训班1期，培训人数86人；专业技术人员继续教育培训班2期，培训人数800人；信访业务培训班1期，培训人数80人；党员廉政建设专题培训班1期，培训人数60人；非公企业党建工作培训班1期，培训人数82人；大学生村官初任培训班1期，培训人数120人；共青团干部培训班1期，培训人数78人；入党积极分子培训班1期，培训人数109人；电子政务系统培训班10期，培训人数309人。同时，配合组织部和人事局举办全县公务员保密教育培训班和全县专业技术人员培训班，专业技术人员培训班共培训约800人；另外，会同县直部门单位联合举办培训班11期，参训1090人。

2011年，县委党校深化教学改革，不断优化教学布局，更新教学内容，创新教学方法，推出精品课程。共举办10期主体班，累计培训1111人次。其中：副乡、科级干部培训班2期，培训人数180人；年轻干部培训班1期，培训人数105人；新任科级干部培训班1期，培训人数120人；村（居）党组织书记培训班1期，培训人数124人；党务干部培训班1期，培训人数128人；招商引资专题培训班1期，培训人数120人；党员廉政建设专题培训班1期，培训人数60人；非公企业党建工作培训班1期，培训人数82人；国家公务员初任培训班1期，培训人数86人。此外，为适应社会需求，在县人社局、县机关工委的大力支持下，共举办10余期社会办学培训班，累计培训人数1891人，其中：计划生育干部培训班1期，培训人数128人；行政执法人员培训班1期，培训人数106人；专业技术人员继续教育培训班3期，培训人数1000人；国防与双拥培训班1期，培训人数130人；大学生村官初任培训班1期，培训人数120人；共青团干部培训班1期，培训人数78人；入党积极分子培训班1期，培训人数109人；预备党员培训班1期，培训人数56人；引资企业招工培训班2期，培训人数105人；电子政务系统培训班8期，培训人数287人。

2012年，县委党校培训、轮训党员干部2690余人次，其中包括科级干部培训班、公务员道德培训、村（居）党组织书记培训、"五德"教育专题培训、纪检监察干部综合业务培训、非公有制企业党组织负责人暨企业党建指导员素质培训、党务干部培训，超额完成县委、县政府下达的培训任务。经现场测评和学员反馈，满意率达98%。

2013年，党校共举办了10个班次10期主体班教学培训，累计参训1021人（次），其中：村（居）党组织书记培训班1期，参训138人（次）；非公企业党组织党务工作者拓展培训班1期，参训35人（次）；党务干部培训班1期，参训115人（次）；副科级干部培训班1期，参训89人（次）；全县基层党员培训班1期，参训210人（次）；后备干部（股级）1期，参训96人（次）；后备干部（科级）1期，参训68人（次）；新任科级干部培训班1期，参训59人（次）；年轻干部培训班1期，参训113人（次）；大学生村干部1期，培训98人（次）。培训结束后，我们通过学员座谈会、培训考试等形式对主体班培训质量抽样调查，学员满意率高达98%。

自党的十八大以来，以习近平总书记为首的新一代中央领导集体，高度重视县级党校工作。省委、市委也高度重视县级党校建设，2014年，省委印发了《关于进一步规范县级党校（行政学校）办学的通知》，为县级党校的发展提供了政策支持。

2014年，党校共举办了主体班教学7期，累计参训人员500多人（次），分别为全县金融财税（江西财大）培训班、全县党政干部（江西财大）培训班、全县村（居）党支部书记（苏州农干院）培训班、全县青年干部（江西财大）培训班、全县非公企业党组织负责人（浙大）培训班，全县党务干部培训班，全县大学生村官培训班。

2015年，党校共举办主体班教学8期，累计参训近600人（次）。主要包括全县政法干部（井冈山）培训班、全县宣传干部（井冈山）培训班、全县科级干部（兰考）培训班、全县村（居）支部书记（潍坊）培训班、全县非公企业党组织负责人（厦门）培训班、全县青年干部培训班、全县党政干部（兰考）培训班、全县党务干部培训班等等。

2016年，党校已经举办主体班4期，累计参训240人（次），主要包括年轻干部（华西）培训班、党政干部（兰考）培训班、党政干部（红旗渠）培训班、党务干部培训班。下半年，举办主体班次6期，主要包括全县青年干部培训班、全县党政干部（红旗渠）培训班，全县纪检干部培训班、全县村（居）支部书记培训班、全县非公企业党组织负责人培训班、全县党务干部培训班等等。

在保证主体班教学的前提下，党校兼顾社会办学。每年重点举办了与江西财经大学合作的MPA公共管理硕士学历教育培训班、全县事业单位管理人员培训班、村“两委”成员轮训班、基层党员轮训班、群团干部培训班、入党积极分子培训班、预备党员培训班等，学制均为3—5天，另外在“两个责任”宣讲、“三严三实”专题教育活动、全县家风建设活动、各部门“七一”专题党课活动、近期开展的“两学一做”专题教育、每年的党员冬训等各项工作中，县委党校都坚持送教上门，每年均不低于40场（次），参训人数3000人次以上。

二、圆满完成函授教育历史使命

1984年，党校在轮训的同时，始行正规办学。1985年，县委党校开设党政干部中专班，招收县直单位、企事业单位的党政干部入学，始招1个班，学员46人，学制2年。1986年招生一个班，学员36人。1987年招生两个班，共99人，学制缩短为1年。是年底，中专班在校学员135人，另有毕业生46人。

截至2006年年末，在校生计248人，其中录取中函法律本科新生103人。完成省函2003级大专经济管理专业14名学员毕业论文的指导、评审工作，合格通过率100%；完成中函本科法律专业67名学员毕业论文的指导、评审、答辩工作，合格通过率100%。为确保教学质量，在规范教学管理中重点抓好教师的教育培训、函授教师的优选、教学环节、教学方法的创新。当年完成两个专业6个班次总计37门科目的教学任务，各科考试合格率均为95%以上。

2007年党校共招生71人。在校有2005届、2006届、2007届3个本科班，共计229名学员。在积极拓宽函授招生渠道的同时，狠抓制度的规范与落实工作，重点从班主任的责任心和工作态度、任课教师备课讲课质量、学员的到课率以及考风考纪、论文指导、评审、答辩等方面高标准、严要求，使党校函授教育工作成为江苏省的先进典型。

随着党校函授教育转型期的到来，学校始终把办学的社会效益放在首位，提升函授教学管理水平。一是始终把“从严治学 质量第一”的方针贯彻落实在教学的各个环节上，突出严格管理和质量第一的理念。二是加强教师的在职培训，努力建立一支高素质的教师队伍，以高水平的教师培育高素质的人才。三是实行科学管理，不断提高管理质量，走质量效益型办学道路，注重办学的社会声誉。

2009年，党校有2007级函授法律本科班，学员66人。严格按照上级函授部门的规程和要求，精心组织安排，严格考风考纪，制定详细的考试实施计划，参考率100%。为顺利完成2007级学员的毕业论文答辩工作，学校出台详细方案，确保指导教师对学员论文写作辅导、选题、定稿，保证论文质量，66名学员全部毕业。党校开办学历教育20余年，顺利地完成历史使命，2009年后党校的中心工作转入党员干部的教育培训。

党的干部教育培训工作是我们党的传家宝，我们应当在继承党的干部教育培训工作传统宝贵经验的同时，创新党的干部教育培训工作的方法与手段，充分发挥党的干部教育培训工作的强大活力，为实现我县“十全十美·幸福洪泽”的宏伟目标提供重要保障。

（执笔人：颜婧芝）

与时俱进做好青年工作

共青团淮安市洪泽区委

自改革开放以来，洪泽共青团坚决贯彻党中央、团中央的各项方针政策，始终围绕县（区）委工作大局，牢牢把握服务青年这个立足点，努力适应不断变化的青年工作形势，解决青年工作中出现的各类问题，有效地团结带领广大团员青年在建设家乡，建功洪泽的伟大事业中谱写了青春的华彩乐章。

一、持续强化青年思想意识形态工作

共青团工作是党的意识形态工作的重要组成部分。改革开放之初，洪泽共青团在全县青年中发起了“在新时期中，我应该贡献什么”的大讨论，重点贯彻传达新时期的总任务，迅速掀起青年比学赶超建设新时代的热潮。1979 年，根据团中央和淮阴地委的要求，在青年中开展对《我们这一代》反动小说的分析批判，激发了青年思辨的热情，奠定了青年爱国、爱党、爱社会、爱家乡的思想基础。1992 年邓小平同志视察深圳，《深圳特区报》刊发了《东方风来满眼春——邓小平同志在深圳纪实》的文章，洪泽青年通过集中学习，形成了青年创业创新，投身市场经济浪潮的最初萌芽。

（一）不断扩展活动内容

1984 年，根据党的十二届二中全会精神，洪泽共青团将加强“两个文明”建设，实现四个现代化作为全县青少年思想教育的核心内容，开展了团干部学习整党文件专题培训班。在中学生中开展“三优一化”“创三好”等活动。值得一提的是，从1984年之后，洪泽共青团将少先队工作囊括进共青团的工作中来，力图实现少先队组织活动常态化开展，以更适应少年儿童心理成长特征的方式开展一系列“爱的教育”，开展了“红领巾读书读报月”“我为‘六五’做贡献”“为弟弟妹妹做好事”等健康有益的文体活动，促进青少年学生积极向上，健康成长。1986年至1988年，针对农村团员青年多，学法用法意识不强，团县委成立了普及法律知识工作小组，在三河乡开展“洪泽青年司法学校”试点行动，累计参训普法教育4500人。共青团中央十三大之后，洪泽共青团不断拓宽工作视野，在1993年相继落实了“希望工程”、中国青年志愿者工程等多项工程，成为青年人才工作的突破口。

1995年后，洪泽共青团开始将目光瞄准企业，把“青年文明号”的评选机制引入企业，有效地促进企业内生动力。在随后的20年内，洪泽共青团不断调整活动内容，相继开展“圆梦行动”“希望来吧”“青少年网络维权岗”等多项具有延续性、长效性的工作，累计帮助困难大学生3500多人。坚持将学习先进典型作为青少年思想引领的重要抓手。自2004年始，持续开展了“我们身边的好青年”“最美少年”“最美中学生”等评比活动。从1989年的“向优秀少先队员韩余娟学习”到近年来的“寻访大湖鸿雁唐真亚先进事迹”，从争做学校里的三好少年到自觉成为合格社会公民，洪泽共青团通过放大典型效应培树了一批又一批的时代新人。

（二）不断提升品牌效应

1988年，洪泽共青团七次代表大会之后，历届团委书记室采取品牌化、项目化的方式开展意识形态教育工作。先后将集中入团、集中入队形成仪式化、规范化。打造“红领巾寻访”“微队课”“微团课”等一系列思政教育品牌。培育出丁涛、杨启航等一批全国、省市级优秀少先队辅导员。注重抓住时间契机，开展“庆香港回归”“百年五四”“纪念周恩来120年诞辰”等教育活动。1995年始，为了扩大少先队礼仪教育的影响力，洪泽共青团陆续在全县小学推进鼓号队建设，选拔优秀少先队员作为鼓号手。1997年，香港回归之际，全县 20 所中小学的鼓号队、70 个方队近 2000 名中小学生接受市、县领导、全县各界代表及学生家长代表近 3 万人的检阅。

（三）不断完善基层阵地

在相当长的历史时期中，洪泽地区渔民较多且文化程度低，流动性大，没有固定的组织活动阵地，渔民群体中的团组织工作存在空白，党的声音不能有效地传达给这一群体。为了破解这样的局面，1984 年，洪泽共青团在成河乡试点“水乡青年之家”，面对一穷二白的窘境，县、乡两级团组织发动城区青年通过培育树苗、捐赠图书，动员在外乡贤捐助器材等方式，建成了覆盖 22 个渔村，3600 余名农渔民青年的“水乡青年之家”，成为当时淮阴地委具有较大影响力的流动青年之家。20 世纪 90 年代初，洪泽共青团开始意识到外来务工人员子女，2012 年在黄集镇中心小学建成首个市级希望学校。

2008 年开始，洪泽县委、县政府开始在非公企业排查党组织的建立情况，结合党建带团建的工作要求，洪泽团区委在非公企业和基层村居（社区）新建改建青年学习社，建成青年学习社 15 家，蓝湾咖啡青年学习社被共青团江苏省委评为示范学习点。2019 年，洪泽团区委创新实施青年学习之路项目，集合蓝湾咖啡、大湖之光青少年服务中心、供电公司等较为成熟的学习社形成学习联盟，开辟大湖之光—金堤永固青年学习社“青廉之路”，开发样板课程，带动更多的青年知晓党和国家的重要思想和重要决策。“洪电铁牛”学习社被评为市级青年学习社。

（四）不断适应新的形势

经济政策和户籍政策的不断放开，青年已经脱离了土地对个人的束缚，青年找组织的历史形势已经不复存在，组织上门服务青年成为新的工作导向。10 年来，洪泽团委机关干部坚持上门送思想，送政策，将党和国家的大政方针送到青年身边。2006 年，洪泽团县委就开始实施团干部挂钩蹲点制度，全县 14 名专职团干挂钩联系 132 个基层支部，常态化开展“三会两制一课”活动。2010 年，团县委提出团干部“1+100”联系青年的工作方法，获得团市委的肯定。2014 年 8 月，洪泽共青团在淮安市内率先实现基层支部

“评星定级”制度100%全覆盖，将青年的思想教育纳入评星定级首要内容。2018年，团区委结合城区委区政府关于社区管理网格化的工作要求，进一步破除镇（街）团委中梗阻。以洪泽共青团微信公众号、洪泽共青团抖音号为基础平台，打造洪泽青年之声新媒体宣传项目，大力弘扬社会主义核心价值观，累计推出先锋人物、创业之星、法治教育、就业信息等多个专刊，不断扩大服务内容，通过网格平台直接推送给青年，满足青年需求。

二、不断巩固基层团的组织队伍建设

“文革”时期，共青团的组织受到严重破坏，团的组织生活不规范，在改革开放之后，洪泽共青团着手恢复团的组织，配齐配强团的干部。

（一）规范团的组织建设

按照党委的要求，从1993年起，严格执行共青团基层组织5年一换届的规定，不断延伸组织触角，强化基层支部建设，逐步实现县（区）、乡（镇）、村（居）三级团干部配备100%的良好局面。2002年12月，中共洪泽县委办公室印发《共青团洪泽县委机关机构改革方案》，明确共青团洪泽县委为正科级行政建制单位，编制5名，下设青少部、组宣部两个部门。同年，共青团洪泽县第十一次代表大会在县城召开，陈礼新同志当选团县委书记。

（二）及时调整团组织设置

1985年，共青团洪泽县委在充分调研后发现，改革开放后的经济建设需要，随着集体经济兴起的还有集体经济中的团青组织，这些组织对于发动带领青年参加社会主义现代化建设和两个文明建设中发挥了重要作用，但是部分支部的松散瘫痪状态引起了青年群众的不满，在1986年，团县委专门印发了《关于整顿基层团组织的意见》，根据主管单位抓团建的工作原则，先后成立财贸团总支、手工业联社团支部、农水系统团总支、物资系统团总支等团的组织，形成了青年工作的有效抓手。

1986年，根据洪泽县行政区划调整，公河、淮河、半城、临淮、城河5

个乡团委组织转出。随着改革开放后市场经济的蓬勃发展，集体企业改制较多，原有的团队组织空置情况较多，组织生活开展不规范，共青团洪泽县委从2000年开始，陆续对原纺机厂团总支、工艺总厂、红旗农场等集体企业支部进行撤并调整，将企业团建的工作重点调整到非公企业上来。

2006—2010年，开展乡镇实体化“大团委”建设行动，明确各乡镇团委必须明确一名专职负责企业团建工作的挂职副书记。严格围绕县委党建带团建的工作要求，党组织建到哪里，团工作就做到哪里。新建非公企业、两新组织团支部361个，累计覆盖青年3367人，组织触角得到有效延伸。

2012—2015年，共青团洪泽县委创新团建工作方式，先后推出了“磐石工程”“双述双评”“三清两样中学团委建设”等项目，通过一年一推进的工作模式，基层支部的凝聚力、战斗力不断增强。磐石工程项目荣获2016年团省委“10100”项目二等奖。2018年后，洪泽共青团推进网上共青团建设，通过线上推进智慧团建，线下部署“双述双评”，全面排查基层支部情况，调整撤并不规范支部，实现团员底数清、组织关系接转快的高效组织架构。截至2020年1月，智慧团建系统内登记团支部901个，团员18452名。

（三）带好团的队伍

坚持将团干部的培训和党员冬训工作结合起来，学习时政热点，用思想理论武装头脑。2017年，共青团十四次代表大会召开之时，乡镇专职团领导班子成员由原来的14人增加至19人，村（居）社区支部的团干部100%配备到位。2018年，中共洪泽区委办公室印发《共青团洪泽区委改革实施方案》，进一步落实县区级团委班子“专、兼、挂”模式要求，引进金融挂职干部任团区委副书记，增强工作力量。完成团区委内部机构改革，将“青少部”改革为“青年发展部”，将原青少部承担的少年儿童工作事业并入组宣部，增挂学校共青团和少先队工作部牌子，理顺工作关系。向区政府积极争取工作经费，成立了大湖之光青少年服务中心，迈出了共青团改革社会化的第一步。

三、始终致力为洪泽经济社会发展做贡献

“党旗所指，团旗所向”，这是中国共青团光辉奋斗历程的真实写照，也是洪泽共青团践行各项工作的指针。

（一）服务经济建设大局

1984—1989 年，为了落实党的十二届二中全会精神以及共青团十二大工作要求，洪泽共青团连续 5 年组织开展冬春水利植树活动，发动 3130 名团员青年植树 7000 多棵。结合“科普实验田”活动，印发了《关于在青年中开展四夏大忙的通知》，向在校学生、农村青年发出用科学实现农业现代化的号召。1991 年，在企业青年中开展“双增双力”活动，将青年的思想凝聚到爱岗奉献、敬业有为上来。根据区委提倡的爱国卫生运动要求，20 世纪 80 年代末至 20 世纪 90 年代初期，在全县中小学中广泛开展鼓励少先队员科学灭鼠的活动，有效杀灭“四害”。1998 年，洪泽共青团响应团中央十四大号召，围绕可持续发展纲要，探索“团建+湖泊管理”的保护母亲湖活动，联合业务部门，组织沿湖村（居）团组织开展湖巡查、管控调研等志愿服务活动。开展“争当洪泽湖卫士”骑行活动，组织志愿者沿洪泽湖湖湾至三河闸的洪泽湖大堤自行车骑行宣传，在沿途 20 千米的村庄、社区开展志愿宣传活动，引导社会各界和广大群众增强水法制观念。2018 年，洪泽区保护母亲湖项目入选江苏省“保护母亲河，争当河小青”志愿服务试点项目。

（二）提供重大活动保障服务

1987 年，组织青年团员参加全省防汛抗灾行动，2000 余名青年参与到各级抗灾青年突击队中，减少了人民生命财产安全的损失。2004 年之后，响应共青团十五大的号召，动员性、临时性的工作支持变为了常态化的工作服务。2006 年，自洪泽县举办第一届大闸蟹节开始，共青团充分发挥在青年中的号召力，组织志愿者连续 13 年服务重大节庆活动。2013 年，CBSA 洪泽 9 球国际公开赛落户洪泽，青年志愿者在其中发挥了积极作用。2018 年，第一届网络大闸蟹节在洪泽举行之后，洪泽团区委推出“网红带货”专题项目，

同时为西顺河牡丹节、蒋坝螺蛳节、宁淮乒乓球友好交流公开赛提供各类志愿服务逾万次。

（三）架设青年参与地方经济社会发展的桥梁

自2010年以来，连续十年开展青年与人大代表、政协委员、青联委员面对面活动，引导青年参与基层民主协商活动，组织青年参与基层群众自治和企事业单位民主管理，在实践中提高政治参与能力，为地方党政领导青年工作提供了重要决策参考。2019年，首创县区团区委机关开放日制度，听取青年代表的意见和建议。强化沟通协调，2019年12月，在区委组织部的关心支持下，洪泽团区委牵头建立了洪泽青年工作联席会议机制。

四、努力创造为青少年成长的服务平台

青少年成长成才，党的事业方能薪火相传。经过多年的工作努力，洪泽共青团构建起以坚定青少年理想信念、提升青少年道德修养、增强青少年本领和维护青少年权益为主要内容的工作格局。在不断变化的新形势下，将青少年的个人成长成才与社会发展紧密结合起来，让青少年在自我成长的道路上认识到投身经济社会发展大潮、爱国敬业奉献的重要性。

（一）鼓励青年创业就业

1994年起，根据县委大众创新，万众创业的号召，团县委瞄准农村产业结构调整，开展青年农民科技培训，至2000年，培训农村青年万余人，培训农村青年骨干1600余人，推广种、养、加等专业新技术近10项，涌现近200名国家、省、市、县四级青年科技示范户，培养树立专业村组15个，建成500亩以上共青农业产业带8个。2001年后，洪泽县纺织工业、化工产业不断发展，产业工人缺口较大，洪泽共青团鼓励农民开展土地承包流转，转变为产业工人，实现劳动力转移2600名。2016年至2018年，洪泽区电商发展形势大好，洪泽共青团通过深入调研出台了《团区委“农村淘宝‘134’服务青年创业工程”实施方案》，打通青年创业之路。建立洪泽区青年商会交流群。征集发布“U+展翅”大学生就业创业岗位101个，开设农村青年就

业创业培训班，累计 1200 余名农村青年参加培训。2019 年，团区委与金融部门联络，推出了数额小、流动快等特点的新农菁英贷，累计发放贷款 285 万，扶持创业项目 10 个。

（二）聚焦青年关注热点

围绕青年关注的创业就业、志愿活动、心理健康、维护权益、爱心传递、婚恋交友、成长教育 7 个类别的专家服务团队，累计解答青年问题 9958 条，回复率 100%，满意率 93%。根据区委人才工作意见，开展留才引才活动。自 2014 年起，连续六年举办“众里寻 TA 邂逅洪泽”青年人才交友联谊活动。

（三）帮扶困难青少年群体

2009 年之前，县内没有专门的青少年教育帮扶机构，问题青少年通过社区矫正方式零散地接受法治教育，部分青少年处于严重失管状态，成了社会不稳定因素，洪泽共青团充分发挥青少年教育关爱职能，于 2010 年启动关爱困难青少年群体活动，推动成立预防未成年人犯罪联席会议，健全洪泽区青少年权益保护机制。并在今后的一段时间内，相继实施“大湖 12355”成长护航工程、“守护花开”网络维权等一系列维权项目，对区内 90 余名帮教青少年定期跟踪走访，通过联系企业提供就业见习岗位、联系中专院校提供学习机会等多种方式，帮助问题青少年回归社会。对监护人无法履行监护义务的儿童，建立“青益筹”事实孤儿信息库，对区内 71 名事实孤儿定期上门走访，截至 2019 年年底，累计开展活动 20 余次，赠送物资价值 50 余万元。

（执笔人：马晓伟）

回眸改革发展中的供电事业

淮安市洪泽区供电公司

洪泽供电事业从1957年县造船厂首台发电机组投入运行开始，揭开了电力工业建设的序幕。1960年地方国营洪泽供电所宣告成立，随后电力事业进入稳步发展阶段。1978年在改革开放的浪潮推动下，洪泽供电人坚定“人民电业为人民”信念，不断开拓创新，励精图治。至2018年年末，供电以220千伏变电所为核心，110千伏线路及变电所为主网架，35千伏线路及变电所为辐射点，10千伏和400伏线路网络遍及全县城市和乡村，年供电量达15.63亿千瓦时，是1978年度的54.6倍。供电事业的发展得到上级肯定，先后被评为农村用电标准化、电气化、电力调度自动化，电力“三为”（电力为农业、为农民、为农村经济服务）服务先进县，全国首批“一流县供电企业”“江苏省文明行业”等诸多荣誉，更是将电力事业推向了历史的鼎盛，为改善和提高全县人民生活水平，为洪泽工农业快速发展，做出了无可替代的重大贡献。

一、企业体制不断革新

伴随电力工业的发展，县供电部门的管理体制也几经变革。1976年在原供电所的基础上成立洪泽县供电局，人、财、物全部交拨淮阴供电局实行“条条管理”，由最初的地方国营企业发展成为县政府管理电力的职能机构和省局的下属企业。党组织设立供电局党支部，隶属县直机关党委会领导。

改革开放以后，1982年，供电行业由单独的生产型向生产经营型转化，推行“单项承包责任制”。1989年4月，县供电局转换企业经营机制，一改历史沿袭的“党委领导下的集体分工负责制”，全面推行“局长负责制”，企业推行“经营承包责任制”。改制后的县供电局为法人企业，局长为法人代表，在全局处于中心地位。1993年，开始实行劳动、人事、工资制度配套改革，推行全员劳动合同制，干部实行聘任制，工人实行聘用制。

2000年8月，省电力工业局、省电力公司发出《关于印发市、县供电分公司若干管理规定的通知》，根据《电力法》和国家电力管理体制改革的要求，对实行政企合一的市、县供电局，由组建的市、县供电分公司承担企业职能，为确保衔接有序，平稳过渡，在移交政府管电职能之前，其政府管电职能仍以供电局名义予以履行，实行两块牌子，一套班子。履行企业职能时，以分公司的名义行文或开展商务活动，在市、县政府机构改革的适当时机，移交政府的管电职能。明确市、县供电分公司是省电力公司的分支机构，为非法人企业。

2002年12月，根据省经济贸易委员会、省电力公司的通知精神，市经济贸易委员会、市供电公司联合发布《关于撤销各县（区）供电（分）局的通知》，洪泽县供电局正式更名为“江苏省电力公司洪泽县供电公司”。原供电部门承担的电力行政管理职能移交给县经济贸易委员会，自此，供电系统完全转入公司化运作，不再承担政府管电的职能，实现真正意义上的政企分开。

2012年7月，根据省公司《关于调整市县两级供电公司机构设置的通知》文件精神，贯彻落实“三集五大”（人力资源、财务、物资集约化管理；大规划、大建设、大运行、大检修、大营销体系）体系建设完善提升工作要求，经市公司淮供电人〔2012〕277号文件批复，县供电公司调整了机构岗位设置，下设6个职能部室及2个业务支撑和实施机构，农电公司、集体资产运营中心按照业务实施机构进行管理。县域范围内35—110千伏变电所设备及输电线路和通信线缆的运行维护等，整建制归属市公司的业务支撑和实施机构设置的运维检修部与检修公司管理，下设县域检修分公司，正股级建制，办公地点在县供电公司。次年12月，经市公司淮供电人〔2013〕427号文件批复，县供电公司实施了全面建设“三集五大”体系组织机构调整，下设8个职能部室及2个业务支撑和实施机构，2个业务支撑和实施机构具有职能管理和实施主体双重职责。

2015年12月，根据《江苏省电力公司关于公司更名的通知》规范公司系统单位机构名称，强化依法治企，全面推进公司品牌标识标准化建设，打造统一规范的“国家电网”品牌形象，公司系统各单位将统一冠以“国网”字号，正式更名为“国网江苏省电力公司洪泽县供电公司”，规范简称为“国网洪泽县供电公司”。

2016年10月，根据《省政府关于调整淮安市部分行政区划的通知》文件精神，撤销洪泽县，设立淮安市洪泽区。按照《国网江苏省电力公司单位名称规范表》要求，正式更名为“国网江苏省电力公司淮安市洪泽区供电公司”，规范简称为“国网淮安市洪泽区供电公司”。

2017年10月，根据《国网江苏省电力公司关于公司更名的通知》文件精神，正式更名为“国网江苏省电力有限公司淮安市洪泽区供电分公司”，规范简称为“国网淮安市洪泽区供电公司”。党组织名称同时作相应更名。至2018年年末，企业名称、经营模式及隶属关系再无变更。区供电公司设有职能部门7个，业务支撑实施机构2个和集体企业1个。在册全民职工158人，集体职工38人，管辖8个农村供电所264名农电职工，服务用电客户19.54万户，总容量358.84万千伏安。

二、电网建设日新月异

随着洪泽电网建设的持续发展，至1978年末，洪泽境内建有110千伏变电所1座，35千伏变电所5座（用户专变3座）；开工建设110千伏洪泽变电所和蒋坝至洪泽的110千伏输电线路工程，该工程从线路到变电所全部由县供电局设计并施工，次年6月建成投运。该变电所接通苏南电网，开始出现主要依靠苏南电网输入电源的供电格局，为洪泽地区供电的稳定和可靠性，提供了有力的保证，农村有些用于粮食加工的自发电设备先后停运，亦成为全县的供电枢纽。

1980年，洪泽电力走向稳步发展，黄集35千伏输变电工程开工建设，次年建成投运。该变电所建成，从根本上消除了35千伏岔河变电所迂回线路太多、主变超载和线路“卡脖子”现象，使电网布局趋于合理。新建江苏油田驻三河地调处专用35千伏油田变电所。同年对35千伏赵集变电所进行扩建和改造，将原全露天简易变电所改为10千伏室内装置配套的变电所。将万集公社由35千伏岔河变电所供电改由35千伏赵集变电所供电，缩短供电距离，有效地降低了线路损耗，提高经济效益。1983年，由国际粮农组织援建的湖西老子山、淮河、成河、临淮、半城、西顺河等乡、镇的供电工程结束，全县实现乡乡通电。1985年，县供电局实施110千伏洪泽变电所2号主变更新工程，增加容量为3.15万千伏安主变1台。对部分用电乡、镇实行“一乡一线”用电承包责任制，试行“以电养电”模式，次年全面实行农电承包工作。在全市供电系统县局中首家开展了110千伏线路带电作业。

1987年，容量为3.15万千伏安的110千伏洪泽变电所2号主变启动投入运行，实施了35千伏岔河变电所原址上扩建改造，完成了35千伏赵集变万集线开关、线路的安装、调试、架设，使万集、双沟分线供电，实现了全县一乡一线分区域供电的计划。次年，县供电局突击对110千伏蒋坝变电所设备进行维护检修，仅用5天时间就完成了整修任务，为蒋坝抽水站供电抗旱做出贡献，得到市县领导和主管部门的赞扬。

1989年，通过社会集资和电力专项资金，35千伏西顺河变电所建成投运，初建时为简易变电所，安装容量为0.1万千伏安主变1台，新架35千伏洪泽至西顺河线路12.8千米，作为该变电所35千伏主供电源输入线路，结束该镇长期依赖外县供电的历史。应用新技术对110千伏洪泽变电所和4个35千伏变电所全部安装了新型机械程序锁，成为全市首家具备“五防”（防止误分、合断路器，防止带负荷分、合隔离开关，防止带电挂合接地线、接地开关，防止带接地线、接地开关合断路器、隔离开关，防止误入带电间隔）功能的县局变电所。

1990 年，县供电局实施淮宝路大桥 4 条 35 千伏线路电杆移位、导线升高工程，首次组架跨河线路铁塔。新建 35 千伏赵集变电所容量为 0.63 万千伏安的 2 号主变投入运行，至此，县局各变电所都具备了两台主变。实现电力调度自动化，确保了全县电网的安全经济调度，居全市 11 个县（市）局之首。全县 195 个村通电，通电率达 97%；共有农户 55397 个通电，通电率达 86%。年末供电量首次突破 1 亿千瓦时。

1991 年，在全市供电系统首家对 110 千伏洪泽变电所的一台 3.15 万千伏安主变中性点有载调压装置就地改造，并投入运行，为改善和提高县域电压质量起到了积极的作用。县供电局承建的洪泽复线船闸 35 千伏输变电工程竣工，并投入运行。全县 28 条 570 千米的农村 10 千伏“两线一地”制配电线路，经过技术改造，全部实现三线制供电。在县供电局积极扶持下，东双沟乡邵庄等五个贫困村通上了电，至此，全县实现了村村通电。次年，县供电局开展农村用电标准化县建设，使全县 1824 个村民小组和 72276 个农户的通电率分别达到 98%和 91%。

1993 年，全市首座室内 35 千伏城北变电所土建工程开工。将 35 千伏赵集变电所 0.32 万千伏安主变运抵 35 千伏西顺河变电所，完成该变电所主变增容工作，确保了西顺河镇的工农业生产及盐矿开发的用电。调整安装了 35 千伏赵集变电所 0.63 万千伏安有载调压变压器并投入运行，为赵集地区的经济发展提供了电力保证。获省局和市政府联合表彰“农村用电标准化县”，在淮阴市首家获此殊荣。次年，实施“三化”（农村电气化、县级调度自动化、县级调度自动化系统实用化）建设，顺利通过了省政府委托省计经委、省电力局联合组织的洪泽农村电气化县的验收，成为苏北首批农村电气化县之一。电网调度自动化系统实用化获电力部颁发的奖牌。全市首座 35 千伏室内变电所——城北变电所建成投运，该变电所采用全室内布置形式，具有占地面积小、结构紧凑、受工业污染影响小的优点，该变电所有效改善县城北部工业区的供电条件，为地方政府的工业发展提供有力的供电保障。筹备新建 6000 千瓦热电厂通过了省计经委、电力局组织的可行性研究报告审查。

1995 年，苏北第一座农村小型无人值班 35 千伏变电所在万集镇开工建设，打破常规设计，主变 35 千伏侧采用快速熔断器保护，配以美国固珀公司制造的自动调压器，开关同样均采用美国固珀公司制造的智能重合器，集保护、计量、控制、电源于一体，性能优良，安全可靠，当年建成投运。实施了城区 10 千伏配电网改造工程，由于工程地处县城主街道，施工难度大，经过艰苦努力，安装配电房 4 座，铺设高低压电缆 5 千米，改善城区供电环境。10 月，中电洪泽热电有限公司一期工程为 2 台 6000 千瓦汽轮发电机，总投资 1.2 亿元热电厂正式开工建设。

1996 年，县供电局加大技改投入，实施完成全县 29 台 10 千伏少油开关换型为真空型开关，实现所有 10 千伏开关的无油化改造。开展 35 千伏城北变电所无人值班改造，调度遥控 35 千伏城北变 312 开关化肥线分闸，标志着县局首座由常规变电所改造成无人值班变电所宣告成功。建县以来投资规模最大的重点工业项目 1.2 万千瓦热电厂第一台机组投入运行并网发电。

1997 年，加快无人值班变电所的改造，对 110 千伏蒋坝变电所、35 千伏赵集、岔河、黄集、西顺河变电所实施了改造，全县管辖的 8 座变电所均达到了无人值班的条件。实施对 110 千伏洪泽变电所综合自动化改造工程，采用微机监控、微机保护取代以前的控制保护屏，将所有油开关全部更换为 SF6 型六氟化硫断路器，改造机械防误为新的微机防误装置；投入资金新增 35 千伏主变 3 台，调整了 35 千伏变电所的主变配置，使各变电所都具备两台主变，除 110 千伏蒋坝变电所外，其他变电所均有了有载调压变压器，提高了供电可靠性和电压质量。在市供电工作会议上，县供电局介绍了无人值班变电所改造和建设工作的经验。年末 7 个变电所荣获“文明变电所”称号，110 千伏洪赵线被评为“红旗线路”。热电厂第二台机组投入运行并网发电。历时 3 年的扶贫通电工程，共完成 9 个无电组（农村的各村设多个组）、3293 个无电户的通电任务，农村用电普及率大幅度提高。

1998 年，实施完成了 110 千伏洪泽变电所综合自动化改造和 1 号主变更新增容，无载调压改为有载调压。对 35 千伏黄集、岔河、赵集 3 个变电所 19 组 10 千伏阀型避雷器更换为氧化锌避雷器；根据无人值班变电所的运行特点，成立了操作班，将变电所统一实行无人值班管理。在 110 千伏洪泽变电所、35 千伏城北变电所首次使用的视频系统通过验收。调度自动化实用化工作顺利通过省局调度自动化系统实用化复查验收。顺利通过了由省局组织的节电先进县的验收，成为全省第二个节电先进县。

1999 年，县供电局管辖的 8 座变电所全部实现无人值班，实行微机化管理，并具备了“四遥”（遥信、遥测、遥调、遥控）功能，至此，35 千伏变电所有人值班成为历史。110 千伏洪泽变电所首次获得市局表彰的“标准化变电所”称号。开展农网改造工程，完成投资额近 1000 万元的 109 个行政村的农网改造任务，农村供电质量得到明显改善。县供电局引进的第一台油压锚锭机在三河境内 35 千伏蒋油线改造工程中投入使用，提高线路施工机械化水平。

2000 年，按无人值班变电所标准建设的 35 千伏东双沟变电所开工建设并于当年投入运行，该变电所设备安装采用双层布置，结线既紧凑又美观，有效减少占地面积。对洪泽变电所的 110 千伏、35 千伏油开关全部更换为六氟化硫断路器。全县农网建设与改造 10 千伏及以下工程顺利通过了由市计委、物价局、供电局联合组织的竣工县验收。实施完成了 SE-900 电网监控系统的试运行和实用化验收，新增了 6 个变电所电视监控和调度室大屏幕投影，实现县电力信息网与市局的联网。实施完成全县 196 个行政村的农网改造任务。

2001 年，县供电局启动城网改造工作。根据县政府实施县城区东扩的发展规划，对 110 千伏洪泽变电所的 35 千伏洪双线、洪岔线、洪黄线的出线段进行改造，通过改道，改变原线路走向，其中洪黄线、洪岔线 1 ~ 10 号杆与 110 千伏洪越线同杆架设，节约了资金投入和线路通道的占用。110 千伏洪泽变电所被市局评为“标准化变电所”，油务专业在全市系统专业比武中取得第一名。变电所的运行操作系统启用了 Windows 2000 软件，使用了集控式微机防误操作系统，增强电网安全运行水平。年末供电量突破 2 亿千瓦时的大关。

2002 年，对 35 千伏赵集变电所按无人值班变电所标准设计进行易地升压重建。实施 110 千伏蒋坝变电所 1 号主变更新增容，由原无载调压改为有载调压。对 110 千伏洪越线和洪马线瓷瓶绝缘子全部更换为合成绝缘了，提高线路供电可靠性。开展 110 千伏洪泽、蒋坝两座变电所 20 组 110 千伏隔离开关换型工作，实施了 35 千伏城北变电所 2 号主变及相关间隔的增容改造工作等，至此，变电所的开关无油化改造工作全部结束，所有开关均为六氟化硫开关或真空开关。高压开关、配网及可靠性专业被市公司评为先进单位。

2003 年，赵集 110 千伏变电所建成投运，原赵集 35 千伏变电所退出运行。该变电所安装 110 千伏主变 1 台，由原一条 110 千伏马洪线，开断为 110 千伏马赵线和 110 千伏赵洪线接入赵集变电所，改善了县内中南部电网结构薄弱的缺点，标志着该变电所成为联系县域南北电网的重要枢纽。该输变电工程顺利通过省市公司分别组织的达标投产验收，成为县公司首个实现达标投产的输变电工程。实施了 35 千伏西顺河变电所增容改造和 35 千伏城北变电所增容改造及第二电源线路建设工程，为县域工业园区提供坚强电力保障。对 110 千伏洪泽变电所 2 号主变实施增容，容量增至 5 万千伏安，进一步提高枢纽变电所的供电能力。服务于县工业园区的 110 千伏新城输变电工程开工建设。

2004 年，县域境内首座 110 千伏级用户（江苏久鑫机械有限公司）自备变电所久鑫变电所建成投运。县工业园区主供电源 110 千伏新城输变电工程建成投运，电压等级由 110 千伏直变 10 千伏，减少了中间环节，该变电所的建成投运，极大缓解了县工业园区用电紧张局面，为洪泽县招商引资提供了有力的保障，提高了工业园区的供电可靠性；该工程荣获“达标投产输变电工程”称号。按无人值班变电所技术标准建设的 35 千伏仁和变电所建成投运，该变电所投运，使仁和镇包括整个白马湖区的防汛有了可靠的电力保障。年末供电量首次突破3亿千瓦时的大关，次年供电量突破5亿千瓦时，连续两年供电量增幅分别为29.42%、38.97%，均创历史新高。

2006年，开工建设县域境内首座220千伏朱坝输变电工程，该工程也是江苏省最后一个县级公司建设的220千伏变电所。全县争创电气化县，提前完成了省市公司下达的163个年度新农村电网建设与改造工程任务，使农网结构得到进一步优化和完善。是年，县供电公司最高用电负荷首次突破10万千瓦。

2007年，投资1.4亿元的220千伏朱坝输变电工程竣工投运，该工程建成改善了全县电网结构，降低网络损耗，缓解夏季用电的紧张形势，强化了县内供电网络的网架结构，洪泽从此告别无220千伏网架的历史。实施线路和台区“卡脖子”“重负载”的改造，完成配网项目包项目36个，更换S7及以下高耗能配变的项目22个。开展新农村电气化建设工作，率先完成了高良涧镇杨码、环城、邓码、浔河和朱坝镇曹庄村新农村电气化建设，5个村通过验收，助推地方经济社会发展。

2008年，县域首座以20千伏电压供电的变电所——110千伏邓码输变电工程开工建设，是省公司在全省范围内推广以20千伏系统代替原10千伏系统标准变电所，该变电所位于县城工业园区西侧，直变20千伏供电，主变容量为8万千伏安。同年11月建成投运，该工程投运缓解了县经济开发区用电紧张局面，也初步完成县工业园区东、西两侧供电布局。建成了高良涧、蒋坝2个电气化镇、16个电气化村。被市经贸委表彰为“新农村电气化建设先进单位”。

2009年，针对西顺河镇化工园区负荷增长迅速和供电压力大的状况，将35千伏西顺河变电所就地升压为110千伏，主变增容为6.3万千伏安。开工建设县域境内第二座220千伏变电所——淮宝变，为区域工业园区提供了坚强的电力保障，从根本上改善了全县电网的主网架结构。积极调整配电网结构，实施“手拉手式”环网供电，至年底，城区所有10千伏线路实现“手拉手”环网供电。年末供电量突破10亿千瓦时的大关。次年，开工建设35

千伏黄集变电所原址上升压改造输变电工程，完成110千伏赵集变数字化变电所综合自动化改造工程通过省公司验收。

2011年，县供电公司修编的《洪泽“十二五”电网发展规划报告》通过县政府洪政复〔2011〕72号文件审批。建成投运220千伏淮宝变输变电工程；建成投运35千伏黄集变升压为110千伏输变电工程。次年建成投运35千伏万集变升压输变电工程；开工建设蒋坝110千伏变电所扩建工程；110千伏万集输变电配套工程110千伏朱万线同杆架设线路工程竣工。110千伏黄集输变电工程被命名为“2012年度国网公司输变电工程优质工程”。

2013年，县供电公司开展“一流配电网”规划编制。投产110千伏蒋坝变扩建工程；开工建设中电投光伏二期工程；完成110千伏邓码变电所扩建、110千伏新城变电所综合自动化改造。县域电力通信网试点建设项目进展顺利，专用无线宽带系统频率通过省无线电管理局批复。次年，提前完成县域电力通信网试点工程建设，顺利通过省公司组织的验收。开工建设区域首座户内智能型110千伏杨码开关站工程。110千伏蒋坝变电所原址上进行了整体扩建改造，建成后主变2台总容量为6.3万千伏安。该变电所扩建工程的变电和输电线路项目均获得国网公司优质工程表彰。年末供电量突破15亿千瓦时大关。

2015年，组织编制《“一流配电网”规划》，落地农村配网一镇一规划、城区配网分片分区域的规划目标；完成《洪泽“十三五”电网规划》编制工作。白马湖地面滩涂光伏发电配套110千伏线路工程和110千伏邓码变电所扩建工程获得国网公司2015年度输变电优质工程奖，110千伏邓码变工程获江苏省建筑业“扬子杯”优质工程奖。次年，区域首座户内智能型110千伏杨码开关站启动投运，建成初期未安装主变；该工程获得国网公司授予的“达标投产输变电工程”称号。县域首家35千伏光伏变电所启运。全年完成洪泽精亚、淮安宏亚、西顺河电厂等35千伏用户及光伏电站接入系统工作。按期完成110千伏西顺河变、万集变主变租赁工程项目。

2017年，区域第二座户内智能型110千伏变电所——110千伏老子山变电所开工建设。完成2020—2021年电网项目建设需求规划编制和2016—2018年区域管网规划，提前完成546个配网项目储备入库工作。对黄集镇的小城镇（中心村）配电网改造升级，提高了小城镇的供电质量。一个配网项目获2017年省公司配电网优质工程，并获国网公司2017年度配电网“百佳工程”荣誉称号。次年，区供电公司投资各类电网基建项目1.2亿元，圆满完成110千伏老子山输变电工程施工，结束老子山镇无变电所的历史，为老子山镇旅游小镇的发展提供了强有力的电力保障。开展无人机特巡变电所试点工作，实现了全市变电设备无人机巡视“零”突破。一个配变项目获省公司2018年度配电网优质工程。

随着改革开放不断深入，企业自建专用变电所也不断增多，1988年，全县有企业自备35千伏变电所共4座，即水泥厂、化肥厂、三河油田和高良涧水电站。1989年以后，陆续新增加8座企业自备变电所，即二河闸、高良涧闸、热电厂、东润五金、银珠化工、化工硝酸变电所、福盛机械和西顺河硝盐电厂。2004年，县内首座110千伏电压等级用户专用的久鑫变电所建成投运。此后，县域招商引资项目不断引进，一大批较具规模的企业纷纷落户工业园区，先后有热电厂、奥博晶瓷、江苏宝利嘉等企业自建投运3座110千伏变电所。2010年年末，全县共有企业自备变电所110千伏4座，35千伏12座。2012年，县域内首家新能源光伏发电由国家电投集团洪泽光伏发电有限公司投资正式并网投运。2017年，县域内由华西新能源发展有限公司投资建设的110千伏新能源变电所和淮安日昌太阳能发电有限公司投资建设的35千伏变电所新能源上网供电。

至2018年年末，区域内共有220千伏变电所2座，主变4台总容量72万千伏安；110千伏变电所19座（含用户专变9座），主变35台总容量90.5345万千伏安；35千伏变电所13座（含用户专变9座），主变25台总容量41.668万千伏安。区供电公司实现供电量15.63亿千瓦时，全区调度最高负荷29.8万千瓦。管辖110千伏线路24条259.3千米，35千伏线路17条141.1千米。20千伏线路21条总长248.6千米，10千伏线路87条总长1426

千米。

三、供电发展蒸蒸日上

1978 年，县供电局逐步恢复和健全了各项规章制度，管理工作得到了加强。为加强营业管理，增设农电股，成立抄收班，建立健全一套工作制度。年末实现供电量 2858 万千瓦时。

1979 年，县供电局积极宣贯县革命委员会经济委员会《转发省经委关于整顿企业的标准和要求的通知》文件精神，认真贯彻中央提出的“调整、改革、整顿、提高”的方针，开展“增产节约”运动，挖掘企业潜力，实行八项经济指标考核管理。在各乡镇成立了农电管理站，按照“以电养电、保本自给、略有盈余”的原则，业务上由县供电局管理，属乡镇集体所有制，经济上实行单独核算。

1980 年，县供电局企业管理抓住几项主要经济指标，首先抓好安全生产，尤其是农电安全；其次是抓好“降损节电、削峰增谷、电费回收、节源节流、设备维护、全员培训、基建工程”等。次年成立用电管理股，原营业站同时撤销。实施国务院确定的每年 5 月开展“安全月”活动的制度。

1982 年，供电行业由单独的生产型向生产经营型转化，推行“单项承包责任制”。县供电局提交的《关于大队电工使用条件、职责和报酬的暂行办法的报告》获得县政府转批（洪政发〔1982〕187 号）各公社管委会、镇人民政府执行。开展“安全月”活动，贯彻洪政劳〔1982〕第 017 号文件精神。次年，县供电局以洪供电〔1983〕01 号文件形式确定每周一上午为班组安全活动日；并贯彻县政府《关于加强农村安全用电的通知》文件精神，开展安全生产检查，落实县经委、劳动局、总工会联合发文要求；部署“质量月”工作，年终进行评比。

1984 年，县供电局认真贯彻《中共中央、国务院关于国企工业企业进行全面整顿的决定》，依照华东电管局颁发的《电力生产基层企业整顿验收合格标准实施细则》，进行全面企业整顿，重新制订了经济责任制考核细则，在各职能部门和生产班组实行经济承包责任制。印发了《关于公布“经济体制改革初步方案”的通知》文件，变更和调整机构设置，即“三股一室一公司”（生技股、财供股、用电股、办公室、供电服务公司）。贯彻全国第五次“安全月”活动提出的“树立安全第一思想，预防为主，落实责任，加强法制，实现安全生产，文明生产，提高经济效益”奋斗目标。至年末，县供电局企业整顿结束，并首个获得省局发给“企业整顿验收合格证”。

1985 年，县供电局着手理顺工资关系，执行国家统一制定的五类工资区标准，在企业内部建立以“线损率、负荷率、平均电价”为中心的经济考核制度。在全省同行业中率先对部分用电乡镇实行“一乡一线”用电承包责任制，农村 10 千伏线路的运行维护，全部交给各乡镇步农电管理站负责。乡镇“农电管理站”更名为“电力管理站”，对乡镇电力管理站人员和村电工实行了招聘制，经过考核，择优录用。

1986 年，县供电局开展“微机应用企业管理劳动竞赛”活动。加强了农村“用电标准村”建设，全县首个用电标准试点村——高良涧镇洪祥村整改后通过市局验收合格。次年，制订了以建设用电标准乡村为主要内容的农电管理工作三年目标责任制，年末，共建成用电标准村 6 个。积极宣传国务院新发布的《电力设施保护条例》，对 11 个乡镇电力管理站进行整顿验收。

1988 年，县供电局组织学习贯彻市局《关于印发“淮阴供电局贯彻能源部一号指令、强化安全生产管理的几规定”的通知》。对全县 127 个大宗工业用户和普非工业用户进行营业普查，在大用户设备上安装节能器。在全县 11 个乡镇中开展百日安全无事故竞赛活动，组织 11 名站长参加省局举办的业务培训班。

1989 年，县供电局转换企业经营机制，全面实行“局长负责制”，企业推行“经营承包责任制”，改制后的县供电局设置局长为法人代表企业。实行了岗位责任制，把上级考核县局的八项经济指标按股室、班组和工种，分解到人。农电开始试行《洪泽县供电局乡（镇）电力管理站岗位经济考核条例》，首次被市局授予年度“双文明单位”称号。次年开展企业升级达标工作，建立健全企业“三标体系”（工作标准、技术标准、管理标准）。档案管理被评为省级先进；被县政府评为先进单位。

1991年，县供电局修编的首部《企业工作标准》《企业管理标准》正式实施。财务管理通过国家三级评审验收。计量管理获国家三级计量合格证书。组织编纂的《洪泽县电力工业志（1936—1987年）》送审稿，经市局和县志办最后审定通过，次年由江苏人民出版社出版发行。生产调度大楼工程举行开工典礼。县供电局在淮阴市开展的“八五奉献杯”立功竞赛活动中获市政府荣记集体二等功。

1992年，县供电局通过市局组织的“安全、文明生产创水平达标”即“双达标”工作评审验收。物资管理达标工作首家顺利通过省市局验收。自行研制的高良涧水电站集中控制台技术革新项目获得省水利厅科技进步二等奖。县农电系统职工工资实行集中管理，并开始执行国家标准工资级别。表彰了首批10名“十佳农电工”，并给每人增加半级工资。生产调度楼建设工程通被评定为优良工程。县供电局被能源部授予“三为服务达标县（电力为农业、为农民、为农村经济发展）”称号。

1993年，县供电局开展了局长换届工作。实行劳动、人事、工资制度配套改革，推行全员劳动合同制，干部实行聘任制，工人实行聘用制，并通过省市局考评认定；开展以“遵章守纪、杜绝三违”为主题的“安全生产月”活动。首次获得省委省政府授予的“1991—1992年度文明单位”称号。被市政府荣记“富民兴淮”立功竞赛活动中集体一等功。被市局评为“双文明单位”。

1994年，县供电局进行首次中层干部述职及民主评议。开展以“勿忘安全、珍惜生命”为主题的“安全生产月”活动。调度自动化系统实用化通过省局组织的验收，成为苏北首家实现“三化、三为”的县。与山东蓬莱电业局签署了结为友好姐妹局的协议书。生产调度大楼建成交付使用。首批公有住房优惠出售给职工。新建的二幢28套职工宿舍楼已全部交付使用。县政府再次授予县供电局“十佳企业”称号。

1995 年，县供电局举行“庆祝首次实现连续安全生产 3000 天”活动。举行全员劳动合同制签字仪式，县劳动局参加鉴证。开展了新一轮三项制度改革动态考核和重新聘任组织上岗工作，并对全县 12 个乡镇电管站进行了考评；开展以“治理隐患、保障安全”为主题的“安全生产月”活动。与江宁县供电局正式签订友好兄弟局协议。电力部史大桢部长专门为县供电局题写“当好电力先行，发展洪泽经济”。县供电局被省委省政府表彰，授予“1993—1994 年度省级文明单位”称号，被市局授予“双文明单位”称号。

1996 年，县供电局实现连续安全生产 10 周年。开展“遵章守纪、保障安全”为主题的“安全生产月”活动；与县电子设备总厂共同开发的微机监控直流屏获得市局、县科技进步一等奖。举办首期由管理人员参加的微机培训班。将首批录用的 103 名热电厂培训生送往上海华东电校进行技术培训。历时 4 个月的农电系统“三改”工作圆满结束。县供电局被市总工会表彰为“创企业精神先进单位”称号，被县总工会授予“十佳企业”称号。

1997 年，县供电局深化企业内部改革，制定印发《洪泽县供电局创建市局 1997 年度一流供电企业措施及任务分解责任书》；开展第三轮“三改”动态考核，完成第三届局长负责制的换届工作。开展“强化管理、保障安全”为主题的“安全生产月”活动。完成全局内部管理信息系统的组网工作，初步实现信息管理和数据共享。档案管理工作是全县首个升级为国家二级单位的工作。县供电局荣获淮阴市“跨世纪奉献杯”立功竞赛集体一等功，被授予“县创百佳劳动竞赛十佳企业”称号；被省局授予“生活后勤管理先进单位”称号；荣获省文明委表彰，被授予“1995—1996 年江苏省文明单位”称号；荣获市委市政府表彰，被授予“1996 年度社会治安综合治理先进集体”称号；荣获市委宣传部、市文明委表彰，被授予“供电营业大厅”“蒋坝镇电管站为市创建文明行业示范点”称号。

1998 年，县供电局开展的“保达标，创一流”工作顺利通过了网、省局一流供电企业的验收。开展以“落实责任、保障安全”为主题“安全生产月”活动。举行各乡镇成立供电营业所挂牌仪式，颁发了营业所所长聘书。

举办首届“QC 小组成果发布会”。调度自动化系统实用化通过省局复查验收；电费单轨制通过市局组织的验收；节电先进县通过省局组织的验收，成为全省第二个节电先进县。县供电局获得省社会治安综合治理委员会授予的“省级安全文明单位”称号。获县委、县总工会授予的“十佳企业”称号和“市集体一等功”荣誉。县文明委为县供电局挂牌“省级文明单位”。

1999 年，县供电局召开创国电公司县级一流供电企业动员大会。开展了以“安全、生命、稳定、发展”为主题的“安全生产月”活动。实施农电管理体制改革，根据县政府洪政发〔1999〕109 号文件撤销乡镇电管站，将全县 12 个乡镇农电管理站改为由县供电局直接管理的供电所，其各类人员的性质不变。成立农电管理所管理各供电所。县供电局获县委县政府授予的“年度双文明目标考评”“优秀项目”“纳税贡献大户”“计划生育”“行风建设”“思想政治工作先进党委”六块奖牌。

2000 年，企业干部人事档案工作目标管理通过国家三级认定。开展“掌握安全知识，迎接新的世纪”为主题的“安全生产月”活动。按照国家“两改一同价”和省政府 95 号文件的要求，经县政府同意并行文撤销了乡镇电管站编制，使供电所真正成为供电局内部机构开始运作。被市政府记“淮阴市跨世纪奉献杯”集体一等功。荣获淮阴供电系统“双文明单位”“优质服务先进单位”等荣誉称号。荣获县政府“十佳”企业称号。

2001 年，县供电局被国电公司正式命名为全国首批一流县级供电企业。开展“落实安全规章制度、强化安全防范措施”为主题的“安全生产月”活动。调度 MIS 系统实用化运行通过市局组织的验收，成为市供电系统率先通过验收的单位。县供电局被市政府授予“九五”期间全市资源节约与综合利用先进集体。按照省政府 64 号文件转发省经贸委等部门《关于江苏省农村供电所人员和农村电工招用工作实施意见的通知》精神，依据市公司 559 号文件规定，县供电局组织开展了全县农电人员的“双招”工作。县供电局被市局授予“双文明单位”称号。

2002 年，县供电局实施政企分开体制改革，供电部门完全转入公司化运作。积极贯彻县政府关于“解放思想、加快发展”大讨论活动的要求；开展了“同业比较”“专业管理效益年”活动。开展以“安全责任重于泰山”为主题的“安全生产月”活动。开展“农村供电所规范化管理年”活动，10个供电所通过规范化验收。信息管理 MIS 系统覆盖了全公司各个部门、班组、乡镇供电所，全公司所有微机实现了联网运行，实现了数据共享。荣获县委县政府表彰软环境建设“十佳”单位，县政府授予“五一劳动奖章”。

2003 年，县供电公司在全省县级供电企业首家顺利通过了国家 GB/T19001—2000 质量管理系统的验收认证。开展以“实施安全生产法、人人事事保安全”为主题的“安全生产月”活动，实施危险点分析预控和安全性评价整改工作。开展“输电线路专业管理年”活动，联合县政府相关部门组织声势浩大的全县电力线路清障工作。在农电系统开展了“整治劳动纪律，整顿工作作风”活动。获省公司表彰的农电“两改一同价”工作先进集体。

2004 年，县供电公司在全市供电系统首家启动了环境、职业健康安全管理体系贯标认证工作，并顺利通过了国家认证。开展以“以人为本、安全第一”为主题的“安全生产月”活动。开展“建设平安洪泽，创建最安全企业”活动，组织实施声势浩大的“电力设施保护管理年”活动。在全县软环境建设评比中以窗口单位评议第一、重点评议单位第一名的优异成绩，被评为“十佳”单位，责任目标考评先进集体，被授予淮安市 AA 级重合同守信用企业，被授予江苏省“文明行业”和淮安市“社会治安综合治理先进单位”称号。

2005 年，县供电公司开展了“增产节约，增收节支”活动。开展以“关注安全、平安是福”为主题的“安全生产月”活动，专题组织“安全教育活动周”活动，对承、发包工程安全管理实施交纳安全风险抵押金制度。年末对标排名位列全省 60 个县供电公司的第 27 位。被省政府授予“AAA 级重合同守信用企业”称号。“省级学习型企业示范点”，被省文明委评为“2003—2004 年度江苏省文明行业”。

2006 年，县供电公司在全省县供电公司中荣获营销服务、电网运行专业管理标杆。开展规范劳动用工管理工作，实施主业职工签订了借工协议和上岗合同，集体人员归并。新版“阳光管理”网站正式启动。运行检修生产楼开工建设。开展以“安全发展、国泰民安”为主题的“安全生产月”活动，县供电公司代表队在省安全生产监督管理局组织的“平安中国”《安全生产法》知识竞赛中摘得桂冠。被市委市政府表彰为“富民强市建功立业集体三等功”。

2007 年，县供电公司开展安全生产和优质服务“百问百查”活动；开展以“综合治理、保障平安”为主题的“安全生产月”活动；安全性评价工作首家通过省公司专家组验收。年末实现供电量 8.33 亿千瓦时，成为淮安市首个年供电量超过 8 亿千瓦时的县。全口径线损率 7.80%，为淮安市县（区）最好水平。县供电公司被省公司授予“先进集体”“电费回收先进单位”“安全生产先进集体”称号。被县委县政府表彰为年度行风软环境建设“十佳”单位。被省质量审定委员会授予“江苏省质量奖”称号。

2008 年，县供电公司开展“全面找差”活动，即学习动员、查找差距、问题整改、总结提高阶段。在售电量为 10 亿千瓦时以下的县供电公司中，电网运行专业同业对标排名第一。两项 QC 活动成果在省公司层面发布分别获第 6 名和第 9 名。开展以“治理隐患、防范事故”为主题的“安全生产月”活动，配合县国防动员委员会在 220 千伏朱坝变电所举行重要目标防卫军地演练。获得省公司“安全生产先进集体”、市公司“安全生产先进单位”称号。

2009 年，县供电公司开展“三节约”活动。研发的《触摸提示式防盗电箱》等 5 项技术获国家实用型科技专利。开展以“关爱生命、安全发展”为主题的“安全生产月”活动，参加省经贸举办的“安康杯”竞赛，获“先进集体”称号。县供电公司被省公司表彰为“安全生产先进集体”。被国网公司表彰为“综合管理标杆单位”。通过了市政府“创建和谐劳动关系、履行社会责任”四星级企业验收和市经贸委电气化县创建的预验收，被表彰为 2006—2008 年市级文明行业，被授予淮安市“五一劳动奖状”。

2010 年，稳步推进业务财务一体化和一本账管理模式的实施。落实省市公司关于物资管理“四个集中”（集中招标、集中采购、集中配送、集中结算）原则，实现物资全过程成本管理与资产全寿命周期管理有效衔接。开展以“安全发展、预防为主”为主题的“安全生产月”活动。深入开展“五化五强”（党建标准化、队伍建设强，管理标准化、业绩考核强，从业标准化、廉洁自律强，服务标准化、行风建设强，公开标准化、民主监督强）供电所和标准化班组建设。10 个供电所被省公司命名为标准化供电所。县供电公司被市公司表彰为“安全生产先进单位”；被省公司表彰为电费回收先进单位；被省公司评为售电量 10—20 亿千瓦时县公司中的农电管理对标标杆单位，农电综合评价在全省县级供电公司中获得第五名。

2011 年，县供电公司组织召开“五大”（大运行、大检修、大规划、大建设、大营销）体系建设工作动员会，职能部室和生产单位分别压缩减少至 5 个和 3 个，顺利实现人员和业务的平稳过渡。开展清仓利库，深化 ERP 应用管理相关工作，修订绩效管理指标。开展依法治企工作，深入开展县供电企业突出矛盾和问题排查治理工作。创建为全县首家“省五星级”档案管理标准单位。开展以“安全责任、重在落实”为主题的“安全生产月”活动。实施“两抓一建”暨安全管理标准化建设年活动，提升企业应急能力。

2012 年，县供电公司开展管理提升活动，同业对标综合排名位列全市前列。贯彻落实《国网公司关于全面加强县供电企业“三个建设”的实施意见》，深化“结对创新”活动。开展“安全年”及以“安全第一、稳定至上、服务为本”为主题的“安全生产月”活动；县供电公司荣获了省公司安全生产先进集体和市公司安全生产标兵单位。开展“农电基础管理强化年”活动，仁和供电所创建国网公司标准化示范供电所通过验收。

2013 年，县供电公司编制“二十四节气表”（将年度的常规重点工作按年历月历编排的工作计划），推动工作闭环管理和有效落实。坚持同业对标指标和经济活动定期分析，年末同业对标在全省第二档 41 家县供电公司综合评价排名第 12 位，业绩对标排名第 19 位，管理对标排名第 11 位。开展以

“强化安全基础、推动安全发展”为主题的“安全生产月”活动，统筹开展电网运行与管理提升、电网质量管理提升和电网企业安全生产达标活动，提升安全管理水平。县供电公司荣获省公司“安全生产先进集体”，荣获市公司“安全生产标兵单位”“文明单位”称号。被表彰为县法治文化建设示范点。被国网公司重新命名为一流县级供电企业，被省文明委命名为“2010—2012 年度江苏省文明单位”。

2014 年，县供电公司应用国网公司通用制度，贯彻“五位一体”（职责体系、流程体系、制度标准体系、风控体系和考核体系高度融合）管理体系运行要求。年末同业对标在全省第二档 41 家县供电公司中，农电综合管理获得专业标杆。开展以“强化红线意识、促进安全发展”为主题的“安全生产月”“安康杯”竞赛等专项活动，在全市率先通过安全性评价工作验收，被市公司表彰为“配电网无跳闸日”竞赛先进单位。重建的职工食堂被省公司表彰为县级“健康食堂”。县供电公司被国家工商行政管理总局授予 2012—2013 年度“守合同重信用”企业。被国网公司表彰为县供电企业标杆单位；荣获市公司文明单位、安全生产先进单位等称号。被县委县政府表彰为跨越发展目标考核先进集体一等奖，荣列条管单位第一名，并荣获县作风建设民主评议条管单位第一名。

2015 年，县供电公司开展以“加强安全法治、保障安全生产”为主题等多项专项活动，被省安监局命名为“江苏省安全文化建设示范企业”，获省公司“安康杯”竞赛优胜企业。供电质量管理创新活动 QC 小组获全国电力行业优秀 QC 小组和优秀质量管理小组称号，QC 成果获省公司一等奖；二次系统检修班被表彰为省质量信得过班组和江苏省公司年度“标兵班组”。创新农电协同监督新形式，在淮安供电系统县级公司中属首创。在供电所开展“全面找差，管理提升”活动。年末，县供电公司被省公司表彰为同业对标综合评价进步单位、业绩对标进步单位、检修专业对标进步单位。农电综合管理专业对标获全省标杆单位称号；被市公司表彰为年度安全生产先进单位；被县委县政府表彰为跨越发展目标考核先进集体一等奖。

2016年，县供电公司开展“全面创新年”活动，实施重点项目32个，精益化管理项目35个。在全省51家县供电公司中综合评价排名第21位，位列全省县供电公司分组对标第一；分类的管理对标获得标杆；其中，检修、营销管理专业获得标杆；物力管理专业获得进步标杆。出版供电发展历程的《洪泽县电力工业志（1988—2010）》；获国家工商总局命名2014—2015年度“守合同重信用”企业称号。开展以“强化安全发展观念、提升全民安全素质”为主题的“安全生产月”活动，组织开展“三联系三促进”（联系广大员工，联系一线班组，联系生产现场，促进提升员工安全素养，促进强化安全基础管理，促进企业安全和谐稳定）活动；再获该年度淮安市“安康杯”竞赛优胜单位称号。

2017年，区供电公司认真贯彻落实国网公司部署的企业问题清单梳理工作。积极应对“增量配电网改革、售电侧市场放开”等电力体制改革，开展“改革攻坚年”活动，企业全员劳动生产率位列全市县级公司首位。全面开展物资仓储一体化创建，实现物资“五化”管理。提炼编写的“供电企业以问题为导向的配电网运维管理”创新课题成果荣获第二十四届江苏省企业管理现代化创新成果评审二等奖；一课题获省公司2017年对标典型经验表彰。开展以“全面落实企业安全生产主体责任”为主题的“安全生产月”活动，实施“不伤害自己”职工本质安全素养和“班组安全日”效能提升专项活动，应用安全信息微信平台，全方位实施安全督察，全年实现现场违章总量同比下降50%。年末连续安全生产记录突破30年周期。区供电公司获得国网公司授予的“2014—2016年度文明单位”荣誉称号，再次获省公司表彰安全生产先进集体，农电管理专业获全省供电系统同业对标标杆单位称号，荣获市公司授予的“安全生产标兵单位”荣誉称号，被区委区政府授予科学跨越发展考核先进集体一等奖。

2018年，区供电公司全面推进“管理提升三年行动计划”2018版；一项管理创新成果获江苏省企业管理现代化创新成果二等奖。推进集体企业“瘦身健体”，圆满完成职工家属区“三供一业”分离移交工作。开展以

“生命至上、安全发展”为主题等十项安全活动，实现输变电设备全年零故障、零跳闸。公司被区委区政府表彰为授与社会发展工作先进集体、优化软环境建设工作“行风十佳”金牌单位，还被江苏省爱卫会授予“健康企业”称号。被中国质量协会、全国用户委员会评定为“2018 年全国市场质量信用 A 等（用户满意）企业”。

四、供电服务欣欣向荣

党的十一届三中全会以后，农村实行家庭联产承包责任制，全县的乡镇工业和农村个体加工专业户如雨后春笋，使得用电量迅猛增长。初期安装的电压型挂钩重锤式触电保安器具有制造工艺简单、成本低、上马快的优点，但缺点是灵敏度低，因线路质量引发跳闸频繁，农民很不满意。1979 年，县供电局专门组织有关人员和农电工进行了一次触电保安器“三率”（安装率、投运率、灵敏率）大检查，整改农村低压线路，提高农村的用电安全。

1981 年，县供电局增设用电股，设专职业务接洽员实行一口对外服务，专门负责受理用户的用电申请和内部工作传票的签发、传递、资料归档，并就供电方式、装接容量、用电时间、产权划分、计量方式和电费回收、安全用电等事项，与用户签订供用电协议，有效简化用户报装手续。

1982 年，县供电局组织各乡镇农电站和村电工，分片开展了“三查一订”（查火线进开关、查螺口灯头顶芯接火线、查电气设备处壳接地、订安全用电协议书）活动，把省公安厅、卫生厅、电力工业局联合《关于加强农村安全用电的通告》全文印在安全用电协议书上，使之家喻户晓，明确供用双方各自对安全应负的责任，用电安全得到保障。

1983 年，县供电局制定出《关于计划用电包干和节约用电的实施细则（试行）》，得到县政府批准，转（洪政发〔1983〕132 号）给县直各单位、各公社经管委执行。为加强用电管理，成立用电监察班，开始对大用户进行周期巡视，普通用户不定期巡视。

1984 年，县供电局开展了创“双优”（优质服务、优良作风）和“反电霸”活动，基本刹住“吃喝拿带”的歪风。设立一口对外服务，提高办事效率，受到用户欢迎。次年，县供电局开展创“信得过供电局（所）”的优质服务“百日”竞赛活动。与县劳动局、总工会联合对城区社会电工进行20天业务培训，180人经考核合格领取了电工合格证。

1986年，县供电局贯彻水电部《关于提高服务质量，端正行业作风的决定》文件和电话会议精神，坚持“人民电业为人民”的服务宗旨，严格执行县政府办印发的《关于加强用电管理的通知》，把有限的电力管好用好。全县第一台用电分时计量表在县造船厂投入使用。

1987年，县供电局积极宣贯水电部颁布的《农村电工服务守则》和省局制定的《江苏省农村电工服务守则》，进一步端正行业作风。组织部分工厂电工成立“线管会”，实行群众管电，相互监督，保证用电计划的实施。为老子山中学安装小型风力发电机一套，这是洪泽县第二台以风力为原动力的发电设备。省局授予蒋坝镇电管站“优质服务先进乡电力管理站”。获县政府表彰支援乡镇企业发展先进单位。

1988年，为确保电能计量准确性，经省局批准并拨款县供电局专项经费，购置电能表走试台、互感器检验台、现场检验台和校表室恒温设备，保证计量表计及时校验。次年，高良涧镇电力管理站、蒋坝镇电力管理站通过市局组织的“用电标准化镇”检查验收。

1990年，县供电局开展了“优质服务活动月”，帮助县船厂、车站、航运等用户整改配电房，对全县各乡镇电管站的收费情况进行全面检查。获市局表彰“纠正行业不正之风先进单位”，5个部门和电管站评选“先进集体”。成立“洪泽县农村电力管理联站”，负责各乡镇电管站的管理及监督。次年，开展了“纠风治乱”和优质服务工作，制定“四公开一监督”制度，即办事制度、业务流程、收费标准、停送电公开，广大用户监督。在县供电局的积极扶持下，县东双沟乡二堡、庆祥、周庄等5个贫困村用上电，至此，全县实现村村通电。被省市局授予“优质服务先进单位”称号。

1992年，县政府以洪政发〔1992〕17号文，向各乡镇政府，县各委、办、局、行、社、公司，县直各企事业单位，转发了县供电局制定的《洪泽县电气承装单位管理规定》，以解决过去洪泽县电气安装队伍混乱局面。县供电局通过了县政府、市局联合对县农村用电标准化县进行了预验收。至此，县域12个乡镇全部达到了用电标准化乡镇。次年，通过省局和市政府组成联合检查组，成为淮阴市第一个“农村用电标准化县”。县供电局获能源部授予的“三为服务达标县”称号，省市局授予“优质服务先进单位”称号。

1994年，县供电局实施开展了接电、运行、营业“三个一条龙”服务办法。积极宣贯县政府发布的《关于进一步加强农村安全用电管理的通告》内容。蒋坝电管站作为全县第一个应用微机电费开票的电管站取得了成功。优质服务工作被市局表彰“先进单位”。顺利通过了省政府委托省计经委、省电力局联合组织的洪泽农村电气化县的验收，成为苏北首批农村电气化县之一。

1995年，开展供电优质服务和农电“三为”服务活动，制定了“优质服务年活动”实施意见和优质服务规范等，行风建设在全县31个重点单位评比中，荣获最佳前三名，电力“三为”服务荣获电力部表彰达标先进县称号；荣获市局表彰优质服务先进单位和职业道德建设先进单位称号。次年，开展新颁布实施的《电力法》和《电力供应和使用条例》的宣传，用户的电压合格率达93.87%，全县农村照明用价0.477元/千瓦时，属全市最低水平，生活用电保证率达99%，社会满意率达99%。荣获县31个重点单位行风建设评比前三名，荣获市局授予的“优质服务先进单位”称号。

1997—1998年，县供电局开展了“为人民服务，树行业新风”活动，组织职工认真学习《全国供电部门职工服务守则》《电业职工道德》等，结合自身实际，制定完善了《洪泽县供电局职工服务守则》《供电文明服务用语》等，确立“安全优质供用电，人民电业为人民”的主题宣传口号，举办“四职”（职业理想、职业责任、职业道德、职业纪律）教育班，组织“电业精神文明建设暨职业道德建设”知识竞赛考试。与南京大信公司共同开发的远程抄表系统，全市第一家在县永乐路四建公司商品楼用户中投入使用。与县建行举行银企合作协议签字仪式，至此，银行可为居民用户办理电费代扣业务。建成除高良涧站外 11 个乡镇供电营业厅。荣获省局表彰县供电局 1996—1997 年度电力“三为”服务先进单位；表彰朱坝镇电管站《树行业新风、为人民服务》示范窗口。

1999 年，制定本局年度民主评议行风实施意见，建立用电稽查组织和稽查制度和供用电等重点岗位下岗待岗机制。在县重点单位行风评比被评为最佳前三名。获市局优质服务先进单位以及县社会治安综合治理先进单位，局营业大厅、朱坝镇供电所分别被华东网局授予“城市供电营业规范化服务达标窗口”“为人民服务，树行业新风示范窗口”。次年，供电优质服务以“安全优质供用电，人民电业为人民”为主题，把“心系于民，造福于民，取信于民”贯穿优质服务活动和行风建设的始终。建立完善了走访制度和局领导接待用户制度等。朱坝供电所顺利通过了国电公司组织的农村供电营规范化服务的验收，成为淮阴唯一获此殊荣的供电所。

2001 年，开展“电力市场整顿和优质服务年”活动以及“心桥行动”，提出“一个洪泽供电人就是一个服务窗口”口号，并推出“首问负责制”。完成 14435 个居民户“一户一表”改造工作。县供电公司在县年度软环境建设评比中被评为“十佳单位”。次年，开展“社会看电力”活动，建立网络服务中心，启用全国统一的 95598 供电服务电话，并与公安 110 接警系统实行联动。与工商局联合举行“3·15”宣传活动，开展“企业服务月”活动，邀请新闻媒体宣传活动内容。在服务窗口开展争创“青年文明号活动”；组织开展了“农村供电所规范化管理年”活动，11 个供电所被所在乡镇人大代表评为信得过单位。被县委县政府表彰为软环境建设“十佳”单位。被市公司授予年度优质服务专业竞赛、营销与优质服务工作等先进单位称号。

2003 年，新建城区供电营业厅实行无午休、无周休日制度，业扩工程联合勘察，开展“只上一个门，只找一个人”服务，成立城区、乡镇故障抢修队伍，故障抢修 24 小时值班及电话预约服务等，建立一套服务连带责任考核制度，开展了“两争一树”“三优三满意”等活动，始终坚持“始于客户需求，终于客户满意”宗旨，出台了《优质服务常态运行机制实施意见》和《考核办法》。开展“企业服务月”活动，发放“连心卡”。开展争创“一流农村供电所”活动，持证上岗、挂牌服务。公司获县年度“服务质量消费者满意单位”称号，被县消费者协会授予2001—2002年度“消费者满意单位”奖牌，首次获此殊荣。在淮安市“行风热线”大型户外直播活动中，实现零投诉，再获县软环境“十佳”单位称号。

2004年，县供电公司建成了6300户居民分时电表集中抄表系统，并与淮安地区首家上线运行的新营销信息系统实现成功对接。当年夏季全县电力缺口达到2万千瓦时的情况下没有拉闸限电，是淮安六县（区）唯一的一个被市政府表彰为“迎峰度夏突出贡献单位”。实行报装接电一站式服务；组织开展“企业服务月”活动，在全市“电力客户满意情况”调查中名列第二，并在全省服务性行业质量奖评审中，荣获“江苏省服务质量奖”称号。在县软环境建设评比中名列“十佳”之首，全县12个供电所在各镇人大代表评议中均获“信任单位”称号。在有千余名群众参加的淮安市“行风热线”大型户外直播活动中，县供电公司是唯一的群众零投诉的单位。被省消费者协会表彰为2003—2004年度诚信单位，县政府表彰最受欢迎“双管部门”，市公司表彰电力营销工作先进单位、优质服务管理专业先进单位。

2005年，县供电公司开展“真诚服务在电力”创建最佳供电环境主题宣传活动，开展施行预购电结算电费方式，自筹资金解决老客户的负控安装费用。实施企业服务月活动，领导班子成员深入企业、学校、社区走访，严格执行系统职工服务行为“十个不准”，《洪泽县执行公务守纪回执》制度，客户总满意率达100%。获市公司表彰年度营销工作先进单位、营销业务管理专业先进单位，电力营销部、调度班获年度优质服务先进集体。

2006年，县供电公司开展“和谐节约、电力先行”优质服务主题活动，分六个专题：绿色节能、亲情电力、惠及乡村、诚待电厂、强网建设、品牌服务。建立客户服务问访制度，赢得客户满意。按政策实施调整居民生活电价，调整后的居民生活电价为 0.5283 元/千瓦时。次年，县供电公司在洪泽湖影剧院广场隆重举行“和谐电力、服务社会”供电优质服务主题活动启动仪式。开展“助力乡村奔小康”主题活动，12 个供电所开展了“四个一”（一次安全用电宣传，为群众做一件实事，一次用电知识进校园，一次献爱心活动）服务宣传活动。被省、市总工会等多家单位分别授予“江苏省用户满意明星企业”，被市经贸委、总工会等表彰为“淮安市 2007 年度用户满意服务明星企业”。

2008 年，县供电公司开展“阳光电网、你我相连”优质服务主题活动。与邮政局合作开展电费“缴费宝”业务，为农村客户缴纳电费提供方便。次年，开展“绿色电力、共建和谐”优质服务主题活动，重点实施了服务经济促发展、安全供电保平安、尽心履责重诚信、关爱三农献真情、节能减排谋共赢和奉献社会铸品牌六个专题活动。以开展“迎祖国六十华诞、展供电服务风采”活动为契机，圆满完成中华水典暨中国洪泽湖国际大闸蟹节系列活动和重要会议期间保供电工作。

2010 年，县供电公司开展“绿色电能、创新奉献”优质服务主题活动，建立公司领导与重点客户结对服务网络，实行用户工程 100%回访，客户满意率达 100%。被县委县政府评为县十佳“优质服务单位”。营销部、输配电运检中心获得年度市公司优质服务工作先进集体称号。次年，在供电系统深入开展“为民服务创先争优”活动，实践“四个服务”（服务党和国家工作大局、服务电力客户、服务发电企业、服务经济社会发展）宗旨，打造“1+1 亲情服务”工程，落实职工服务“十个不准”“三公”调度“十项措施”和优质服务“十项承诺”，启动“绿色电能 创新奉献”服务提升工程，召开“委托银行代扣、代收电费”推广活动座谈会，开展优质服务明察暗访、客户满意度调查和供电服务第三方评价，优质服务承诺兑现率达 99.9%。依托邮政储蓄银行洪泽县支行营业网点，开通“苏邮惠民”交费网点 14 处，办理 3.85 万张“福农卡”（持卡人可通过卡缴纳电费），为全县农村客户电费缴纳提供了方便。客户服务中心被表彰为省级“巾帼文明岗”。被市公司表彰为电费回收工作先进单位，营业业务、优质服务、有序用电、稽查信息、计量管理五个专业获得营销专业劳动竞赛先进单位。

2012年，县供电公司启动了“亲情电力 幸福民生”优质服务主题活动。为政府安居工程保障性住房用电报装业务设立绿色通道；推进为民服务创先争优活动，实施95598光明服务工程，十分钟缴费圈初步形成，增强社会责任履行能力。开展“品牌提升年”活动，围绕“一条主线”，实施“两大工程”，实现“三个确保”，全面提升“国家电网”品牌在淮安的知名度、认知度、美誉度（一条主线：以全面促进公司与社会建立基于价值认同的信任关系为主线。两大工程：实施主题品牌传播工程和社会责任实践工程。三个确保：确保高强度、高密度的正面传播态势贯穿全年；确保不发生重大品牌危机事件，保持全年舆情总体平稳；确保为省公司系统“责任苏电”建设在驻苏央企中的领先地位贡献力量）。是年，依据省物价局苏价工〔2012〕182号文件，全省居民生活用电开始试行阶梯电价政策。开展供电所创建“群众满意基层站所”活动，召开“你用电、我用心”农村用电安全强基固本启动会议，推广“电力哨兵”“大湖”电力服务队等品牌服务。在市供电系统唯一荣获“江苏省居民用电服务质量优质服务示范企业”称号的县公司。客户服务中心被表彰为年度“十佳优质服务单位”。

2013年，县供电公司实施“三走进三提高”（即走进基层一线，走进地方党委政府，走进客户；提高加快建设“一强三优”现代公司、争当“两个一流”排头兵的思想认识，提高“顶层设计、过程控制、末端治理、文化引领、创新驱动”的能力，提高电网发展与公司发展的水平）活动。完成南水北调东线工程洪泽站电源建设服务和国家试调水工作电力保障。实施“美好苏电、幸福民生”主题活动，积极开展供电服务“六进”（进企业、进社区、进校园、进医院、进农村、进商户）活动。推广城乡社区客户经理服务模式，开展“省公司微信服务平台”及银行代扣宣传活动。开展星级供电所和群众满意供电所创建，三河供电所被中国电力报社授予“最美供电所”金牌称号。仁和供电所被省纠风办评为“群众基层满意站所”示范单位。

2014 年，县供电公司开展“智慧苏电、幸福民生”优质服务主题活动，推出五大专题服务举措。开展低电压治理工作，低压台区线损管理获得市公司管理创新成果三等奖。推进电能信息采集建设和应用工作，采集规范度全省排名第三。“移动营业厅”4G 无线通讯专网把服务窗口前移，实现居民在住宅小区现场办理业务。圆满完成第九届中国洪泽湖国际大闸蟹节、美式台球洪泽国际公开赛以及其他重要活动的用电工作，实现了“零闪动、零差错、零投诉”的最优目标。加大优质服务宣传力度，央视频道报道了县供电公司职工巡守湖区保渔民用电安全新闻，彰显了县供电公司优质服务良好形象。县供电公司在全省第三方满意度评价中获得全市第一；被江苏省消费者协会评为“2013—2014 年度诚信单位”。被市公司评为“年度供电服务先进单位”，营销综合管理先进单位、农电综合管理先进单位。

2015 年，县供电公司启动“智能互动心服务，省心省钱绿色电”优质服务主题活动，并向社会发布《服务“两个率先”，点亮美好生活——国网江苏省电力公司服务地方经济社会发展白皮书 2015》。实施岸电入湖工程建设项目，在复线船闸、大堤码头等港口货轮、渔民渔船集中点建设低压一体化岸电桩，共建成岸电箱和岸电桩 80 个。该项目建成可为近百条千吨级货船降低靠港成本和维护费用，每年可大幅减少船舶带来的环境和噪声污染。此举被中央电视台、江苏卫视、淮安日报等媒体广泛报道。农电综合管理专业同业对标获全省系统标杆称号，供电所同业对标综合考评全省第一。公司被中国质量协会用户委员会表彰为“全国实施用户满意工程先进单位（服务类）”，并获江苏省放心消费创建活动先进单位。

2016 年，区供电公司启动供电服务“绿色通道”活动，全力推动重点项目供电服务提速提质。圆满完成区委区政府“两会”、民生面对面电视问政、大世界吉尼斯洪泽指南农户大赛、中国洪泽湖国际大闸蟹节、洪泽湖国际半程马拉松比赛和“艳阳度假汤沟杯”CBSA 洪泽美式 9 球国际公开赛等现场保供电任务。扎实开展营销农电“三巩固、三提升、三突破”劳动竞赛活动。全面开展 101% 和双百服务，提升客户满意度。推广通过“电 e 宝”实现了手机App线上交水费。圆满完成区域高速公路段2个充电站8个快充电桩建设工作。完成“源网荷”智能网荷互动终端7个重要用户的安装。在全市率先完成“三（四）表合一”1683户采集建设任务，率先在全省实现了宽带采集全覆盖。开展“电网连万家、共享电气化”主题活动，与洪泽最大家电卖场苏宁易购签订《共同提升居民生活电气化水平合作协议》。农村供电所同业对标位列全省第一。获“江苏省放心消费创建活动先进单位”称号。荣获“2015—2016年度淮安市价格诚信单位”称号。供电营业厅获市公司2016年供电营业厅规范化服务劳动竞赛先进营业厅。获江苏省2015—2016年度“诚信单位”。

2017年，区供电公司着力开展“三心”（放心、贴心、暖心）服务，每月向政府报送供电服务专报，获得区政府主要领导批示肯定。开展“绿色苏电、智联万家”优质服务主题活动，推动政企联动安全检查，客户电力设施内部故障较同期下降50%。公司获市消费者协会授予的“2015—2016年度诚信单位”称号。农电管理水平不断提升，所有供电所全部实行“台区经理制”，建成2个智能自助营业厅，6个供电所获市公司三星级评定，三河供电所获省公司四星级供电所的评定，农电管理专业同业对标全省排名第三，获市公司表彰“年度营销综合管理标杆单位”“供电服务综合标杆单位”称号。

2018年，区供电公司开展“优质服务提质转型年”和“新时代、心服务”优质服务主题活动，推广“互联网+”线上交费业务服务应用，被中国质量协会评为2018年全国市场质量信用AA等（用户满意）企业。开展“百千行”客户走访活动，不断优化营商环境，推动区政府出台“获得电力”专项营商环境整治文件。“获得电力”接电时间缩短近60%。提前布局增量配电网市场，与三河油田正式签订“三供一业”分离移交的供电设施资产移交协议。主动对接地方重大项目，积极拓展综合能源业务，推动银珠集团与省综合能源公司签订完成全省首家分布式储能电站项目协议，在全市首个完成电网代维项目，全省首家签订BT模式建设项目，综合能源营收开票1628万元，排名全市各县区第一。区益寿路上的城市快充站正式送电并调试完毕，标志着区首批快充站正式投入使用和新能源建设步伐又有新进展。积极开展星级供电所创建，岔河供电所被省公司命名为四星级乡镇供电所，三河供电所被国网公司命名为五星级乡镇供电所。

五、集体产业砥砺前行

1982 年，县供电局为帮助解决职工家属、子女就业，减轻社会就业压力，试行“以电为主，多种经营”模式，首次成立电器安装修理门市并对外营业，形成集体产业的雏形。1985 年，经县计划经济委员会洪计复〔1985〕029 号批复同意县供电局成立“洪泽县供电服务公司”，经济上实行独立核算，自负盈亏，性质为集体企业，隶属县供电局。至 1988 年年末，随着社会主义市场经济的建立和电力体制改革的逐步深化，县供电局的多种经营产业不断发展壮大，先后又增加照相馆、咖啡厅、蹓冰场、印刷和电机维修等服务项目。

1991 年，县供电局挖掘企业内部潜力，由县供电劳动服务公司创办小型电力印刷厂，承接供电系统内部零星和社会零散性印刷业务。1993 年，县供电局根据省市局《关于清理整顿多种经营企业的意见》，对第三产业进行清产核资和清理整顿，撤销“洪泽县供电劳动服务公司”，成立“洪泽县电力实业开发公司（以下简称：县电力实业公司）”。与洪泽县中学联营组建县金属线材厂，参与投资的洪泽县第二轧钢厂——洪泽县热轧股份有限公司正式挂牌营业，并投入生产。1995 年，由中国电力国际发展有限公司、县电力实业开发公司和洪泽县国有资产经营有限公司共同投资 1.2 亿元，新建股份合作制企业——中电洪泽热电有限公司，根据投资份额分别占有 60%、25%、15%的股权。热电厂于次年 11 月建成并网发电并开始供热。

1996 年，县电力实业公司被行业和地方政府列为企业改制试点单位。县供电局起草并实施《洪泽县电力实业开发公司股份合作制实施方案》，依照《关于清理整顿多种经营企业的意见》精神，对多种经营工作进行全面清理整顿，开展企业自查和清产核资。县电力实业公司申请、报经县经济体制改革办公室批准，实行资产重组，改组成股份合作制企业。召开县电力实业公司（股份合作制）成立暨首届股东代表大会。次年，被市局评为“多种经营工作先进单位”，获得“规模奖”和“责任目标奖”。

1999 年，县委县政府决定，将原县自来水公司委托给县电力实业公司负责经营管理。因洪泽地区长期大量抽取地下水，导致地下水位下降等因素，县电力实业公司接管县自来水公司以后，于次年 4 月，投资 2500 万元新建地面水厂竣工投入使用，县城自来水采用直接抽取苏北灌溉总渠的河水，经水处理后通过管道供给用户，城区居民的饮水环境条件得到较大改善。

2000 年，省公司颁发《关于江苏省电力公司多经企业使用“苏源”字号的通知》，县电力实业公司及其所属子公司全部冠名“苏源”字号。正式更名为“洪泽苏源电力实业开发公司（以下简称：电力实业公司）”，企业原经营项目不变。联营的洪泽县金属线材厂因洪泽县中学扩大校区基本建设，搬迁到中电洪泽热电公司院内的新厂房，并扩大原有生产规模。同时，由洪泽县中学退出线材厂的联合经营及其股权，由电力实业公司单方负责生产经营和管理。洪泽县金属线材厂更名为“洪泽苏源金属线材有限责任公司”，该公司的线材产品向国家工商行政管理局注册“洪源”牌商标，产品获得淮阴市重点保护产品证书。电器设备修造厂取得三级质检机构的资质，是全市电器屏柜生产行业首家获得三级资质的企业。当年，电力实业公司投资注册成立二星级标准的洪泽县苏源电力宾馆。电力印刷厂获得由江苏省新闻出版局颁发的出版物印制许可证。次年，洪泽苏源金属线材有限责任公司的线材产品获得江苏省计量合格确认证书。洪泽苏源净水公司生产的“苏源”牌饮用净水开始投放市场。电力修造厂获得淮阴市技术监督局颁发的产品准产证，产品正式批量生产并投放市场。

2002 年，国网公司深化改革，拓展企业生存空间，以达到企业经营多元化、产业化，电力行业兴办的多种产业进行第二次改制，企业性质由股份合作制改为有限责任公司。正式更名为“洪泽苏源电力实业开发有限公司”，隶属淮安苏源集团有限公司，该公司投入法人股占总注册资金的 14.15%，其余由职工个人持股。是年，洪泽电力修造厂与南京双杰公司达成协议，合作建立“南京双杰洪泽苏源电器成套公司”。电力实业公司投资在县工业园区开工建设“三厂”生产基地的厂房。年末，洪泽苏源电力实业开发有限公司总产值突破亿元。

2003年，电力实业公司出资与洪泽苏源金属线材有限责任公司共同组建成立“洪泽苏源电器成套有限公司”。同时出资与浙江卫士实业有限公司合作成立“江苏卫士管业有限公司”，生产经营维纶水泥电缆保护管；出资成立洪泽苏源旅行社有限公司；出资与淮安苏源集团合作成立洪泽老子山温泉山庄有限公司，与老子山镇人民政府签订了老子山地热温泉开发意向书，拉开了江苏最大湖滨浴场温泉度假村的建设序幕。年末获得GB/T19001—2008/ISO9001：2008和GB/T50430—2007质量管理体系认证并通过复查认证。次年，电力实业公司出资成立洪泽苏源汽车运输有限公司。经过逐步发展，电力实业公司多经产业冠名为“洪泽苏源电力实业开发有限公司”，拥有10个子公司和下属经营服务机构，各企业全年共实现多经产值9000多万元，多经从业人数达336人。获得洪泽县A级重合同守信用企业证书。江苏苏源卫士管业有限公司一期工程建成投运。老子山温泉山庄建成投入运营。苏源电脑服务部正式开业。苏源电力实业开发有限公司、苏源电器成套有限公司、苏源金属线材有限公司三企业首批获县政府授予的“重合同守信用企业”称号。

2005年，县供电公司农电系统“洪泽洪源农电有限公司”“洪泽洪腾农电服务有限责任公司”正式挂牌营业。次年，电力实业公司召开第三届一次股东代表大会，解除对自来水公司的托管关系，改由县城建局直接管理。2007年，根据省公司“收缩、整合、规范”六字方针，电力实业公司更名为“洪泽洪能电力实业开发有限公司（以下简称：洪能实业公司）”，注销所属3家企业和6个分支机构，同时成立电力宾馆、朱坝电力宾馆两个分支机构。苏源金属线材有限责任公司更名为“洪翔金属线材有限责任公司”；洪泽苏源旅行社有限公司更名为“洪泽思源旅行社”，通过股权转让方式，将股权全部转让给自然人。

2008年，根据电力体制改革要求，经省公司批准成立“淮安洪供集体资产运营中心”，由集体资产运营中心出资重新注册成立“洪泽绿洲物业开发有限公司”。洪翔金属线材有限责任公司合并苏源电器成套有限公司。洪能实业公司与县自来水公司签署协议，将思源净水有限公司的股份转让给该公司。年末，淮安洪供集体资产运营中心出资收购洪能实业公司。洪能实业公司荣获中国工程建设监督管理协会颁发的“全国质量安全管理优秀施工企业”称号，获淮安市重合同守信用企业证书。次年，经市公司批准，将赵集宾馆转让给共和镇人民政府。淮安洪供集体资产运营中心出资收购洪翔金属线材有限责任公司，自此，原多经企业只保留由淮安洪供集体资产运营中心独立控股的洪泽洪能电力实业开发有限公司、洪翔金属线材有限责任公司、洪泽绿洲物业服务公司3家企业，江苏苏源卫士管业有限公司正式注销。年末，洪能实业公司荣获“江苏省重质量保安全守信誉优秀电力建设企业”和“全国电力工程建设典范企业”称号。

2012年，根据省市公司关于职工股份清退要求，淮安洪供集体资产运营中心于年末全面完成了集体资产对职工资本收购的扫尾工作。全年对洪能实业公司企业AAA信用资质、营业执照、安全许可证、承装修试、三级总承包资质等证件进行了年审和换证，组织建造师、注册安全工程师、安全员等后续教育、培训工作，提高了公司的资质管理工作。公司施工的黄集变电所升压改造工程获“江苏省苏安杯优质工程奖”。年末，洪能实业公司荣获“江苏省电力建设优秀施工企业”“江苏省安装工程优质奖”“安全生产先进集体”称号。

2013年，根据上级公司的文件精神和要求，按时序完成了洪能实业公司对洪翔金属线材有限责任公司的吸收合并工作，洪翔金属线材有限责任公司正式注销、合并。年末，洪能实业公司荣获“江苏省建筑业优秀企业”“淮安市AA级重合同守信用企业”及“中国人民银行总行确认资信等级AAA机构”称号，“淮安市建筑业优秀企业”称号。次年，淮安洪供集体资产运营中心开展“集体企业规范管理提升年”活动，落实《江苏省电力公司关于规范劳务派遣用工管理的通知》文件精神，制定劳务派遣用工管理实施方案，实行业务外包用工、岗位外包用工、劳务派遣用工等方式，分三个阶段将规范工作落实到位，保持企业经济效益和经营状况稳步提升。

2015年，根据《国网公司关于开展集体企业改革改制工作的指导意见》和《国网公司关于印发集体企业改革改制重点工作安排的通知》文件精神，按省公司集体企业改革改制要求，县供电公司制定了集体企业改革改制实施方案，由江苏淮供集体资产运营中心吸收合并淮安洪供集体资产运营中心，由洪泽洪能电力实业开发有限公司吸收合并洪泽绿洲物业服务有限公司，通过吸收合并后保留一个集体企业，即保留洪泽洪能电力实业开发有限公司，减少企业户数两个。所有人员得到了妥善安排，无人员增减及资产流失，确保企业资产保值增值。荣获江苏省建筑安装行业“优秀企业”称号。次年，洪能实业公司重点落实国家税制改革，开展了“营改增”工作。2017年，全面完成热电公司股权转让。以与区政府达成股权转让协议，将洪能实业公司占洪泽热电有限公司的25%股权转让给江苏洪泽湖建设投资集团有限公司。年末，洪能实业公司荣获江苏省工商管理局授予的“重合同守信用”企业称号。

2018年，根据市公司关于调整集体企业机构设置的通知精神，江苏淮供集体资产运营中心作为平台出资人企业，不再行使经营管理职能，更名为淮安晟源集团有限公司作为市层面集体平台企业，是市县层面集体企业的运营管理主体，对各企业经营行为进行全面管控，洪能实业公司变更为淮安晟源集团有限公司的全资子公司。该公司以施工类业务为主营，服务类业务为辅，主要从事输、变、配电工程安装、住宿餐饮服务、房屋维修租赁、汽车租赁、电力技术咨询服务、钢芯铝绞线、电力电缆制造销售，高低压电器成套设备制造、加工、销售等。辅助类主要从事物业管理、水电安装、零星工程施工、房屋维修和租赁等。年末，洪能实业公司资产总额达11116万元，营业收入达10293万元。在岗人员265人，其中全民支援集体37人、集体人员 38 人，劳务人员 190 人。荣获江苏省工商管理局授予的“重合同守信用”企业称号。

六、党的建设朝气蓬勃

供电企业党的建设是保障电网安全稳定发展的主体力量，其组织关系隶属于系统内上一级党委和地方区委的双重领导。自党的十一届三中全会以来，供电企业与时俱进、开拓创新，通过党、政、工、纪、团齐抓共管，为企业的改革发展和安全稳定做出了积极贡献。

（一）党组织建设如日方升

1978 年年末，中共洪泽县供电局支部委员会设支委 4 名，有党员 43 名。1979 年至 1986 年，供电局党支部先后进行多次支委增补或改选，增强党组织的核心作用。

1987 年 11 月，经中共洪泽县委员会组织部批准，成立“中共洪泽县供电局总支委员会”，原供电局支部撤销。1988 年至 1992 年，供电局党总支部先后进行多次重新改选，党员人员有所增加，下设 5 个党支部未变。

1993 年 6 月，经中国共产党洪泽县委员会洪委〔1993〕101 号文件批复，成立中国共产党洪泽县供电局委员会，撤销供电局党总支部。次年，增设农电总站党支部，基层党支部总数增至 6 个。

1997 年 3 月，中共洪泽县委组织部洪组发〔1997〕10 号文批复，增设洪泽县供电局办公室党支部、中电洪泽热电公司党支部、洪泽县供电局离退休职工党支部，撤销洪泽县供电局生活服务公司党支部。年末，基层党支部总数增至 8 个，有党员 114 名。次年，完成党委换届和成立中共洪泽县供电局纪律检查委员会。

1999 年 11 月，洪泽县电力实业开发公司托管县自来水公司后，为便于领导，根据中共洪泽县委组织部批复，设立自来水公司党支部。至年末，县供电局党委下设 9 个基层党支部，有党员 155 名。

2001 年 8 月，县供电局党委报经中共洪泽县委批准，召开全体党员大会，进行第三届党委换届选举。选举产生第三届中共洪泽县供电局委员会委员 6 人。同期，中共洪泽县供电局委员会报经中共洪泽县委批准，同意变更中电洪泽热电有限公司党支部隶属管理模式，直属中共洪泽县委和中国电力国际有限公司双重领导。年末，县供电局党委下设党支部 8 个，有党员 161 名（包括中电洪泽热电有限公司和自来水公司党员人数）。

2002 年 9 月，供电系统实行企业集团化管理。为加强系统党的建设，便于对农村供电所党员的统一管理，经县委组织部同意，将农村供电所党员的组织关系逐步转入县供电系统，纳入县供电局党委统一管理。年末，县供电局党委下设基层党支部 7 个，有党员 114 名（不含农电党员）。

2003 年 1 月，根据淮经贸电力〔2002〕318 号文《关于撤销各县（区）供电（分）局的通知》有关精神，报经县委批准，正式更名为“中国共产党江苏省电力公司洪泽县供电公司委员会”。年末，县供电公司党委下设党总支 1 个，基层党支部 11 个，党员 196 名。

2006 年 11 月，根据县长办公会议《关于解除县供电公司与县自来水公司托管关系等问题的会议纪要》精神，经请示中共洪泽县委同意，将县自来水公司党支部隶属关系变更为县建设局管理。年末，县供电公司党委下设党总支 1 个，基层党支部 10 个，有党员 237 名。

2007 年 3 月，县供电公司党委报经中共洪泽县委组织批准，撤销原机关支部委员会等 4 个支部委员会，设立 6 个支部委员会，撤销农电管理所总支委员会和所属第一支部委员会等 4 个支部委员会，设立农电公司总支委员会以及所属 12 个支部委员会，年末，县供电公司党委下设党总支 1 个，基层党支部 18 个，有党员 254 名。2008 年至 2015 年，县供电公司党委结合行政机构设置，先后对部分基层党支部进行完善和调整，不断强化党组织管理。

2015 年 12 月，根据行政机构变更，县供电公司党委更名为“中国共产党国网江苏省电力公司洪泽县供电公司委员会”。次年 10 月，更名为“中国共产党国网江苏省电力公司淮安市洪泽区供电公司委员会”。完成“两委”换届和党支部换届工作。2017 年 10 月，更名为“中国共产党国网江苏省电力有限公司淮安市洪泽区供电分公司委员会（以下简称：区供电公司党委）”。

2018年6月，为进一步加强组织标准化建设，按照《国网公司党支部标准化建设实施方案》要求，报请中共淮安市洪泽区委组织部批准，区供电公司党委调整了党组织机构，在职能部室和生产单位成立11个党支部，在集体企业和农电系统分别成立党总支，总支下设18个党支部。10月，根据《国网江苏省电力公司关于健全完善党建工作机构设置的通知》文件精神，即农电公司党员人数超过100人的可设立党委。经中共淮安市洪泽区委组织部洪组发〔2018〕51号文件批复后，按规定程序通过选举产生了第一届“中共淮安三新供电服务有限公司洪泽分公司委员会”。年末，区供电公司党委下设二级党委1个，党总支部1个，基层党支部共计27个，有党员278名。

（二）主题教育活动如火如荼

改革开放以来，供电系统党组织围绕各个不同时期的企业中心工作，在党员干部和全体职工中深入开展政治理论学习和思想政治工作。1979年至1980年，县供电局党支部先后进行几次支委改选，认真贯彻县委部署要善始善终地搞好揭批查运动，开展了一次思想和组织上的整顿，改变思想和工作作风，增强党支部领导核心作用。组织党员学习《准则》，讨论如何恢复和发扬党的优良传统和作风，纠正“无组织、无纪律、无政府”不正之风。

1981年，组织全体干部分期参加了县委举办的《关于建国以来党内若干历史问题的决议》学习班，开展“五讲四美三热爱”教育活动，教育职工在社会上做一个好公民，在单位做一个好职工，在家庭做一个好成员。1982年开展学雷锋、学张海迪活动，党支部先后对党员进行了党的传统作风，党员怎样做精神文明模范等教育，党员干部还参加县委举办的党的十二大报告学习班，推荐部分班组长到党校参加学习，党员的思想觉悟得到了提高。1983年开展了“全民文明礼貌月”活动，职工文明素质得到提高。1984年，局党支部抓思想教育，走改革之路。召开职工大会，组织学习《政府工作报告》，反复学习中共中央关于体制改革的决定。根据干部“四化”的要求，县供电局党支部重新改选。

1985 年至 1986 年，局党支部根据洪委发〔1985〕42 号文件精神进行组织处理和党员登记工作，按要求开展“回头看”工作，并进行检查总结；按照洪整办发〔1986〕06 号文件通知，在学习阶段结合后，经县委整党联合验收组验收合格后，批准转入对照检查阶段，全局 51 名党员写好个人整党小结，经党小组、支委会、支部大会审阅讨论表决，做出准予登记的决议。每名党员均制定个人整改措施，书面上报党支部和整党领导小组，并经上级验收合格。

1987 年，县供电局党支部开展了“共产党员建功立业大讨论活动”，围绕反对资产阶级自由化和增产节约、增收节支运动，开源节流，精打细算。开展评选模范党员和先进党小组活动，发挥模范作用。次年，局党总支部组织基层党支部负责人参加县委举办的包括学习中共十三届三中全会公报在内的政治学习班，选派 3 名党员参加县机关党委会组织的基础知识竞赛，并获得第一名。

1989 年，局党总支部多次召开党员干部会议，旗帜鲜明坚定立场，抵制和反对动乱，坚守岗位，搞好电力生产。在党的十三届四中全会和五中全会以后，及时组织全体党员学习邓小平、江泽民同志的一系列讲话，开展了坚持四项基本原则、反对资产阶级自由化的教育，带动全局职工在思想上行动上与党中央保持高度一致。开展了评选先进党支部和优秀党员的活动。次年，局党总支部抓突出“两个为主”职工思想教育，即对党员突出共产主义信念教育和“企业精神”教育。把企业升级同贯彻“安全、效益、团结、奉献”的供电企业精神结合起来，把企业升级跟“单位有名气、个人有志气、队伍有士气”的“三气精神”教育结合起来，把企业升级与平时日常生产管理结合起来，发挥党组织战斗堡垒和党员模范带头作用。

1991 年，供电系统党组织开展“为党争光辉，为企业争贡献”为主题的十二项系列活动，制定 24 项党务工作目标，结合纪念建党 70 周年活动，发挥企业党校阵地作用，分期对全体党员进行党纪“十个方面内容”教育。组织党员干部和全体职工开展社会主义道德和职业纪律教育，邀请县党史办负责人为全体党员和团员青年讲授淮阴、洪泽地区近代革命斗争史，进行爱国主义和革命传统教育。

1992年，局党总支部组织广大党员学习《党的七十年》和邓小平同志的南方谈话，开展读《江苏党的生活》和“为党的十四大献厚礼，为企业升级达标作贡献”活动。开展党支部“达标升级”和党员“达标升格”活动，为党员过“政治生日”，71名党员划分58个责任区与133名职工结成帮学对子共同提高。在县委县政府组织的全县23个重点单位行风建设竞赛评比中获得前三名，被授予“优胜单位”称号。获县委组织部授予的“思想政治工作优秀企业”荣誉称号。

1993年，召开党员大会成立党委。开展“为企业达标做贡献，创先争优‘四个一’”活动。县供电局被市委宣传部、市经委命名为“思想政治工作优秀企业”。次年，县供电局党委开展“创企业精神，树主人翁形象”的主题教育，组织学习《邓小平文选》第三卷和党的十四大，十四届三中、四中全会精神，举办5期专题理论培训班。

1995年，县供电局党委开展了“五个主题教育”和“五个活动”。“五个主题教育”即“五讲五知道”教育、“创企业精神，树主人翁形象”教育、“树企业形象，展‘四德’风采，兴班组新风”教育、“爱我中华、兴我企业、看我贡献”教育、民主集中制教育；“五个活动”即“四学一纪念”学习活动、“二五”普法学习活动、“树形象，创一流”学习活动、“建功立业，八五奉献杯”活动。获淮阴市职教管委会授予“爱我中华、兴我企业、看我贡献”主题教育先进集体，县委“四学一纪念”智力竞赛第二名，县“二五”普法先进党委称号。

1996年，局党委以“发扬党的优良传统和作风，树立良好的电力行业形象”为主题，制定党委议事规则与程序，将党风廉政建设列入班子作风建设的重要议程，明确做出“八不准、四管好、两必须”的规定。在建党75周年和红军长征胜利60周年之际，特地邀请县老干部报告团来局给职工讲党的历史和世界观、人生观、价值观确立等方面的问题。次年，开展职工“三观、三德”教育，以职业道德教育为主题，举办电业精神文明建设暨职业道德建设知识竞赛，按季度开展文明职工考评。被市局表彰为先进党委，省委宣传部、省委组织部授予“党员学理论学党章活动先进单位”称号。

1998年，县供电局党委开展“高举旗帜，增强党性，艰苦创业”主题教育和“创先争优”及党员冬训和民主评议党员等活动，党委中心组学习做到“五个定期”，即定期拿出学习计划，定期进行学习辅导，定期进行学习交流，定期进行学习总结，定期进行理论研讨。获市总工会、市文明办授予的“争当文明职工活动先进单位”。次年，开展了“学习理论，弘扬正气，振奋精神，加快发展”主题教育和“纪念中国共产党成立78周年”等活动。遵照洪组发〔1999〕8号《关于在县属企业中开展争创“四有六好企业”活动的意见》，党支部通过实施“四抓”，即抓龙头、抓程序、抓投入、抓改进；实现党建工作的“四有”，即有强将领衔、有规章遵循、有经费投入、有能力办事；进而使企业达到“六好”，即好班子、好队伍、好机制、好管理、好产品、好效益。开展“创先争优”民主评议党员、党员责任区活动，严格执行《基层企业党委工作规则》。基层党校获市级先进基层党校表彰，首次被评为市级中心组学习先进单位。

2000年，县供电局党委开展“致富思源，富而思进”和“廉洁奉公，勤政为民”主题教育。印发了《洪泽县供电局2000年思想政治工作和精神文明建设工作意见》，从六个方面明确全年的工作目标。开展纪念建党79周年系列活动，重点开展学习“三个代表”重要思想为主题的教育，全年局基层党校、政校办班6期，局基层党校被市委宣传部评为先进基层党校，党委中心组被评为先进中心组。次年，开展创先争优、“电化”教育、“廉洁奉公，勤政为民”等主题教育及纪念建党80周年系列活动，开展了“实践‘三个代表重要’思想，树立正确的权力观、群众观、利益观”的教育活动。

2002年，开展“作风建设年”和“党风廉政”等主题活动，修订《党风廉政建设责任制年度复查考核细则》，建立中层以上干部廉政档案，制作纪检监察网页，发放“警示卡”，参加全县党政纪条规测试，开展“廉内助、廉管家、廉助手”活动。获江苏省委宣传部表彰先进基层党组织、党委中心组被淮安市委评为理论学习先进集体，公司党校被淮安市委表彰为“先进基层党校”，获县委授予的“六好党委”称号。3 个基层党支部获县委授予“五好党支部”称号。

2003 年，县供电公司党委开展争创“六有六好”（有一条清晰正确的工作思路，有较强的服务能力，有一批坚强有力的战斗堡垒，有一支能起表率作用的党员干部队伍，有一套科学规范的工作制度，有显著的两个文明建设成果；理论学习好，民主集中制贯彻落实好，团结协调好，务实创新好，廉洁自律好，联系群众好）党委和“五好”（班子好、队伍好、机制好、服务好、反映好）支部活动。开展了“创先争优”“三学一做”“两个务必”、践行“三个代表”“争做文明人，争创文明城”等主题教育活动及纪念建党 82 周年系列活动。

2004 年，县供电局党委开展“增强纪律观念、自觉接受监督”主题教育和学习贯彻《两个条例》的活动；在系统党员中开展“三高一流”（即高觉悟、高技能、高业绩，一流队伍）党建活动和争“五个好”（领导班子好、党员干部队伍好、工作机制好、服务中心好、群众反映好）党委、“五个好”党支部的创建活动；开展“牢记使命，永葆先进”党员电教主题宣传教育活动。获省委宣传部、组织部评为 2001—2003 年度先进基层党校，被县委授予“六有六好”党委，被县委组织部评为“五个好”党委和“五星级”（组织星、设施星、教材星、播放星、成效星）电教站，3 个基层党支部被评为“五个好”党支部；农电党总支部被评为“五星级”电教点。

2005 年，县供电公司党委被列入第二批开展保持共产党员先进性教育活动单位后，所辖 1 个党总支和 10 党支部共 249 名党员参加了活动；在三个环节的工作完成后，经过测评，整改情况满意和基本满意度达到 100%。开展“四好”领导班子活动和争“五个好”党委及“五个好”党支部的创建活动，开展“学习先进事迹，争当时代楷模”为主题的党员电教播放月活动。建立起组织建设、综合管理、党费收缴等十大模块近90多个项目内容党务信息管理系统。实施党风廉政建设风险抵押管理，开展“六个一”以及“四个一”廉政教育。党委中心组被市委宣传部、组织部表彰为2004—2005年度中心组学习先进集体。

2006年，开展以增强“执行意识、廉洁意识、安全意识、服务意识”，提升“执行能力、拒腐防变能力、安全生产能力、优质服务能力”为主要内容的“四增强、四提升”主题教育活动。为纪念建党85周年，开展了“红色七月”党员电教播放月活动。开展了“三清理一规范”工作，筑牢反腐败防线。被市委市政府授予“富民强市、建功立业”集体三等功。

2007年，县供电公司党委发起在“百问百查”中开展发挥共产党员先进性的活动，举办“学英模、争和谐、我为迎峰度夏作贡献”主题教育等活动。开展廉政危险源点的排查和预控，制定《洪泽县供电公司岗位廉洁禁令》，开展廉政文化“四进”（进班子、进部室、进班组、进家庭）活动，建立“四进”活动的示范点。公司被省纪律检查委员会等多家单位联合授予“江苏省廉政文化示范点”；被市公司表彰为年度“党风廉政建设先进单位”“文明单位标兵”；被县委县政府表彰为年度行风软环境建设“十佳”单位、先进基层党组织“五个好”党委。次年，开展了“全面找差，不断提升工作水平”和“不断创新、持续实践”主题教育活动，出台了《党员领导干部党建工作联系制度》。开展“思廉、倡廉、践廉”主题教育活动。县供电公司被市公司表彰为党风廉政建设先进单位。

2009年，开展主业党支部与农电党支部的“结对创先”活动。制订印发《年度党建及精神文明建设工作意见》，党员开通了“党建手机报”信息。被授予淮安市“五一劳动奖状”，县委表彰年度基层党建工作综合考评“五个好”党委。被市公司表彰为“四好”领导班子。次年，开展“树争先意识，创一流业绩”主题教育活动，领导班子中心组开展“学办法，定措施”活动，被淮安市委宣传部和组织部联合表彰为“2008—2009年度全市示范党委中心组”。公司被市委宣传部授予“2010年度思想政治工作先进单位”称号。开展算好“六笔账”的专题讨论，开办网站阳光管理工作，防范廉洁风险。

2011年，县供电公司党委开展“为民服务创先争优”主题教育活动，确立“我是党员，我奉献”专题活动日，重点开展“三亮（亮身份、亮职责、亮承诺）”活动，展示党员风采；突出“三创（创一流服务、创一流队伍、创一流形象）”特色，提升服务品质；落实“三新（新农村、新电力、新服务）”战略，主动服务民生；做好“三评（党员互评、领导点评、群众评议）”工作。开展纪念建党90周年系列主题活动，4个党支部被表彰为“先进单位”。

2012年，开展“凝心聚力进位争先”“学习伟人周恩来，践行‘五德’（政治品德、思想道德、为政官德、社会公德、家庭美德）作表率”等主题教育活动，成立了8支共产党员突击队，设置30个党员先锋岗；开展“学雷锋、亮党旗”主题活动，制定了“党员互评、领导点评、群众评议”的“三评”工作制度。深入开展“创先争优”、基层组织建设年活动。次年，开展“原创精品党课”讲稿征集活动。组织贯彻中央“八项规定”，健全中层管理人员廉政档案。开展廉政风险防控“五个一”活动，针对性出台了农电公司、农村供电所协同监督工作委员会14项制度。

2014年，开展党的群众路线教育实践活动，组织共产党员服务队员用快板、诗词诵读和赠送书籍等形式对在施工现场和抢修现场的一线职工进行“党的群众路线教育实践活动”宣讲，党员民主评议结果“好”占总人数的95.94%。开展学习型党组织建设和创先争优活动，组织开展“学习伟人周恩来，践行五德作表率”党员集中学习活动。开展“加强制度教育，树立红线意识”等反腐倡廉主题教育活动，成立“清风洪电”廉洁文化俱乐部，营造干事、干净的浓厚氛围。

2015年，开展“三严三实”专题教育活动。开设“洪电德园”专栏，宣贯中央“八项规定”、江苏省委“十项禁令”等内容，被市公司表彰为年度“四好领导班子”。供电、邮政基层党支部结对创先项目先后被中央电视台、中央人民广播电台、《新华日报》《中国电力报》《中电新闻网》等多家媒体和网站广泛报道，并在省公司年度基层党组重点项目成果发布会上获得一等奖。开展“守纪律、讲规矩、明红线”反腐倡廉主题活动，建立12个廉政文化建设园地，被市公司表彰为年度党风廉政建设先进单位。

2016年，开展“两学一做”（学党章党规、学系列讲话，做合格党员）学习教育活动。发挥领导班子“龙头”学习示范作用，被市公司表彰为年度“四好领导班子”。开展“新时期共产党员思想行为规范”“学习系列讲话、强化‘四个意识’”等主题大讨论；组织开展“我与党旗合个影、对党说句心里话”主题活动；组织党员收听收看“四讲四有先进典型”报告会，全体党员分6批次参加“走进特高压、见证发展路”专题党课活动。开展建党“95周年”系列活动。开展“加强制度教育，树立红线意识”等反腐倡廉主题教育活动，被市公司表彰为年度党风廉政建设先进单位。

2017年，区供电公司党委制定实施党的建设“旗帜领航·三年登高”计划，当年作为基础建设年暨开局之年。在党员中开展“三亮三比”主题活动和“党员责任区”“党员示范岗”等创建活动，开展“书记讲党课”“不忘初心，重温入党誓词”宣誓活动。制定实施年度党员教育培训工作，开展了党员周周练、党的知识在线测试、掌上“微党课”等互联网+党建工作。与结对支部岔河西城村开展了“联系点上过党日”“党内关爱”走访慰问活动。被区委表彰为道德讲堂总堂建设特别贡献单位、2015—2016年度党员冬训工作先进集体。实施“履责任、守纪律、促廉洁”党风廉政建设主题教育活动，职工自编自导自演的廉政微电影《向尚家风》在“中电传媒杯”影视作品展评中获得二等奖，在第十三届全国法治动漫微电影作品征集评选中荣获微电影类三等奖。

2018年，区供电公司党委实施“旗帜领航·三年登高”计划第二年，即对标管理年暨攻坚之年。深入开展“双好”（即建凝心聚力好支部、做遵章守纪好党员）创建活动，制定“五项工程”方案，实施“三融三促”计划和“党员统一活动日”，全覆盖开展“我担当、我作为、我奉献”主题活动，举办“实景课堂”“书记微党课”等特色活动，以“建达标支部做合格党员”为重点，建立党支部党建议事报告制度。运维站党支部被市公司党委表彰为电网先锋党支部。三河供电所率先完成市公司“淮水七洲”企业文化示范带建设，获省公司第五批企业示范点称号。

七、精神文明建设方兴日盛

自县供电局成立到1978年年末，结合实际开展企业整顿，揭批“四人帮”斗争，学习工业学大庆会议精神，宣传新时期总任务，端正职工思想，同时努力改善职工居住条件，新建成300平方米职工宿舍。1979年，县供电局组织职工学习党的十一届三中全会公报、中央领导同志的有关讲话精神。为丰富职工业余生活，购置一台进口24寸黑白电视机供职工观看。建立幼儿园，配备专职幼儿教师，改善职工食堂、医务室以及职工住房条件，解决职工后顾之忧。

1980年，县供电局建立职工代表大会制度，并召开了首届职代会，会议代表25人，下设3个监督小组。次年，开办了占全体职工人数近一半的初中、高小两个文化补习班，促进职工文化水平提高。1982年，职代会讨论通过了《劳动纪律制度》《企业管理制度》暂行规定。办起了职工俱乐部。1983年，县供电局深入开展“五讲四美三热爱”活动。开展了“全民文明礼貌月”活动，购置一台22寸彩色电视机供职工收看。选送5名优秀青年工人参加市局举办的职工中专班学习。

1984年，县供电局职代会讨论通过了《职工代表大会暂行条例细则》《关于经济体制改革初步方案》。组建了“职工之家”，自主举办和组织职工参加系统举办篮球、乒乓球等比赛并获得好成绩。次年，县供电局工会开展创建“职工之家”活动，“整组建家”工作经市县工会的检查验收合格。

1986年，县供电局开展创建“双文明”（精神文明、物质文明）活动，在全局职工中开展为实现“七五”计划建功立业竞赛活动。积极贯彻落实中央领导关于端正机关作风的讲话和中办 57 号文件精神，制定严禁用公款吃请送礼和获取不正当收入的规定，端正行业作风。次年，县供电局开展“两个一”活动，即增收节支 100 元，提一条合理化建议。

1988 年，县供电局开展“合理化建议和技术革新”活动，收到建议 47 条，开办班组长和线路中级工培训班。次年，县供电局提炼出“安全、效益、团结、奉献”的供电企业精神。贯彻实施《班级建设标准（试行）》，职代会通过《企业管理制度若干规定》等 8 项制度规定，成立“离退休职工管理委员会、女工管理委员会”和全县电力新闻通讯站。职工之家被县总工会评为“先进俱乐部”。

1990 年，县供电局开展青工政治轮训，71 名青工分两批进行了“双基”（基本国情、基本路线）教育活动。被县委多部门联合表彰为“双基”教育先进集体。组织开展“企业有困难，我们怎么办?”大讨论，编写《洪泽供电信息》《工会信息》两种刊物，制定《关于鼓励职工子女学习成才的奖励办法》。成功举办迎局庆三十周年文艺联欢会。被市局表彰为端行风先进单位并授予年度“双文明单位”称号。

1991 年，县供电局开展工作评先创优和“双增以节”活动，抓职工思想教育突出“三个为主”，即企业精神教育为主、企业主人翁意识教育为主、职业道德教育为主，提高全体职工政治思想素质水平。县供电局工会被县总工会评为工会工作先进单位，妇女工作先进单位。被市总工会评为年度“先进职工之家”。被市局授予年度“双文明单位”称号。次年，积极宣贯新颁布的《工会法》，举办学习贯彻《工会法》智力竞赛。组建了职工业余小乐队。新建职工宿舍楼 30 套，至此 95%以上职工小家庭住上成套的楼房。

1993 年，在全局职工中广泛开展“深化改革、扩大开放、搞好社会主义企业”的教育，对职工进行职业理想、职业道德、职业责任、职业技能和职业纪律的“五职”教育。被县总工会评为年度“女职工劳动保护先进单位”、被授予“先进职工之家”、俱乐部被授予“先进职工俱乐部”称号。次年，开展“五讲五知道”系统教育和“文明家庭新风”竞赛活动；职工职业道德建设活动先后开展“两感、四德”教育，举办职业道德建设讲座、考试和知识竞赛活动，职工俱乐部被市总工会授予“模范俱乐部”称号。线路班工会小组被中华全国总工会授予“全国模范职工小家”荣誉称号。淮阴供电系统首届南片体育运动会在洪泽县供电局隆重举办。全市供电系统文艺调演在洪泽县供电局举行。

1995年，在职工中开展“创、树”（创企业精神，树主人翁形象）教育活动，被市总工会授予“爱、兴、看”主题教育先进单位。以群众性文化娱乐活动为载体，参加县委9个部门联合举办的“纪念抗战胜利50周年革命歌曲演唱赛”获得第三名。次年，开展“三讲、三学、三德、四创、四学四比”以及“弘扬创业精神，投身两个转变，展现主人风采”等创树主题教育。职工俱乐部、图书室被市总工会评为先进，市总工会还在局召开了企业文化建设现场经验交流会。

1997—1998年，深入开展了“五个主题教育”，即“五讲五知道”教育；“创企业精神，树主人翁形象”教育；“树企业形象，展‘四德’风采，兴班组新风”教育；“爱我中华，兴我企业，看我贡献”教育；民主集中制教育；还开展了四项活动，即开展“为人民服务，树行业新风”活动；开展“讲文明，树新风”活动，举办知识竞赛系列活动；在职工中开展“建功立业”“巾帼建功”“双十佳”“青年文明岗”“青年文明号”等竞赛活动。先后被省总工会、全国总工会授予“模范职工之家”称号。

1999年，县供电局强化时政教育，组织了“国际和国内政治形势报告会”、改革开放20周年报告会；参加市局和洪泽县“庆五一，颂辉煌，展风采”歌咏比赛、国庆文艺演出、“迎回归”知识竞赛、迎千禧贺千岁电业青年联谊会等系列活动；组织“三讲”学习，揭批法轮功等思想政治教育；组织举办庆祝建国五十周年和迎接澳门回归“祖国颂”大型广场文艺晚会，参加了县、市局组织的文艺演出、歌咏比赛。获市局授予“双文明”单位称号；荣获市委市政府首批文明行业，市总工会授予“争创文明职工活动先进单位”。荣获1997—1998年度江苏省文明单位称号。次年，开展“致富思源，富而思进”教育，“三讲”教育，“三个代表”重要思想的学习，与县广电局联合举办了“供电杯”好新闻竞赛，与县纪委、监察局、地税局、洪泽报社联合举办了“行风好新闻、群众眼里看行风”专栏。举办庆祝建局40周年职工自编自演的大型文艺演出；对办公大楼安装中央空调，为157户职工住宅装上了中央空调，提高了职工的生活质量。

2001年，开展理想信念、“三五”普法、“双思”教育、“三个代表”重要思想的学习，邀请专家教授为党员干部讲解法律知识。在生活区兴建了休闲庭院，铺设滑石路，新添置了健身器材，将原浴室改建为职工活动中心，丰富了职工的业余文化生活。次年，开展“求真务实，作风建设年”活动，开展“三德”（社会公德、职业道德、家庭美德）教育，在干部中开展了创建“三优三满意”（优质服务、优良作风、优美环境，群众满意、基层满意，县委县政府满意）文明机关、争做“人民好公仆”活动；在职工中开展专业业务技术比武活动、公民道德教育读书竞赛活动等。被市、县总工会授予“先进基层工会”称号；获省市文明单位、文明行业称号。

2003年，开展创建学习型企业，建立单月的第一个星期六为公司的“学习日”制度。开展了“两争一树”“三优三满意”等活动。次年，开展了“弘扬创业文化、促进加快发展”学习研讨；开展“双三学”活动，即全体管理人员和中层以上干部学英语、学计算机、学写作，生产人员学政治、学业务、学技能活动。供电营业大厅被省共青团委、省公司授予省级“青年文明号”。在朱坝镇设立供电公司“春蕾”班。组织“红马夹”参加“争做文明人，争创文明城”活动，在全县软环境建设评比中以窗口单位评议第一、重点评议单位第一名，全县12个供电所在各镇人大代表评议中均获“信任单位”称号。公司被授予江苏省“文明行业”称号。

2005年，开展了“弘扬‘三创’（创业、创新、创造）精神，构建和谐社会，建设全面小康洪泽”主题教育活动，实施创建“三优三满意”文明机关、争做“人民好公仆”活动；客户服务中心被市委市政府授予“三八红旗集体”称号。被省总工会授予“省级学习型企业”。获淮安市实施春蕾计划

“爱心捐助先进单位”；用电营业厅被授予“省级青年文明号”；蝉联地方软环境建设十佳第一。次年，举办社会主义荣辱观、“争做文明职工，维护企业形象”教育等活动；开展了“构建社会主义和谐社会”主题播放月活动，举办“讲文明、树新风”主题征文活动，两篇被市委宣传部刊用。积极参与县委县政府发起的“争创文明城、争做文明人”活动。被县委评为年度精神文明建设先进集体。

2007 年，开展企业文化知识竞赛、“感恩、和谐、前行”演讲比赛等活动，运行操作班、继电保护班分别被省公司授予“学习型团队”“和谐班组”的荣誉称号。开展“两争一树”活动，一名职工被省总工会表彰为江苏省知识型职工标兵。次年，县供电公司提炼了具有自身特色的企业文化理念体系——“水文化：我们的观念与信条”，入选全国电力行业优秀成功案例，同时入选省公司企业文化建设典型案例。开展“人人讲诚信”和感恩主题教育活动，全员参加了“迎奥运、讲文明、树新风”礼仪知识竞赛学习和普考活动。组织职工参加国家电网杯“同一个世界 同一个梦想”全球华人迎奥运征文活动。为“5. 12”四川汶川等地震灾区捐款 24. 6 万元，100 多名职工参加了无偿献血。被省总工会表彰为模范职工小家。

2009 年，县供电公司首次组织中层管理人员拓展训练；组织职工参加了县里举办的以“弘扬洪泽湖文化 · 共享三十年成果”为主题的庆元旦全民健身长跑和县委县政府举办的“唱响洪泽湖”纪念改革开放三十周年——洪泽县迎新春歌咏大赛，分别荣获县庆元旦全民健身长跑一等奖和县迎新春歌咏大赛二等奖。开展“青春光明行”主题日活动，举办“我为节约献一计”活动和“学习实践科学发展观，争当创新创优好职工”主题读书活动，在市公司纪念五四运动 90 周年表彰大会和团县委表彰会上，公司团委被市公司和团县委分别授予“先进基层团组织”称号。次年，在洪泽湖影剧院隆重举办建局五十周年庆祝大会。开展“品牌传播年”活动和“建设统一的优秀企业文化”主题实践活动。组织代表队参加县委县政府举办的洪泽县 2010 年“中国人寿杯”元旦全民健身长跑活动，并荣获二等奖。为青海玉树地震灾区捐款19500元。公司被表彰为“和谐劳动关系，履行社会责任”四星级企业。团员青年红马甲开展“绿色电能、创新奉献”主题活动及“学雷锋日”活动，公司团委被共青团江苏省委表彰为“江苏省五四红旗团委”，获得市公司“先进基层团组织”称号，被表彰为“淮安市优秀青年志愿服务集体”。

2011年，班组5S管理实践经验在全市系统推广，10个主业班组30个农电班组全部达到标准化。荣获市公司“标准化班组创建先进单位”称号；县域检修公司二次系统检修班、仁和供电所运维班荣获“省公司标兵班组”“工人先锋号”称号，二次系统检修班获得全国电力行业优秀QC小组称号；组队参加了市公司和县委宣传部举办的庆祝建党90周年“红歌赛”分获三等奖和二等奖；城区营业厅荣获“市工人先锋号”称号，生产技术部获得“县五一劳动奖状”。次年，开展了“建设统一的企业文化”主题实践活动和精神文明建设创新活动，在县内公共服务部门网上公开承诺暨评议活动中获得第一名。开展“真情服务职工，共建和谐企业”职工服务年活动；成立职工服务中心，下设10个文体俱乐部；企业文化案例《“滩涂电力医生”诠释“你用电，我用心”》在市公司精神文明建设创新成果发布会上获得一等奖。客户服务中心被全国妇联表彰为“全国巾帼文明岗”。配电运检班获得省公司“工人先锋号”。

2013年，开展“中国梦·国网情”等主题教育活动，成立“技师创新工作室”。举办“道德讲堂”活动4期，“光明使者”湖区行青年志愿服务项目被共青团江苏省委、江苏省志愿者协会表彰为江苏省优秀青年志愿服务项目。次年，153名职工完成志愿者注册登记。公司团委荣获省公司五四红旗团委、省青年志愿服务事业特别贡献奖，城区营业厅荣获省级“青年文明号”。2015年，被市公司表彰为年度文明单位标兵、安全生产先进单位。调控运行班荣获年度淮安市“工人先锋号”荣誉称号；公司荣获2014年度淮安市“安康杯”竞赛优胜单位荣誉称号；继保常青QC小组斩获江苏省QC成果特等奖。

2016年，开展班组建设“创星”活动，80%主业班组实现四星级以上的创建目标，3 个班组获得过省公司“标杆班组”和“红旗班组”称号。公司被省公司表彰为“PMS2.0 应用劳动竞赛先进集体”“变电运维班获运维检修工作先进集体”。变电检修班 QC 成果发布获一等奖，并获第二届“省质协杯”QC 成果一等奖；继保常青 QC 小组被中国质量协会等五个协会联合表彰为“全国优秀质量管理小组”。举办特色道德讲堂 4 期，获得区委道德讲堂总堂建设特别贡献单位奖。公司再获“江苏省文明单位”荣誉称号。次年，组织全体中层管理人员进行脱产培训，选送 2 名中层管理人员到西藏援建，选送 6 名优秀青年职工到省市公司培训挂职锻炼。成立“7890”青年创新俱乐部，3 项 QC 成果获省级优秀成果一等奖，一名职工入选国网公司优秀专家人才库。区供电公司荣获省公司工会授予的“模范职工之家”称号。被区委表彰为精神文明及宣传思想工作先进集体。

2018 年，区供电公司开展班组“微讲堂”，打造市公司运河七洲企业文化示范带之一三河供电所，获省公司第五批企业示范点称号。按季度开办道德讲堂，收集党员“微感悟”126 条。推行班组特色化建设，配电运检班、变电检修班荣获国网公司先进班组、省公司五星级班组，还分别获得“省级工人先锋号”和“市级工人先锋号”荣誉称号；张文鑫技师创新工作室荣获年度区“十佳劳模创新创业工作室”称号。开展“金秋阔步 快乐同行”S365（软件）健康徒步行等丰富多彩活动，工会获区总工会表彰“模范职工之家”“基层工会财务竞赛先进集体”“五一巾帼标兵岗”等荣誉称号；三河供电所“践行周恩来精神模范团队”通过市文明委评审。以党建带团建，青创项目“未来令克”取得 13 项发明专利，被省电机协会授予铜奖。两班组 QC 成果获江苏省二等奖。编制微电影《蓝帽子叔叔》《电力人的水乡情》分获“中电传媒杯”全国电力行业优秀影视作品二等奖、三等奖。

（执笔人：杨苏仁）

三河镇改革发展纪实

中共淮安市洪泽区三河镇委员会

三河镇位于洪泽湖东畔，民国期间境内先后隶盱眙、淮宝县、洪泽、淮阴等县。中华人民共和国成立后于1956年建立三河人民公社，1984年恢复三河乡，1993年撤乡建镇。2014年11月8日乡镇区划调整，原共和镇辖区全部并入三河镇。

1978年12月召开的中国共产党十一届三中全会，全面纠正“文革”错误，将党的工作重点转移到经济建设上来。洪泽县委于1979年2月20日至3月6日召开了全县三级干部大会，讨论如何进一步提高全县党员干部对党的工作重点转向社会主义现代化建设的认识，确立了带领全县人民实现工作重点转移的大政方针。此后，三河人民公社在洪泽县委的领导下，迈开改革的步伐，进入了以改革开放和社会主义现代化建设为主要内容的历史新时期。这一时期的改革发展，主要体现以下八方面。

一、改革农业体制 加快发展农业

（一）逐步推行农业联产承包责任制

党的十一届三中全会后，改革开放的形势如火如荼。洪泽县委带领全县人民坚持“三级所有，队为基础”，认真落实“按劳分配”的政策。为了克服平均主义，决定于1980年在农业生产中实行联产承包责任制。三河公社党委在执行县委有关政策的基础上，实行逐步推行农业联产承包责任制，将生产队根据村庄居住的条件，征求农民群众的意见，自愿分成若干个生产小组，根据每组人数、承包土地的面积等，将生产队原有的农机具、耕畜等生产资料平均分配给各生产小组。这样一来，大大地激发了农民群众的生产积极性，促进了农业生产的发展，粮食产量大幅度增加。但是，由于联产承包到组的形式仍有不少弊病，乡党委认真总结几年来实行承包形式的经验教训，找出利与弊，决定于1982年将土地彻底承包到户，进一步调动了农民群众的种田积极性。各承包户自选种植品种，自己决定农作物茬口搭配，自备机械深耕细作，合理施肥，增强地力，什么品种挣钱就种什么，什么土地适合什么作物就种什么，农民自己有自主权，农产品产量成倍增长，每亩产量由过去的不足200千克猛增到340千克。1984年9月25日，洪泽县农工部向全县推行三河乡长河村“稳定土地长期承包的措施”。到1988年，三河乡粮食种植面积达2273.67公顷，粮食总产量达2.45万吨。

（二）调整种植结构　发展多种经营

1993年，三河乡撤乡建镇，三河镇下辖20个村（居），人口2.3万，2001年并村联组后，辖3个居委会、6个行政村。1995年，洪泽县农业局在三河镇试验并推广“水稻肥床旱育秧稀植技术”后，实现了水稻优质高产，亩产由1994年的422千克，上升到1995年的513千克。1995年后，三河镇水稻旱育秧率达85%以上，1999年达100%。2000年，该种植模式在全县推广。

1989年，县委、县政府提出对农业产业结构进行调整，决定拓植5万亩胡桑，将万集、黄集、共和、三河、东双沟、朱坝6个乡发展为淮阴市蚕桑基地，三河乡桑园面积达333.33公顷以上。

2001—2005年，根据县委的具体要求和统一部署，三河镇大力调整种植结构，主要粮食作物种植面积大幅度增加。2005年与2001年相比，小麦面积由1200公顷增加到2533.33公顷，亩产量由260千克增加到440千克。水稻面积由1133.33公顷增加到2026.67公顷，单产由400千克增加到555千克。油菜保持在266.67公顷左右。为了增加农民的经济收入，镇党委大力鼓励农民栽桑养蚕，桑园面积由 33.33 公顷迅速增加到 400 公顷。1998 年，借鉴外地经验，三河镇推广室外养蚕和方格簇技术，年产蚕茧 2000 吨左右，每亩桑园增收 400 元。在种好主要农作物的同时，三河镇积极鼓励农民多种经营，利用十边地（十边地是指路边、河边、屋边、塘边、沟边、墙边等大田地块以外的零碎小地块）种植玉米、山芋、大豆、花生等农作物，每年的种植面积均保持在 26.27 公顷左右。2005 年，全镇粮食总产量 2128.6 万千克，单产达 485 千克，农民人均收入达 4197.79 元。2006—2009 年，镇党委在全镇推广优良品种杨粳 9538、南粳 41、郑麦 9023、淮麦 20、徐麦 27、油菜宁杂 1 号等。种植面积达 1533.33 公顷，平均每公顷增收 450 元。2008—2009 年，三河镇争取国家投入国土整治资金 4500 万元，整理土地 1333.33 公顷，其中，老三河土地整治项目省级投入 3400 万元，新增耕地 246.6 公顷，净增效益 600 万元。

为了发展高效农业、增加农民收入，镇党委、政府采取了一系列措施。一是积极推广农作物新品种和农业新技术。二是巩固优势产业。全镇四季鹅饲养量达 80 万只，与其配套种植牧草 33.33 公顷，保种鹅 500 只，特种水产养殖 133.33 公顷。三是扶持大户、典型户。共扶持培植各类大户 230 户，通过他们的示范带动，带领周围乡邻共同致富。四是发展订单农业。采取“公司+农户”的农业，大力发展订单农业，与恒顺集团签订种植 140 公顷萝卜订单，与苏康粮油签订种植油菜 53.33 公顷订单。五是认真搞好良种补贴、农业税减免和农村税费改革政策实施工作，所减税收及时足额兑现给农户。

2009 年，长河村万亩良田项目通过省级批准，初步实施农民专业合作社组织有序推进，有农民经济合作社组织 27 家，长河村四季鹅养殖合作社成为四有（有组织制度，有合作手段，有较大规模，有明显效益）合作社，祥发农机合作社被确认为省级成长型合作社。2012 年，全镇高效农业面积累计达 1420 公顷左右。其中，设施种植面积约 653.33 公顷，高效渔业面积 140 公顷。现代农业园区建设取得长足发展，全镇共有紫山食用菌硅谷产业园、洪泽湖健康产业园、龙禹生态园、八里鲜切花基地、长河蔬菜园等现代农业基地6个。到2014年年底，全镇建成或在建现代农业园8个，高效标准化农田面积2080公顷，农业规模经营比重达97%，高效设施农渔业面积比重在60%以上。探索农村发展新途径，有序推进土地流转工作，全镇流转土地1667公顷，创市级以上农民专业合作社示范社2个。

2015—2018年，三河镇依据区委、区政府的统一部署与要求，结合本镇实际，突出发展高效农业、生态农业的品牌农业，坚持把推进农业产业化作为主抓手。投资1100万元的肉鸡养殖、1300多万元的东晨草坪、4500万元的奥洁尔有限公司、3200万元的粮油加工项目、1450万元的淮安海纳牧业有限公司相继建成投产。完成800万元的桥南居委会综合开发土地治理项目。建成桥南居委会、四坝片高标准良田100公顷，配套桥梁、路涵等设施315座。新增固定资产投资3000万元项目5个，通过市级验收的亿元项目3个，新创土地股份合作社2个，新建家庭农场聚集区1个、家庭农场15个，其中省级示范区家庭农场2个，培植农民专业合作社3个，新培植湖鲜水产养殖国家级示范合作社1个。

2016年，推广稻虾鸭共生种养项目，实现稻虾共养200公顷。稻鸭上市3万余只。“洪发”“景穗大米”获省级有机认证。景穗大米、农绿香农业、洪泽湖鲜等种养业创成知名品牌。全镇实现区生产总值47.96亿元，财政总收入1.15亿元，一般公共财政预算收入6858万元。农民人均纯收入1.64万元。

（三）立足水乡优势 发展水产养殖

由于洪泽湖区生态环境的变化和产业结构调整，广大渔民从单纯的捕捞转向养殖业。1983年，受世界粮食计划署的援助，渔民迁居陆地定居，有了固定的生产和生活场所。三河乡养殖业才逐步壮大并形成了大农业中不可替代的高效农业。

1978年之前，全乡的水产养殖主要是在零星鱼塘家庭养殖，均集中在沿洪泽湖边一带，其他各村只有几十到几百亩的养殖面积。1984年，全乡水产养殖业进入大发展阶段，乡党委政府开始规划沿湖一带的养鱼塘，连续三年，共开发近100公顷的精养鱼池，主要集中在湖边的五里牌村。

1984年3月，根据县委、县政府统一部署，加大水产养殖力度。三河乡成立了水产养殖公司，下设3个渔场。1985年，三河水产养殖公司与昆山市五阳乡范惠良合作经营，当年产鱼6.37吨，产值27万元。1988年，三河养殖公司成立了第一养殖场，下设4个分场。是年3月，4个分场开始推行联产承包经营体制，以组为单位进行集体经营，当年产鱼1153吨，产值142万元。1991年，乡党委为指导全乡水产养殖户实施科学养殖，成立了三河水产站，负责全乡渔业技术指导、鱼病防治、新品种推广。1993年3月，进行体制优化改革，4个渔场全部推行以户承包、自负盈亏的经营体制。1994年，开始推广河蟹、龙虾、鮰鱼等特种水产养殖，养殖面积达21.33公顷，后逐渐增至66.67公顷。全镇特种水产养殖开始走上规模发展之路，养殖产值达347万元。2001年，实行并村联组，撤销养殖公司，成立以渔业为主的五里牌村。该村依据镇党委、政府的要求，坚持以渔业为主，因地制宜地发展特种养殖，逐渐形成河蟹的规模养殖，做到大养蟹、养大蟹，亩产从125千克增加到370千克。全镇养殖产值1415.20万元。2004年，三河镇改造低产田、老庄台，在塘西村新开发33.33公顷鱼塘，由浙江客商承包经营。大力推广河蟹养殖，全镇河蟹养殖面积达106.67公顷，年产量80吨；辟河蟹育苗基地9.33公顷，鱼种和成鱼养殖面积达106.60公顷，年产量1460吨。2009年，南京客商利用三河镇五里牌村水源丰富、水质优良的独特条件，投资5000万元新建了淮安“三水农业示范园”。采取水中养殖、水上长菜、岸上养鹅的水陆生态种养模式，形成集农业观光旅游、休闲垂钓、餐饮、娱乐、商务会议于一体的生态农业科技示范园。

由于国家对“三农”工作的重视，三河镇党委以“渔业增效、渔民增收”为中心，加快推进渔业产业结构的调整步伐，大力发展地方特色的水产养殖，推动渔业科技创新，促进了全镇渔业生产的稳步发展。水产养殖的产量和经济效益一直走在全县前列，2013年，现代农业园区建设取得了长足的发展，建成五里牌大闸蟹、长堤外向型鮰鱼养殖基地。到2014年，渔业总产量已达 3584 吨，内塘养殖业的产量高达 1460 吨，水产养殖面积已达 253. 33 公顷。实施水蛭科技养殖园、“三水生态园”两个景观农业项目。2017 年，五里牌村特种水产养殖专业合作社的中华鳌蟹、克氏原鳌虾获国家渔业“三品”认证。水产养殖业的发展，为当地农民经济的发展带来强劲的动力，为渔民带来了实惠。

（四）植树造林 拓宽增收渠道

1978 年前，三河公社的林业面积很少，只有群众居住的庄台及田边沟渠有少量的杂树，不成规模。1988 年，三河的林业面积为 841 公顷。1990—1995 年，三河镇党委狠抓绿化造林工作，重点抓好成片林的营造。几年间，新造林 33. 73 公顷，并发展了苹果树、桃树等经济林种。1997 年开始，在三河境内的宁连公路沿线、四明河沿岸，宁淮高速沿线建设成片林，在老三河沿线建设千亩意杨带，在三塘路沿线建设绿色通道，以及砍伐迹地更新，在镇区主要干道、圩堤补植，林业面积迅速达到 2324 公顷。2001 年，在长河、长堤两村建成了 66. 67 公顷的复合经营示范林区，林地间套种多花黑木草，达到土地综合利用目标，提高了生态效益。杨树苗品种主要是 72 杨，种植方法实行扦插苗，一年生苗和割苗、二年生苗。2002 年，根据镇党委政府的统一要求，结合各村具体情况，按照所有权和经营权分开的原则，通过竞标拍卖、招标承包、租赁经营、股份合作等形式，公开、公平、公正地向社会转让林地使用权。经营者在取得使用权后，按照镇统一规划自主经营、自负盈亏，农田内的成片林及绿色通道在统一规划的前提下，坚持“林随地走，谁地谁栽，谁栽谁有”的原则，提高了群众植树的积极性，解决了管护难的问题。到 2003 年年底，全镇主要路堤全部实行了承包机制，大大提高了造林成活率。一改过去“春天栽、夏天黄、秋天进灶膛”的恶性循环。2005 年年底，全镇绿化覆盖率达到了 30%以上，农田林网化率达到 98%以上。每年大量树木销售到本县的朱坝、共和、仁和、双沟和盱眙、金湖等县。年消耗木材 860 立方米，林业年产值 230 万元以上。2009 年，完成长桥线（长河村—桥南居委会）绿化工程，栽植绿化苗木 3000 株。2012 年，投资 1000 余万元，实施主街道绿化工程，镇容镇貌焕然一新。2010—2014年，发展成片林96.26公顷，新增农田林网2766.66公顷，植树41.2万株，育苗木20.01公顷、花卉6.67公顷，集镇绿化覆盖率达40%以上，每年林业产值达748万元以上。2015年后，主要做好砍伐迹地更新和绿化景观提升工作，既美化了家乡，又增加了经济效益。

（五）加强水利建设 改善灌排条件

1978年以后，三河公社党委十分重视水利工作，花大力气，发动群众兴修水利，几年的时间，使三河境内的贴堆河、渔粮河、老三河横贯东西，长堡沟、塘新沟、高三河由南到北，形成了一个比较好的排灌体系。1987—1992年冬春，三河乡投入大量的人力、物力疏浚河道，维护堆堤31.5千米，完成土方402.4万方。使大沟、斗渠级配套工程完好率在90%以上，水沟、农渠级以上配套工程完好率在85%以上。1994年，疏浚老三河、高三河。2003年，新建了渔粮河青年路节制闸，宽2.5米、高3米，由淮安市水利局组织招标建设，投资20多万元，于2004年年底完工。2005年3月，新建二支渠节制闸，宽1.2米、高1.5米，投资15万元，于2006年2月竣工投入使用。2006—2010年，为使镇内沟渠排灌通畅，再次大面积疏浚沟渠，共疏浚排水大沟4条、支渠3条、中沟18条、斗渠69条、农渠30条，长234.5千米，完成土方168.44万方。期间争取中央财政新增农资综合补贴、小型农田水利工程款400万元，将全镇所有河道、沟渠全部疏浚清理了一遍。2013年始，根据县委提出的河床、沟塘、涵闸村间道路、绿化“五位一体”管护改制，全镇所有沟、渠、路、村道列入定人的“河长制”管理。2015年，投资75万元实施河道疏浚、村庄河塘整治和生态渠改造项目。2017年，结合桥南居委会、四坝村高标准良田建设，建成配套桥梁、路涵等设施315座。

（六）推进农业机械化进程 提高农业现代化水平

农民自从有了土地承包经营自主权后，以人均耕地为前提的超小规模土地经营农户出现，大型农业机械难以在农田作业生产，全乡农机田间作业面积不大。联产承包伊始，农业机械只局限于灌溉潜水泵、耕作手扶机，机械化程度低下。为了进一步解放生产力，提高农业机械化程度，镇党委积极鼓励广大农民群众个人或联户购买大型机械。1988 年，三河乡设立了农机管理服务站，负责管理、协调全乡农机事宜。其时，三河乡拥有各种耕作机具 140 台、灌排机械 11 台、收获机具 1 台、质保机具 3 台。1990—2004 年，洪泽县开始以国家购置农机补贴为导向，引导农户选购先进、适用、高效、低耗农业机械，有力地推动了全镇农机化快速发展。镇党委政府以此为契机，出台优惠政策，鼓励农民购买大型农业机械。全镇农业机械化程度大幅度提高，全镇拥有耕作机具 4470 台、灌排机械 2990 台、收获机具 126 台、质保机具 151 台。2006—2010 年，大中型拖拉机由 39 台增加到 118 台，自走式联合收割机由 76 台增加到 209 台，进步式插秧机由 24 台增加到 181 台，秸秆还田机由 4 台增加到 58 台，农用运输车由 36 台增加到 86 台，稻麦精少量播种机由 49 台增加到 233 台，水稻机械化育秧设备新增 4 台，大大减轻了农民的作业负担，提高了种田的效率。2011 年后，大力推进机插秧工作，三河镇被淮安市政府授予“率先实现水稻生产机械化乡镇”称号，祥发农机合作社被表彰为先进集体。由于科技进步，农业种植的科技含量不断增加，农业机械化程度提高，推动了农业的稳产高产。2012 年，为扎实推进全镇秸秆双禁（禁烧、禁抛）工作，镇党委政府对跨区作业的农机提出了严格要求，对不符合作业要求的本地机手收回跨区作业证，外地机手负责责令离开作业市场。2015 年后，三河镇加快土地流转工作，以祥发合作社为“龙头”，累计流转土地 2323 公顷。由于土地耕作面积大，连片成方，为农业机械化作业提供了有利条件。2018 年，祥发农机服务专业合作社、洪发农机专业合作社被评为农业农村部国家农业合作社示范社。至此，三河镇稻麦作业质量显著提高。新建区级以上水稻机插秧万亩示范片 7 个，县级以上小麦条播万亩示范片 8 个，国家级稻麦示范区 2266. 67 公顷，完成全市第一家水稻钵苗机插面积 133. 33 公顷。

（七）发展特色产业 壮大农村经济

1978 年前，三河公社的畜牧业都是家庭饲养，数量少，不成规模。农业体制改革联产承包以后，乡党委大力提倡发展畜牧业，增加农民收入，调动了农民饲养家禽、家畜的积极性。同时，市场经济也促进了畜牧业的发展。

1988 年，三河乡畜牧业产值占总产值的比重为 29. 8%。1990 年年底，猪存栏数 11912 头，肥猪出栏 8768 头，山绵羊 2350 只，鸡鸭 104183 羽，禽蛋 300 吨，全乡四季鹅饲养量达 80 万羽，每年保种鹅 5000 只，畜牧业总产值达 402 万元，占农业总产值比重的 40. 3%。1991—1995 年，镇党委逐年调整多种经营结构，畜牧业产值占农业总产值比重由 1991 年的 48%上升到 1995 年的 64%。其中，1995 年畜牧业产值 2134 万元，比 1991 年增长 83%，畜牧存栏量逐年增加。

1990 年 12 月，县委、县政府把多种经营作为优势高效农业来抓，规划上确定为重点突破，工作上纳入各级领导考核目标，要求一乡一品、一村一品，各自拿出自己的拳头产品，并明确指定，三河乡为山羊和肉兔生产基地。

三河镇桥南、长河两村（居）紧靠淮河入江水道大堤，发展养羊业具有得天独厚的条件。1995 年，镇党委、政府鼓励农民养羊，“念羊经，发羊财”，并从外地引进优良品种，当年繁养优质山羊 1587 只，创产值 4. 76 万元，使广大农民初步尝到了养羊的甜头。1996—2005 年，全镇兴起养羊热潮，羊拥有量达 16846 头，创产值 505. 3 万元。2009 年，新增高效禽畜养殖户 128 户，长河村四季鹅养殖合作社成为“四有”合作社。2011—2014 年，由于土地大面积流转，农民进城镇集中居住，已不适宜农户散养家禽家畜，除养殖专业合作社外，只有少量农户从事个体养殖。2017 年，三河镇的“洪泽湖羊”创成知名品牌，民创养羊专业合作社被评为农业农村部国家农民合作社示范社。2018 年，全镇生猪出栏 30580 头，家禽出栏 312 万羽，发展科技示范户 75 户，培育养殖大户 20 户。

二、乡镇工业在改革中发展壮大

（一）从无到有兴办社队企业

1978 年前，三河公社工业经济比较薄弱，只有三河砖瓦厂等几个较小的企业。后由于公社党委号召大力开展“工业学大庆”活动，本着“独立自主，自力更生”的精神，先后办起了面粉厂、毛巾厂、水泥制品厂等传统产业。1983 年 7 月，根据县委、县政府的具体部署，三河人民公社改为三河乡。乡党委为更好地发展工业经济，乡里专门成立了工业和副业办公室（简称工副办），负责全乡工业经济的协调和发展。到 1988 年，三河乡共有集体工业企业 6 个，主要从事砖瓦、饲料加工、面粉、水泥制品等传统工业。固定资产投资 213 万元，从业人员 440 人，实现工业产值 477 万元，销售收入 336 万元，利税 15.4 万元。为响应县委、县政府“无农不稳，无工不富”的号召，三河乡于 1991 年又新建了复合软包装厂、医疗器械厂。当时，三河乡集体企业规模较大的是洪泽县三河砖瓦厂。该厂建于 1976 年，始建时拥有厂房 1000 平方米，18 门轮窑 1 座，400 型制砖机 1 台，手摇制瓦机 1 台，工人 120 人。主要产品为黏土红砖、红瓦，年可生产黏土红砖 500 万块、红瓦 30 万块，年产值 30 万元，利税 2 万元。1986 年，根据产地及周边县市老百姓和集体建筑的需要，乡党委、政府决定再新建 18 门轮窑 1 座，新上 450 型制砖机 1 台，到 1988 年，三河砖瓦厂可生产红砖 180 万块、红瓦 60 万块，年产值 78 万元，利税 6 万元，成为乡纳税大户。厂长孙玉成被评为江苏省劳动模范。

1984 年，中央肯定了社队企业在国民经济中的地位和作用，并转发了农牧渔业部关于开创社队企业新局面的报告，同意将社队企业改称乡镇企业。从此，全国农村掀起了大办乡镇企业的热潮。1989 年，三河乡党委、政府为拓宽经济收入，专门出台了鼓励私人办企业的文件。三河乡私营企业开始初步兴起。先后办起了三河木器加工厂、三河鞋厂、洪泽县毛巾厂等 18 家私营企业，年销售收入超 500 万元的企业有 4 家。

（二）面向市场改革工业体制

1994 年，随着市场经济的发展，有些企业出现产品与市场不对接而亏损的现象，为了使企业更加适应市场的需求，镇党委根据县委的要求，结合本镇的具体情况，对工业体制进行改革，先后采取先售后股租赁、股份合作的形式，对企业经营体制进行改革，在企业内部实行招标承包、厂长选聘制，部分企业承包租赁。三河砖瓦厂、水泥制品厂实行股份制，自来水厂、三河建筑站、三河食品站、医疗器械厂被拍卖。是年3月，三河镇被淮阴市政府授予“个私经济先进单位”称号。1997年12月，根据镇党委的决定，洪泽县三河砖瓦厂实行股份制，更名为“洪泽县三新建材有限公司”。新上多孔砖机生产线，吸纳从业人员230人，年生产标准红砖200万块、多孔砖1500万块，产品畅销盱眙、金湖、淮安、安徽滁州等县市，年销售额1000万元，利税110万元。2003年，该厂被中国砖瓦协会评为“节能先进单位”。1997年7月至1998年3月，根据县产权制度改革领导小组工作会议精神，在企业推行“公退民进”改制，具备条件的洪泽县天鹅冷冻食品厂、洪泽县化纤丝绒厂、洪泽县三河面粉厂率先改制，实行独立经营、自负盈亏。针对本镇工业基础较弱、财政收入增长不快的实际情况，三河镇党委、政府认真研究对策，确定以“工业强镇”为抓手，围绕“将三河建成全县南片经济中心区、工商业聚集区、人流物流汇集区”的发展导向，按照“强力招商培税源，壮大企业固税源，发展民营育税源”的思路，培植镇域中小企业，把工业经济作为发展和壮大镇域经济的重大举措大力推进。

（三）强力招商扩大工业规模

1999年，镇党委响应县委提出的招商引资号召，成立专业的招商组织和协助客商办理入驻手续的“帮办”服务组织，始终把招商引资作为镇党委、政府工作的头条，强力主攻，实行“三个一”和“三个倾斜”。三个一就是一把手冲锋在前，一班人分头出击，一群人跟踪推进。三个倾斜是工作向招商引资倾斜，拿出三分之一人员外出招商；经费向招商引资倾斜，费用优先推向招商；人员向招商引资倾斜，组建招商小分队，在苏南、浙江、山东等地设办事处，驻点招商。是年，引进淮安客商投资兴办的洪泽县晨光医疗器械有限公司。为了给客商提供一个良好的投资环境，经镇党委研究，决定在宁连一级公路西侧梁墩村和宁淮高速三河道口南侧八里汪庄段，设立了两个镇级工业集中区。2003年，引进淮安强生箱包有限公司、洪泽雅悦手套有限公司；2004年，引进淮安三新木业有限公司、洪泽县百瑞特生物科技有限公司等企业入驻三河。2006—2009年，引进金美玉工贸、瑞林纸业、恒源电子、振宁印务、淮安腾源服饰、淮安中江金属制品、中药材饮片加工等企业。2007年，镇党委政府引进的洪泽湖健康产业园。该园由南京医药股份有限公司和南京同仁堂药业有限责任公司共同投资建设，建于2008年，占地总面积流转土地1666.67公顷，其中核心区面积333.33公顷。本着“先基础后项目，先种养后加工，先农业后旅游，利农一体化”的目标分期实施，先后种植了连钱草、板蓝根、栝楼、丹参、菊花、金银花等多种药材，当年投资当年收益，吸纳当地老百姓400余人就业。2008年11月23日，国家发改委首席经济学家常修泽到三河镇调研洪泽湖健康产业园的建设情况，并对该企业给予充分肯定。

2010—2014年，三河镇坚持把工业强镇作为实现跨越发展的首要举措。通过招商引资和项目推进，初步形成新型建材、服装食品、纸业包装、中药材加工四大产业。完成工业产值23.10亿元，规模以上工业实现开票4.13亿元，规模以上固定资产投资额6.80亿元。新增列统企业13家、过渡企业4家，注册资金实际到账690万美元，新增私营企业45家。2014年全年签约一、二、三产业项目8个，其中开工项目4个，分别为维特焊丝二期项目、特种养殖项目、种子生产仓储加工项目、石材加工项目。工业经济对财政的贡献占比逐年增加。

是年11月8日，洪泽县进行乡镇区划调整，将原共和镇辖区全部并入三河镇。

2015—2018年，三河镇按照“壮大骨干，激活现有，引进外来”的发展思路，围绕“转变发展方式，推动经济发展”的工作重心，依托江苏洪泽经济开发区、江苏淮安食品科技产业园和镇工业集中区等平台，扩大招商，致力发展工业经济。镇区50家规模以上企业全年运行态势良好，完成工业产值105亿元，规模以上工业企业实现开票收入9.91亿元，固定资产投资18.9亿元，入库税金2126万元。2017年，招引各类项目12个，其中亿元以上项目6个，即投资6亿元的冷热式发电项目，投资4亿元的嘉鑫风力发电项目，投资3亿元的远景风力发电项目，投资2.3亿元的30万吨矿泉水加工项目，投资1.1亿元的1万吨调理肉加工项目、投资1亿元的2000吨洪泽湖水产品加工项目。竣工亿元项目5个，即投资12亿元的食品产业园服务中心项目，投资3亿元的紫山三期工程，投资1.6亿元的日昌太阳能项目，投资1.5亿元的湖滨产业园二期工程，维特焊丝项目，五里牌渔光互补、农光互补（渔业、农业、光伏发电）项目，泽天广场项目等。到2018年年底，招引各类项目7个，分别为投资3.2亿元的双孢菇深加工、投资2.4亿元的紫山三次发酵、投资1.15亿元的华西农光互补光伏发电站、投资1.1亿元的锦宏商务中心、投资9600万元的高档环保多层板生产线、投资4200万元的顺昌粮食加工、投资4100万元的养生粉项目。新竣工亿元项目3个，分别是双孢菇深加工、华西农光互补光伏发电站一期、食品产业园服务中心项目。完成荷花家纺、利龙保温材料两个企业的质效提升。全镇实体收入4312万元，占目标的141%；现代服务业税收1.16亿元，占目标的105%，规模以上工业入库税金分别达12.71亿元、3267万元，占目标的114%、133%。新增规模服务业4个，比目标翻一番。批零住餐企业批发额6200万元，是全年目标的3倍，共有12项指标，超额完成全年目标任务。

三、多措并举大力发展第三产业

（一）发展商贸服务业

1988年，三河乡有农副产品加工、餐饮、商业等个体工商户142户。1990年，三河乡党委出资300多万元，建起了有2000多个摊位的农贸市场。农贸市场的逢集日为阴历的每月三、六、九日，从本县的蒋坝、赵集、共和、东双沟等乡镇及盱眙县观音寺等地来赶集的商贩和消费者达2000余人，日平均成交额达30万元左右。1993年，三河镇建起了占地0.56公顷、建筑面积1050平方米的供销商场门面房14间，由35户个体商贩承包经营，年创利润196万元。1996年8月15日，县委、县政府制订《关于加快个体私营经济发展的若干规定》，促进了个体私营企业的发展。1996—2000 年，三河镇有粮食经销大户 8 户，日购销粮食 60 余吨；私营企业 35 户，纳税 183 万元，有效地缓解了农民卖粮难的问题，同时也增加了农民的经济收入。2001—2005 年，个体工商户发展到 580 户。2006—2008 年，有各类企业 480 户，个体工商户 236 户，纳税 254.60 万元。2009—2014 年，个体工商户增加 136 家，累计达 372 户。2015—2018 年新增批零餐企 4 个，限额以上产业服务业企业 4 个，私营企业 418 个，个体工商户增至 428 户；批零住餐企业批发额 6200 万元，是全年目标的 3 倍。

（二）发展编织加工业

从 1995 年起，三河镇党委借鉴邻镇蒋坝创业富民的经验，狠抓富民增收，开始发展虾笼编织加工业，组织闲散人员学习编织虾笼。1996—1999 年，虾笼编织加工业初步形成规模，全镇有虾笼加工户 2000 户，从业人员 8000 人左右，人均年经济收入 2 万元以上。2000—2005 年，三河镇虾笼编织、销售一条龙，已形成产业。到 2010 年专门从事虾笼编织的加工户达 1500 户以上，年经济收入 1600 万元。

1988 年，三河乡利用木材资源丰富的优势，大力发展木材加工业，先后有三新木业公司及桥南、长堤、长河、塘西等四村（居）从事木材加工，吸纳劳动力 195 人，年创产值 150 万元，利税 16.5 万元。

2000 年后，粮管所退休人员郑卫林等 8 家私营企业从事粮食加工、销售，年产值达 380 万元，利税 41.8 万元。

（三）发展水陆运输业

1978 年前后，三河公社的船运业主要以尾渡大队的渔民为主，用 5~20 吨的木船运输。到 1988 年，党委政府出台文件，鼓励渔民购买大型船具进行水上运输，期间，三河乡拥有运输船只 48 条，总吨位 120 吨，从业人员 154 人。运输的货物主要有沙、石、水泥、砖瓦、粮食等。1990 年前后，水上运输得到进一步发展，当时有钢板船 56 条，载重量在 100~200 吨之间，年经济收入 56 万元。为了加强水陆运输的管理，1992 年、2001 年，三河乡先后成立了拖拉机站和航运三公司；2003—2006 年，为增加航运公司的经济收入，镇党委、政府加大对该企业的投入，扶持大户生产，先后投入 300 多万元，新上 60～600 吨大运输船 20 条，极大地改善了该企业的运输条件，增加了经济收入。航运三公司自 2010 年发展到 2018 年，拥有 300～600 吨的钢板船 120 条，600 吨以上的运输船 30 条，主要在洪泽、盱眙、金湖、江阴、南京、苏锡常、上海等地营运砂石、元明粉、焦炭、矿粉、钢材、粮食等。年经济收入 2250 万元。

1978 年，三河公社的陆上运输才刚刚起步，当年八里大队陈庄生产队购买了 1 台“东风 12”手扶拖拉机运输货物。到 1988 年，三河乡运输主要以手扶拖拉机为主；1992 年，三河乡成立了拖拉机站，添置了 1 辆“丰收 35”拖拉机和 2 辆解放牌卡车搞运输，年经济收入 18.6 万元。1993—1995 年，三河镇拥有中小货车 6 辆，专门从事洪泽、淮安、南京、金湖、盱眙等地货运，年经济收入 46 万元左右。2006 年以后，三河镇有货车 10 辆。其中，4 辆在南京金城集团从事运输，经济收入 100 万元左右。2010—2014 年，三河镇有各种型号的货车 18 辆，除专门从事附近县市的货运外，还有 7 辆长期为盱眙快捷运输公司、南京金城集团、河北省矿业集团专用，年经营收入 200 万元左右。

三河的客运业兴起于 1984 年。1988 年，三河乡有 2 辆面包车经营三河—洪泽县城的客运，每日 4 班。1995—2006 年，有共和、三河两位个体经营者承包洪泽—三河路线的面包车 8 辆，白天每半小时一个班次。2007—2010 年，有私营中巴车 8 辆，每日 16 个班次。另有 1 辆依维柯、2 辆“金旅 118”快客从事三河—淮安的客运，每日 2 个班次，年经营收入 58.4 万元。2010 年后，三河—洪泽的客运业由私人承包经营。到 2018 年年底，三河镇村村通公交。

（四）发展农民劳务输出

1982 年后，由于实行土地承包责任制，除大忙季节外，许多青壮年劳力无所事事。为了增加农民收入，改善广大青年农民苦守田园的局面，1995

年，三河镇党委根据劳务市场的需求，开始组织劳务输出，当年就输出青壮年劳动力1024人。1996—2000年，通过开展劳动力普查，建立劳动力输出档案，以镇青年农民政治科技学校、成人学校为基地，根据劳务市场的需求，对农村剩余劳力技能和素质进行培训。几年间，共输出劳动力14270人，人均纯收入1.5万元。2001—2004年，三河镇劳保所及时掌握用工信息，组织劳务输出12496人，人均增加纯收入2~2.5万元。2009年以后，全镇共培训劳务人员3200人次，劳务输出2294人，人均增加年收入2.5~3万元。到2018年年底，常年在外务工的青壮年农民约2万人左右，人均增加年纯收入3.5~5万元。

四、推进镇村建设　改善人居环境

（一）推进小城镇建设

三河小城镇建设始于1985年，当年，由全乡农民出资出力，沿原长堤村南北大堆建起三河第一条砂石路面道路，乡村部分居民在道路两旁建起两层小楼居住，三河集镇初显雏形。当时的集镇占地面积2.5平方千米，有南北向街道一条，长1500米，居住人口5600人。1986—1987年，乡党委、政府为了鼓励全乡农民来集镇建房，出台了低价宅基地及免费通水、通电的优惠政策，吸引了更多的农民迁往集镇。这样一来，街道居住户越来越多，人气旺了，生意火了，带动了三河小城镇建设和发展。为了做好长远规划，三河乡党委邀请淮阴城市规划设计院的专家，设计了本乡的房屋建筑与道路的建设方案，确保了小城镇建设逐步规范化、科学化。依据设计规划，三河乡分步实施。

1990年，乡政府投资兴建了1500米的集镇主街道建业路，沿街居住户达400多户。1992年下半年，建起了长1000米的同兴路和2000多个摊位的农贸市场，市场内铺设彩色道板砖及伞棚设施。同年，建成了邮电大楼和宿舍楼。1993年，与江苏油田共同投资建起了长3000米的三油路（三河—江苏油田），建成980平方米的镇政府办公楼，为丰富群众的文化生活，同年建起了建筑面积1500平方米的文化中心大楼、建筑面积1050平方米的供销商场。1995年，建起了长150米的小康路和占地3.35公顷的集镇居民住宅小区。1996年，新建1000平方米供电所营业楼、1200平方米的三河医院门诊楼，几年来，共投资660余万元。

1997年后，建成洪泽县工商局三河镇分局办公楼、洪泽县国税局三河镇分局办公楼。1999年，投资60余万元于同兴路西侧，分期建成15000多平方米的市民健身广场。2000年9月，三河镇被淮安市政府授予“新型示范小城镇”称号。2001—2003年，镇党委、政府加大对街道、农贸市场、广场等地的卫生设施、电力、下水道、绿化等方面的建设力度，建成了压缩式垃圾中转站、村庄污水处理厂。2003年5月，投资25万元在三油路北侧、长堡路东侧建设了占地0.43公顷的三油友谊广场，该广场硬质地坪2000多平方米，内部设施有象征三河镇与油田友谊的雕像、变色灯、风车灯，地面全部铺设彩色地砖大理石，人造小山占地2000多平方米，山上种植了香樟树、桂花树、雪松、银杏、棕榈、广玉兰等名贵花木。2004—2008年，建成卫生院住院大楼、三河小学学生公寓、幼儿园教学楼、国土所大楼、长堤居委会综合办公楼，建筑总面积4458平方米，累计投资653万元。2009年以后，在省、市、县组织部门的资助下，建成桥南居委会和塘西村、联堡村综合办公大楼，建筑面积1667平方米，累计投资234万元。2013年，镇政府先后投入700余万元，实施主街道立面改造一期、二期工程；投资50万元，实施主街道路灯更新工程，更换仿古路灯128盏，启动长河、长堤两个农民集中安置点及金陵御府、景河花苑、华城美地等农民安置工程。2014年，完成主街道仿古立面改造工程，累计改造长度为1.5千米；实施市民广场和供销广场改造工程，更新大规格绿化苗木300余株，铺设彩砖地坪2500平方米，农民安置小区入住2000余户。是年，创建国家级生态镇、省级文明镇创建工程，全部通过验收。到2014年，三河镇已形成规模，集镇占地2.5平方千米，商住户1500户，长堤小区、长河小区、八里小区等居民小区3个。四纵三横的街道长6950米，广场2处，占地1.93公顷，累计投资2800多万元。2014年年底，根据县委、县政府的统一部署，三河镇、共和镇两镇合并，仍沿用三河镇名，办公地点设在共和境内。2015—2017 年，三河镇围绕产镇融合的总体思路，结合以油田基地为核心的滨湖度假区建设，启动并完成三河镇总体规划。以“石油小镇”为平台，结合五里牌村的联合国援建项目，打造乡村旅游综合体。重点聚焦淮安市食品科技产业园，做好基础设施配套。投资 4000 万元，实施东西片区街道提升工程，启动电力杆线入地、绿化、亮化铺设，雨污分流管网铺设 18 千米。投资 60 万元，建成镇莲花广场，改造廉政广场。八里居委会拆迁安置小区一期住宅楼主体建成，架设路灯 77 盏，加速区域供水建设，新增受益人口 5000 人。实施农村环境治理工作，开展农村道路卫生清洁工作，确保“五位一体”管理机制有效运行。村容镇貌进一步改善。2018 年，投入 120 万元升级改造共和农民市场，营造良好的经营秩序和市场环境。加快镇区环卫管理，实施公厕工程，累计投入 82 万元新建二类公厕 3 座。投资 17 万元实施镇区广告牌整理及更新工程，整修农机停车场 6570 平方米，划定机动车位 620 多个、非机动车停车线 4000 多米。当年，成功创建了国家级卫生镇。

（二）推进“草改瓦”和中心村建设

1978 年以后，富起来的农民纷纷自建瓦房。到 1988 年，三河乡农民瓦房率达总户数的 63. 8%。1990—1996 年，八里、长堤、桥南三村（居）的大部分居民率先在村中心路两侧建成 2 层楼房，农户建的楼房内设卫生间。建筑楼房户达 150 余户，建筑面积达 17152 平方米。1997 年，三河镇党委顺利进行了市级草改瓦试点工作，全镇基本实现了居住条件瓦房化，大大地配合了小城镇建设。2005 年、2009 年，三河镇分别建成梁墩、联堡两个中心村。2011 年，推进康居村示范工程建设，加大对联堡村农民集中居住点配套建设，投入资金 45 万元，配套建设水泥路、上下水道，栽植绿化树木。2013 年，联堡村创成国家级生态村，桥南居委会创成省级卫生村。2015 年后，三河镇不断加强新型城镇化建设，让人民群众共享城乡发展成果。桥南小区建设用地 30 亩 120 套住房全部竣工，改善了农民群众住房条件。率先谋划启动

420省道和宁淮高速周边“新社区、新田园”建设，完成新集、桥南、八里等7个农民集中居住点规划编制。双坝美丽乡村项目通过市级验收。2015年，三河镇联堡村被省住房和城乡建设厅授予“江苏省三星级康居示范村”称号，成为该镇首批顺利通过省住建厅验收并获此殊荣的村。

（三）加快乡村道路建设

1978年以前，三河公社只有一条通往共和的砂石路。1988年，三河乡为方便群众出行，加强与外地及友邻乡镇的联系，修建了三河到塘潮闸的沥青路，称之三塘路；后和洪三路连接，称五塘路。当时，离乡集镇较远的联堡、塘西、梁墩等大队的群众，阴雨天根本无法到三河集镇来，三河乡党委下决心改变这种状况，采取集资+劳力的方法，于1990年建成长堡路、塘新路两条南北向的砂石路。1996年，修了一条从五里牌到三河集镇的砂石路。1999—2004年，塘新路、致富路浇筑成砼路，2005年建成梁墩路、长堡路、新联路、梁四路，年底镇村主要公路均建成四级砼路。2007—2009年，为连接宁连一级公路和宁淮高速公路，洪三路进行改造拓宽，直通宁连一级公路，改称洪泽湖路。该路从三河镇穿境而过。2015年，完成长堡路、塘新路等道路的拓宽工程，新铺设水泥路16.8千米。截至2018年年底，累计投入资金4000多万元，强力推进农村公路建设进程，镇村道路总长达到98千米，形成了以干线公路为中心、农村道路为基础的纵横交错、四通八达的公路交通网络。

五、在改革中发展社会事业 提高人民幸福指数

（一）教育事业在改革中发展

1. 在改革中发展的幼儿教育

1980年，三河公社根据县教育局：“凡2万人口以上的乡镇，均必须创建一所中心幼儿园”的要求，创建成公社中心幼儿园。当时的校舍为砖瓦结构，建筑面积100平方米，占地面积500平方米，幼儿教师4人，入园幼儿80人；于1985年随中心小学搬迁到三河街道时建筑面积448平方米，占地

4292平方米，有教师10人，在园幼儿130人。为保证幼儿就近入园，当时每个大队都设立了幼儿班，办在大队小学校园里，全乡共有13个班，入园幼儿250人，村幼儿教师26名。1988年，三河中心幼儿园初具规模，校舍建筑面积448平方米，占地1460平方米，有幼儿教师10人，设3个班级，时年，全乡幼儿入园率70%。1990—1996年，全镇每年保持26个班，入园幼儿800多人，幼儿教师40人。随后，由于农民不断进城务工、就业，农村人口减少，加之学校布局调整，幼儿班级逐年减少到12个，教师40人，其中大专10人，中专15人，入园幼儿450人左右，入园率85%。2005年，结合小城镇建设的需要，经镇党委研究，将三河镇中心幼儿园移建于集镇市民广场南侧同兴路以西，占地4292平方米，建有1261平方米的教学楼、综合楼、学生食堂，累计投资250万元。幼儿中午全部在园食宿。2007年，创建成淮安市优质幼儿园；2009年，创建成江苏省优质幼儿园。2010年，随着学校布局调整，村幼儿园全部撤并到镇中心幼儿园。2012年，江苏省纪委在“三解三促”（了解民情、破解发展难题、化解社会矛盾，促进干群关系融洽、促进基础发展、促进机关作风转变）活动中，投入200万元，为三河镇联堡村新建幼儿园一所。经过几年的发展，三河幼儿园现有大中小班级16个，在园幼儿180名，幼师25名。均实现“两教一保”（教育、教学、保育员）。幼儿教师中，幼师学历18名，大专7名，学历达标100%。三河幼儿园内部设施齐全，环境整洁优美。内部设施配备凸显现代化气息，班班配备了空调、电视、影碟机、电子琴、录音机、桌椅、书橱、电子日报、多媒体播放机、电脑等现代化教学设施和教辅设备。

2. 在改革中发展的小学教育

三河小学始建于1956年秋，地点在八里大队境内，当时叫南圩小学，有土草结构校舍5间，建筑面积100平方米，学校占地2000平方米，有教师6人，均为客籍教师，学生120余名。

1978年以后，三河小学由中心小学和各大队小学组成，教师组成较为复杂，多为全民、大集体合同制，由合格民师、临代教师组成。到1988年，随着改革开放的不断深入，以及教育形势的发展，一大批民办教师、合同教师、代课教师已经不适应高质量的教育要求，国家采取函授教育在职进修等形式，一大批民办教师在获得教育教学的相应专业学历和资格后，分批转为正式的在编教师。至1996年，三河镇小学原民办教师全部顺利转正，临时代课教师部分被考核录用，其余的均被有偿清退。到2000年以后，全镇教师学历合格率达100%。全乡有教职工113人，在校学生2354人，班级58个。

1986年，根据县委决定，乡镇中小学划归乡镇管理。1992年，新建教室512平方米，寄宿生宿舍200平方米，学生食堂200平方米，在校学生400名。其中渔民子弟寄宿生58名。1995年后，三河镇党委、政府根据省教育厅关于改善农村中小学办学条件的有关指示精神，积极贯彻落实校校无危房、班班有教室、学生人人有课桌凳的指示，做到人民教育人民办、办好教育为人民，鼓励农民集资办学。在具体实施过程中，得到县教育局的支持和帮助及各村（居）人力、物力的大力支持，仅用两年时间就顺利完成了小学“一无两有”工程。1999年，新建办公综合楼650平方米。2003年，省教育厅为进一步改善农村办学条件，促进义务教育均衡发展，启动农村中小学“三新一亮”工程（课桌新、板凳新、讲台新、电灯亮）。是年年底，三河镇农村中小学建设均达到了标准。2004年，三河镇农村中小学“六有工程”（有整洁的校园、有满足需要的卫生食堂、有冷热饮用水、有水冲厕所、有安全的宿舍、寄宿生每人有一张床），在全镇干群的共同努力下，通过上级主管部门的验收。

2002—2005年，随着教育形势的发展和镇人口的变化，镇党委本着节约人力财力、办好优质教育的原则，研究决定将镇区内的村级小学先后合并组合，将9所村小学撤并，学生全部集中到镇中心小学就读。为此，镇党委、政府拨出专款新建学生食堂265平方米、学生公寓700平方米、教学楼1500平方米。其间，中心小学的软硬件条件均得到彻底改善。拥有图书1.6万册，教学器材1.5万件，音体美器材4150件，配套用房齐全，学校基本达到教育现代化的要求。2010—2014年，三河小学狠抓学校常规管理，大力提高师资水平，努力提高教学质量。学校管理、教育教学质量、家长学校工作均处于全县前列，多次受到省市县的表彰，先后有盐城市教育局、南京市江宁区教育局、丹阳市教育局考察观摩，家长学校被评为国家级先进单位。

乡镇区划调整后，原共和中心小学更名为“淮安市共和小学”，原三河镇中心小学被更名为“淮安市三河小学”。至此，全镇义务教育阶段拥有两所学校。

3. 在改革中发展的中学教育

三河中学前身是1968年县农业局支持下创办的三河公社农业中学，校址在三河公社五坝大队境内。1970年，该校更名为三河中学，共有学生180人。1984年，搬入新校址。1992年，为集中精力办好合格初中，为三河培养合格人才，镇党委研究决定，将境内联中合理合并、撤并，学生全部集中到乡中学就读。随着教育形势的迅速发展，学校规模不断扩大，原有校舍、场地及教学配套设施已不能适应日新月异的教育教学形势的需要。1989年，乡党委拨款40万元，建成14个教室的教学楼及基本配套设施，教学条件得到根本的改善。2000年，三河中学依据县教育局的要求，加强学校教育教学工作的改革，制订了学校章程，提出了三年办学新目标，即“稳定、突破、提高”，狠抓校风、学风、师风、师德和学校内部管理，建立相应的规章制度，出台了新的校训：勤、严、诚、真。学校十分注重教育教学质量的提高，先后制订并实施了教学成果、教科研、教师进修等奖励制度，教学质量稳步提高。被县教育局评为“十佳模范学校”。为更好地改善办学条件、提高教学质量，三河乡党委充分发动全乡广大人民集资办学，并在财政极度困难的情况下拨出专款，2001—2002年，完成危房改造；2003年，完成“三新一亮”工程；2004—2006年，实施学校建设“六有”工程，实现了学校“三区”分离（教学区、生活区、活动区），相对独立，学校办学条件得到充分改善。2007年，被县委、县政府评为“优秀家长学校”。2010年7月，三河中学撤并到洪泽县新区中学。区划调整后，共和中学被保留，2015年9月，淮安市共和小学并入共和中学，更名为“淮安市共和九年制学校”。

4. 在改革中崛起的成人教育

从1978年开始，三河公社党委、政府为加强成人教育工作，先后出台相关政策，配备了成人教育辅导员，负责全乡的成人教育工作。当时，成人教育的工作重点是开办成人扫盲班，参与国家扫盲任务。20世纪80年代，扫盲工作遵循“一堵二扫三提高”的扫盲工作方针。一堵就是堵住新的文盲产生，动员适龄儿童及时入学参加学习，对部分家庭确有困难的学生提供便利，可以带弟妹上学，可以迟到校、早离校。对入学十分困难的，要求各村、组组织简易班集中识字。二扫是继续扫除剩余文盲中的青壮年文盲。三提高是办好提高班，巩固扫盲成果，防止复盲现象的产生。1990年，利用暑期80天时间，组织全乡1240名脱盲妇女参加文化技术知识学习，到1991年年底，全乡非文盲率达96.7%。

2003年开始，根据改革发展的形势以及社会的需要，三河镇成人学校根据镇党委、政镇府的要求，着重实施青年农民继续教育和江苏省“5112”教育富民工程（即在全省通过职业教育与成人文化技术培训，转移农村劳动力500万，培养100万农村致富骨干，重点推广1000个农村致富示范项目，培训200万下岗失业转岗人员，全面提高城乡劳动者科学文化技术素质，创建淮安市教育致富优秀项目。）经培训，青年农民掌握了意杨栽植等技术，当年，全镇意杨栽植340公顷，育意杨苗10公顷。

2007年，三河镇成人学校为提高教育培训质量、改善办学条件，紧密配合镇中心工作，扎实办好创建县示范乡镇成人教育中心校，并建成淮安市教育致富优秀项目——斑点叉鮰鱼成鱼养殖，养殖面积达23.33公顷。在四坝、塘西、联堡三个行政村落实种植示范点，使流转土地后的农民平均每年增收2000余元。2010年，创建江苏省洪泽湖健康产业园药材示范基地。是年，成人中心校更名为“三河镇社区教育中心”。几年来，党委政府先后投入50余万元，将原三河中学的教学楼进行装修改造，对教育设备和教学办公条件进行了改造。2011—2013年，建成三河社区教育网站1个，与全县教育界一起创建高标准教育现代化，与县人社局和农委等单位一起开展农民创业培训班，受人群达 510 人。2014 年，创建成“江苏省标准化社区教育中心”，获 10 万元奖金。几年来，社区教育中心做到竭诚为社区居民服务，为社区闲散劳动力提供多种学习机会，为居民带来了方便，为中老年人带来了欢乐，为居民带来了知识，社区人员综合素质得到极大的提升。2018 年 6 月，被中国成人教育协会授予“全国第六批农村优秀学习型乡镇”称号，成为洪泽区唯一获此殊荣的镇。同年 9 月 12 日，时任江苏省教育厅副厅长曹玉梅、市教育局局长张云贵来三河调研社区教育工作，给予高度评价。

5. 在改革中兴办校外教育

改革开放后，随着外出务工的农民不断增加，农村留守儿童越来越多，这部分留守儿童学习上无人辅导，安全无人负责，给社会上带来了许多负面影响。镇党委、政府针对这种情况，要求镇关工委采取切实措施，做好留守儿童的关爱工作，并拨出专款给予资助。镇关工委急群众所急、想家长所想，根据镇党委、政府以及上级关工委的部署及具体要求，于 2008 年创办校外教育辅导站，设中心站 1 个、村（居）站 8 个，每个站配备了由“五老”（老干部、老党员、老教师、老军人、老科技工作者）、大学生村官、返乡大学生志愿者为主体的辅导员，利用节假日、寒暑假的时间，为留守儿童免费辅导文化知识，开展主题教育、法治教育、安全教育等。校外辅导站改变学校的课堂教育形式，辅导形式多样，内容丰富多彩，孩子想学什么、喜欢学什么，辅导站就辅导什么，努力把校外辅导站办成孩子高兴、家长放心、社会认可的课外活动阵地。2013 年，镇中心站被淮安市文明委、教育局表彰为“淮安市优秀校外辅导站”。

（二）在改革中发展文化广电事业

1. 不断发展文化事业

1978 年，三河公社文化站有在编人员 1 人，广电站有在编人员 3 人，主要任务是组织部分文化艺术活动，负责各大队广播线杆的养护、维修。1985 年，由中小学及社直各单位捐助，三河乡办起图书馆，馆藏图书 5 万余册，图书馆定期向群众开放。1993 年，为充分发挥文化宣传的重大作用，丰富广大群众的业余文化生活，镇党委、政府投资60万元，建成可容纳观众700余人的附属影剧院，并成立了镇电影放映队，定期在影剧院内放映电影或下乡巡回放映，极大地丰富了群众的业余文化生活。

20世纪70年代，三河公社就成立了群众演出团体，30多名农村演员，农闲排练花船、小驴灯、腰鼓、花担、歌舞等节目，节庆期间为群众演出。1990—1995年，为丰富本镇居民的文化生活，镇文广站先后邀请盱眙县黄梅戏剧团、淮安市楚州淮剧团、河北省蓟县歌舞团等文艺团体来三河镇演出。1996—2007年，根据镇党委的要求，开展送戏下乡活动，每年送戏4场次，在全镇各村巡回演出。2008—2009年，投入5万元在市民广场配备了32寸电视机、放、音响、VCD、无线话筒，用于早晚群众跳舞、唱歌等自娱自乐活动。2001年后，镇事业单位改制，文化站和广播站合并为镇文化广播电视服务站。机构改革后，在编人员6人，聘用人员4人，职能是对全镇的文化广播电视进行行政管理，组织群众文化体育活动，有线电视的安装和广播电视公共服务等。

2006年，为满足广大群众需求，镇党委、政府投入10万元，对文化中心大楼及影剧院进行了全面整修。2009年，投入30万元，将原500平方米的农技站大楼改建成综合文化站楼，内设多功能厅、综合展示厅、教育培训厅、图书阅览室、老少活动室、体育健身房、文化信息共享基层点、办公用房。2010年，投入20万元，购置桌椅、音响、体育健身器材、音乐器材，充实综合文化站内部配套设施。是年1月，张成阳同志被省文化厅授予“优秀乡镇文化站长”称号。

在镇党委、政府的大力倡导下，三河镇开展农民读书活动由来已久，镇文化站利用拥有的馆藏图书，定期向全镇群众免费开放，镇政府每年开展一次读书有奖征文活动。2003—2004年，三河镇党委政府出资3万元，在长堤、桥南、八里三居委会建起“农家书屋”，每个农家书屋有藏书3000余册。2008年年底，又在四坝、长河、梁墩、塘西、联堡、五里牌等6个村分别建起了30平方米左右的“农家书屋”，每个“农家书屋”配备了2万元左右的图书和书橱，并配齐兼职图书管理员。是年，桥南居委会、四坝村“农家书屋”被省市新闻出版局评为“优秀农家书屋”。2009年，在洪泽县“洪泽湖首届农家书屋暨法治文化宣传周”活动中，四坝村参展作品获全县书法一等奖；长堤居委会“我最爱的一本书”获征文一等奖；三河镇被评为“读书用书”先进单位；四坝村“农家书屋”被评为“先进农家书屋”；桥南居委会图书管理员李国祥被评为“农家书屋优秀管理员”；三河镇文化站获“优秀组织奖”。2009年4月23日，淮安市第三届农民读书节在三河镇开幕，淮安市副市长陆长苏、宣传部部长刘希平、准备市广电新局局长郑泽云、洪泽县委书记王兴尧、洪泽县委宣传部部长龚晓琴、县文化局局长夏保国出席，三河镇党委书记谢建东做了发言，仪式上还举办了文艺演出和送书下乡活动。三河镇村干部及群众1000多人参加了该次活动。2015年，镇党委、政府加大农村文化、体育设施的投入力度，开展“送戏下乡”活动，配合各类演出团体，分批次、分片区举行文化惠民演出25场次以上。每年为各村（居）农家书屋新增各类图书5000册以上。

2017年，三河镇投入100多万元，经过4个月的时间，利用原废校区共和小学校园内建成了占地3000平方米的莲花文化广场，广场分为运动活动区、文化舞台区和绿化游憩区，极大地改善和满足居民的文化休闲活动需要，填补了共和集镇以往无娱乐场地的空白。为弘扬大湖文化，响应县“泸州老窖金镶玉杯·大世界基尼斯洪泽掼蛋大赛”活动部署，同年6月11日，三河镇分别在镇村举办了庆端午、迎“七一”掼蛋比赛，来自全镇各村（居）干部、机关工作人员200多人参加了比赛，极大丰富了全镇广大干群文体生活，推进了全镇文体事业的更好发展。

2018年，三河镇大力推进“文化兴镇”战略，从保护和传承传统文化入手，积极打造“中华诗词之乡”，积极组织开展诗词进机关、进校园、进社区、进企业、进农村、进家庭的“六进”活动，营造全镇的诗词文化氛围，服务地方经济发展。镇诗会成员累计创作诗词、歌赋、楹联1万余首（副），编辑出版了诗刊《三河诗苑》10期，出书11部，有效传承发展了中华诗词事业，推进了社会主义文化发展、繁荣，有力地打造了地方特色文化品牌。年底通过中华诗词学会验收，被授予“中华诗词之乡”称号。

2018 年 9 月 21 日，由江苏紫山食用菌集团赞助，三河镇以“香聚三河·菇韵华夏”为主题，通过以“菇”为媒、以“节”为介，在三河小学体育场成功举办了首届蘑菇养生美食文化节，为市民打造一场丰盛的蘑菇文化盛宴，放大“蘑菇小镇”的品牌亮度，让蘑菇文化、大湖文化走向全国。为助推乡村生态旅游发展，进一步提升对外形象、扩大影响，同年还专门拿出经费成功举办了“景在三河”首届摄影大赛，收到参赛作品 700 余幅，经专家多个环节的评审，最终评选出各类奖项的一二三等奖、优秀奖及参与奖 56 幅作品。摄影作品中涵盖了三河建设成就、民俗风情和人与自然和谐之美等各个层面，具有浓郁的地域特色，多视角地展现了美丽三河。区委书记朱亚文为活动的成功举办发表了热情洋溢的重要讲话。

2. 广电事业在发展中前进

1988 年前，三河乡有线广播设备主要是 38 只高音喇叭和一台扩音机，由文化站用于开办有线广播。农户每家有 1 只小喇叭，每天早中晚三次转播中央及地方电台的新闻节目。1998—2003 年，为配合中心工作，根据党委的要求，广播站开设“自办节目”，每天一档，宣传全镇两个文明建设成果和新人新事、新风尚，发布农业气象和科普知识，指导农民进行农业生产。6 年期间共举办各类自办节目 300 档，县广电局架设光缆到三河，实现了县镇光缆联网，传输 38 套有线电视节目。2004 年，为改善三河居民有线电视的收视效果，镇政府投资 10 万元，使用架设光缆 10 千米，开始向村辐射有线电视网络。离镇较远的四坝村、林桑场、塘西村全面开通了有线电视。全镇累计开通 20 个光节点，架设光缆杆线 40 千米、电缆杆线 30 千米，安装放大器 133 台。至此，全镇 9 个村（居）全部开通有线电视，在全县率先实现“村村通”。2005 年后，有线电视用户迅速发展。2010 年，实施有线电视扩面工程，新增有线电视用户 150 户，改造有线电视线路 30 千米，至此，全镇有线电视用户达 2600 户，居全县乡镇榜首。2015 年后，实施数字电视升级改造工作，提高收视质量。

（三）发展医疗卫生事业

三河镇卫生院始建于1968年，时称三河公社卫生院。1980年，成立防保所。1986年，增设了心电图、B超等科室和新项目。1988年，三河乡卫生院设内科、外科、儿科、中医、护理、中西药房、化验科、妇产科、放射科室，于1993年撤乡建镇后改为三河镇卫生院。2005年10月，镇党委根据群众需求，决定为三河医院增设中医妇科和康复科。是年，由于医院注重管理，不断提高医疗服务水平，三河镇卫生院升格为一级甲等医院。2008—2010年，镇党委、政府为方便群众就医，不断加大对医院的投入，为该院购置了创新B型超声波诊断仪，500AM的X光机多功能自动调节技术，心电监护仪、胎心监护仪、血球计数仪、半自动生化分析仪、麻醉呼吸机等大型诊疗设备，大大提高了该院的诊疗水平。是时，全院有职工32人，其中卫技人员28人，包括中高级职称7人，主治医师4人，医师6人，医士4人；主管护师2人，护师4人；主管药师1人，药师4人；主管技师1人，其他卫技人员2人。年门诊量3万多人次，住院500多人次，病床使用率65%。

2001年6月，并村联组前，全镇各村（居）及企业均设卫生室，从业人数42人。并村联组后，镇党委、政府根据县卫生局的具体要求，执行“聘用制”用人制度，村保健医生经考核后实编录用，同时未被录用的村医进行再培训学习。是年，设五里牌、联堡、四坝、塘西、梁墩、长河、八里、长堤、桥南卫生室，从业人员34人。2003—2005年，创建村卫生服务站，对原卫生室进行重新组合，设五里牌、联堡、四坝、塘西、梁墩村、长河、长堤、桥南社区服务站和八里卫生室，从业人员22人。2007年，镇党委、政府根据县政府《洪泽县社区服务和机构设置规划》精神，对8个社区服务站和1个卫生室区域和人员重新划分，开始创建标准化“镇院村室”，尤其是社区卫生室可以有效地整合医疗资源，杜绝重复投资。优化重组为五里牌、四坝、梁墩、长河、桥南5个社区卫生服务站，从业人员22人。2009年，增加长堤社区服务站。2010—2014年，全镇实现标准化卫生室全覆盖。

1999年9月1日，三河镇党委、政府为解决群众因病返贫、大病无钱就医等困难，在全镇16个行政村中的五坝、塘西、梁墩、长河、长堤等5个村进行医疗保险试点，实施风险福利型合作医疗，每人每年筹收25元，以镇卫生院为主体，由镇卫生院组织人员入户筹收。当年，共有1222人参加，占全镇人口的6%左右。门诊报销药品费，限在本镇卫生院和村卫生室，报销比例为15%；住院报销药品费、手术费、住院费，比例25%；在镇以上医院就诊的，必须办理转诊手续方可报销。2003年9月1日，根据县委、县政府、卫生局的指示精神，在全镇范围内实施新型农村合作医疗，由政府部门牵头组织实施。当年参加新农合9000余人。2010年后，自愿参加合作医疗的农户逐年增多，达19623人，占全镇总人口的98%。门诊及住院报销达19035人次，报销费用达130余万元。2014年后，镇党委加大农村卫生医疗基础建设，完善农村新型合作医疗制度，全镇农村合作医疗实现全覆盖。

（四）发展电力电讯事业

1978年以前，三河公社农村电力设施十分落后，一家一户的电线杆均为杂树木杆，落后且不安全。1978年后，为加强农村电力管理，公社成立了农电管理站，各大队配备农电工，负责全公社的电力养护和杆线维修。到1988年，三河乡拥有10千伏线路两条，线路长19.6千米，低压线路178.3千米，分布在全乡13个行政村，用户2500户左右，年供电量700万千瓦时。1992—1994年，三河农电站大力做好杆线保养、维修工作，确保安全无事故，被洪泽县委授予文明单位称号。1995—1998年，连续三年被淮安市授予文明单位称号。1999年，电力部门实行机构改革，三河供电所更名为洪泽县供电公司内部机构——三河供电公司，实行110千伏赵集变供电。其时，全镇拥有10千伏线路两条59.83千米，低压线路137.73千米，全镇有配电变压器74台，总容量6615千伏安，年供电量510万千瓦时，村、组、户通电率100%。是年下半年，第一批农网改造，历时三年，新建塘埂、八里、长河、四坝、五坝、新堡、联堡、塘西、砖瓦村、蒋庄村、长堤及养殖公司部分低压线路，共计新建10千伏线路21.5千米、低压线路35.7千米，新上变压器 21 台，供电由原来的 265 万千瓦时增加到 380 万千瓦时。2002 年，经党委、政府研究决定，进行第二批农网改造，历时两年，主要是对 13 个村电压低的地方进行变压器布点。通过两年的建设，共计新上 10 千伏线路 11.2 千米、低压线路 6.3 千米，新上变压器 16 台。2003—2004 年，35 千伏改建升压到 110 千伏赵集变，10 千伏两条线路网络进行了调修，重点对村组用户电表进行更换。2008 年，根据省市供电公司关于供电新整合的原则要求，蒋坝供电所、三河供电公司合并为三河供电所。2010 年后，三河供电所营业区域面积为 117.38 平方千米，营业户数 10103 户。到 2018 年共和供电所被并入三河供电所，更名为"国网洪泽三河供电所"，服务面积达到 200 平方千米，营业户数 17500 户。

1978 年之前，三河公社邮电所的主要业务为投递、邮件、汇款、报刊发行、电报。进入改革开放新时期后，这种落后的邮政业务已远远不能适应社会发展的需要。到 1987 年，三河邮政支局增设储蓄业务，对外办理居民存取款，发行国债、代收电信移动话费。1992 年，为改善三河邮电所的办公营业条件，乡政府拨出专款，在三油路与建业路交汇处的西北角建起了 1780 平方米的四层通讯大楼，在原有的邮政业务的基础上，淘汰了磁石手摇总机接转电话，年底建成了程控数字电话，购进了洛阳产的 300 门 HD1240 程控交换机。1993 年，三河街道及油田地区安装电话 1800 多部，以后逐年增加。1996 年，加入邮政金融计算机网络（简称绿卡工程），实现了邮政储蓄全国联网，通存通兑。是年，村村通电话，杆线到村工程正式启动，架设线杆 86 千米，机房程控交换机更换成 HD04 机，扩容 1000 门用户端口，为农村装电话 400 多部。

1998 年，国家实行体制改革，邮电分营，成立三河邮政支局。2003 年，原三河邮政支局与蒋坝电信支局合并，成立了三河电信支局。2005 年，开通 BB 机业务、蜂窝式模拟通讯手机业务、网络业务。通讯业进入了一个新的时代。是年，邮政支局改革经营方式，增设农资分销业务，年销售农资 300 吨。2006—2008 年，全镇新建 2 个邮政代办所、4 个信箱、8 个排单点、11

个邮件接转点、2 个“三农”服务站。2010 年以后，为了提升网络速度和 3G 无线上网的速度，在三河镇境内相继建设了 12 个 DSLAN 设备，投资 120 万元将镇区杆线全部移入地下，建造了中继机房，完成全县第一个信息化乡镇的建设。

（五）计划生育工作常抓不懈

1980 年，党中央发表《关于控制我国人口增长问题致全体共产党员、共青团员的公开信》，提倡一对夫妻只生一个孩子。1982 年，计划生育工作被党的十二大确定为基本国策，同时写入新修改的《中华人民共和国宪法》。三河公社党委根据县委的统一部署，深入开展计划生育宣传月活动，为控制人口增长而努力奋斗，切实做好计划生育工作，公社设立计划生育办公室，设置计划生育助理员，大队配备 1 名专职副主任。同时，大力做好宣传发动工作，要求全体共产党员、共青团员特别是各级干部，以身作则，率先垂范，积极负责，耐心细致地向广大群众进行宣传教育，并制订一系列切实可行的计划生育政策，使三河乡的计划生育工作一直做得比较好。

1988 年 6 月，三河乡为进一步做好计划生育工作，成立计划生育协会，会员主要是老党员、老干部、老职工以及育龄夫妇中的积极分子，实现了计划生育工作依靠群众进行自我教育、自我管理、自我服务的目的。2002 年，县委、县政府出台《关于进一步加强人口与计划生育工作的意见》，提出坚持两手齐抓、依法治育、齐抓共管、以人为本、强基固本、改革创新、分线考核、强化领导 8 项举措，成为这一时期计划生育工作的指导思想，使三河镇计划生育工作稳步扎实开展。三河镇总人口 22006 人，到 2005 年底增加到 22582 人，17 年净增长 576 人，人口出生率由 13.4%下降到 7.55%，计划生育率达 99.41%。2008 年 5 月，镇党委政府投入 22.6 万元，在全市率先建成集宣传教育、人员培训、技术服务、行政服务、信息管理、药具发放等六位一体的世代服务体系。2009 年，将世代服务室和社区卫生室两室合一，建成 7 个标准化世代服务室。为育龄妇女提供温馨、舒适、优质的服务环境，开展优生优育咨询、生殖健康宣传、生殖道感染防治讲座，8000 余人次参加，免费为育龄夫妇实行计划生育技术服务。时年，镇党委、政府投入6万元，建成镇计生文化广场、桥南居委会计生文化大院、联堡村计划生育书屋等。2010年，开展“婚育新风进万家”和“情系国策”等活动，实行独生子女奖扶政策，使人口自然生长率一直控制在2.73‰以内。2011年，三河镇党委树好人口计生服务品牌，做好人口与计生管理服务工作，被授予市人口计生“三新”（新农村、新农家、新农民）计划生育示范站称号。2012年，为348名省市计划生育奖扶对象发放奖励资金22.5万元。到2014年后，三河镇坚持认真做好计划生育管理服务工作，开展育龄人群各项服务，多方位开展计划生育宣传工作，发放宣传资料1.5万余份，便民办事指南1400余份，发放计划生育公益金4.8万元，全镇计划生育率一直保持在99%以上。

（六）发展群众体育事业

三河乡农民体育事业起源于改革开放后。1980年以后，三河乡党委、政府十分注重群众体育活动。

1990年，三河乡为促进农民体育事业的发展、提高广大农民参与体育锻炼的积极性，举办第一届农民运动会，比赛项目设篮球、乒乓球、长短跑、拔河、投掷等。1995年、1998年，三河镇两次举办镇老年体育运动会，运动会设乒乓球、篮球、太极拳、老年体操、慢骑自行车、倒走等项目。参加运动会的有农民、离退休干部、退休教师等。2000年以后，每年重阳节均举办一场老年人乒乓球、扑克、象棋比赛。2005年，在“洪泽湖水上运动会”上，三河镇取得团体总分第四名。2006年，三河镇取得男女混合龙舟赛第三名、女子龙舟赛第五名、浮桥行走赛第五名、团体总分第五名的好成绩，并获得体育道德风尚奖。2007年，三河镇取得男子龙舟赛第二名、男女混合龙舟赛第六名的好成绩和获得道德风尚奖。

2007—2010年，三河镇党委为大力开展群众性体育运动，拨款建设了镇体育健身房。房内配备了跑步机、练腰机等体育器材12件；在市民广场、敬老院配备单双杠等健身器材；在三河集镇修建了3处篮球场。全镇9个村（居），村村建立了体育活动室、棋牌室、图书阅览室、乒乓球室、电教室和篮球场，共安装简易球架43副。

2011年以后，镇里每年定期组织球类、棋类、拔河、跳绳等比赛。2012年，党委政府新投入10万元，对联堡、四坝等5个村居配置农民健身器材，实现农村体育场所全覆盖，根据县老体协的部署，每年定期举办老年人体育节。

（七）发展社会福利事业

1. 做好敬老养老工作

1978年后，三河公社的民政工作人员履行的职能主要是办理婚姻登记，统计并解决城镇定量户口中初高中毕业生、退伍军人就业，做好民事纠纷的协调解决，拥军优属和救济救灾工作以及“五保”老人供养。1983年始，乡党委、政府重视敬老养老，着重抓优抚对象的关爱工作。乡民政办确保老有所养、病有所医、困有所扶。时年三河乡有“五保”对象54人。其中，集体供养19人，集体供养标准为每人每年450元，每人每天不低于0.5元，每月零用钱5元。1988—1994年，乡敬老院集中居住人员每人每年供养标准为550元，每人每天不低于0.8元，每月零用钱8元；1995—2000年为700元。2004年为2100元，分散居住的五保人员每年供养标准为600元，1999年以后为750元，2005年以后为2500元。

2002年，三河镇党委、政府为了改善集中供养人员的居住条件，积极向上争取资金，在省民政厅的支持下，建起了占地面积7600平方米的敬老院，建成别墅型住宅楼26套，室内设卫生间、洗漱间、有线电视、衣橱、吊扇、壁扇等；院内有休闲花园、老年活动室、餐厅、娱乐室、长廊，水泥路直通主街道；建设标准为苏北一流。是年，三河镇敬老院被江苏省民政厅评为“省级示范敬老院”。为了提高敬老院集中供养人员的生活标准，镇党委、政府划拨给敬老院土地、水面各0.1公顷，用于种植蔬菜、饲养家禽、养猪、养鱼等，开展生产自给。

除集中供养人员以外，对于各村（居）分散居住的优抚对象也同样分享改革红利。1988—1993年，分散居住的五保人员，每人每年的供养标准为

300元；1994—1998年为500元，1999年为750元，2005年为2100元。2010年后，有五保对象等97人，入住敬老院53人，集体供养标准每人每年2600元，分散居住的五保老人每人每年2200元。

2009年，实行老年证发放和重残救助以来，到2012年年底，持证老人914人，同时532位80岁以上、2位100岁以上老人获得尊老金，每年都按时发放到位。20名城乡重残人员获得救助。2011年，镇党委、政府投入近20万元，创建长河、联堡两个村级居家养老服务站，到2014年年底，建成居家养老服务站8个。2015—2018年，三河镇党委、政府坚持把群众利益放在第一位，最大限度地让群众共享改革发展的成功。全面落实低保、五保政策，共落实农村低保210户433人，城镇最低生活保障1户2人，发放低保金134万元，落实五保对象214人。集中供养五保老人（包括寄养）90人，五保供养金175万元。落实重残对象432人，优抚金223万元。

2. 开展救灾优抚工作

三河镇党委、政府历来重视救灾优抚工作，对病灾户、军烈属按政策定期进行救助。1988—1993年，全镇共发放急救物资5.3吨，其中衣服1500件、被2500床、大米600袋，发放临时救济款6万元。1998年，因洪涝灾害，三河镇长河、桥南两村（居）受灾严重，倒塌房屋38间，110公顷庄稼被冲毁。为解决两村（居）受灾群众的困难，镇党委、民政办当年共发放救济及救灾物资7.2吨，其中衣服1800件、被2600床、大米800袋，发放临时救济款9.6万元，修缮重建房屋67间，另有草改瓦15户。

2000—2005年，改革救助方式，对孤困和因病返贫等弱势群体进行救助，共发放救济物资8.2吨，其中衣服2100件、被褥700床、大米800袋，发放救济款10万元。镇党委、政府投入资金21万元，为困难群众修缮房屋49户、草改瓦12户。2006—2010年，发放救济物资5.7吨，其中衣服960件、被褥350床、大米4500公斤，食用油1500斤，发放救济款28万元，投入11.5万元修缮房屋36户计108间。

1988—1993年，全镇共有优抚对象42人。按照有关政策规定，镇党委、政府每年发放优抚金 12 万元，以后逐年增加。2000—2005 年，全镇共有优抚对象 44 人，每年发放优抚资金 20 万元。落实帮扶资金 6.5 万元，解决 3 户优抚对象住房困难问题。2010—2016 年，全镇共有优抚对象 281 人，发放优抚金 223 万元，落实帮扶资金 19.8 万元，解决 14 户优抚对象住房 100 平方米。

3. 做好社会保障工作

1978—1985 年，三河乡有农村贫困户 134 户；1986—1993 年，有农村贫困户 171 户。镇党委、政府依据县民政局下拨的扶贫助困基金，每年每户发放 500~700 元救助金。1995—2000 年，全镇 9 个村（居）全部建立了农村、城镇居民最低生活保障制度。2005 年，全镇农村低保 214 户，享受最低生活保障的 748 人，年发放农村保障金 37.4 万元。城市低保户 5 户，享受最低生活保障的 22 人，年发放保障金 1.32 万元。2006—2008 年，全镇有农村低保户 239 户，最低生活保障 783 人，年发放保障金 4.5 万元。2010 年后，全镇有农村低保户 373 户，享受最低生活保障 998 人，年发放保障金 55 万元，城镇低保 11 户，享受最低生活保障 16 人，真正做到该保则保、该享受的就享受，不该享受的坚决清退。2018 年，三河镇全面开展农村低保清理整顿，实行动态管理下的应保尽保、应退则退。全年清退不符合政策的低保户 86 户，新增低保户 11 户，共发低保资金 115 万元，146 户困难群众得到妥善救助。

六、在改革发展中加强基层党的建设

（一）发展党员壮大党的组织

1978 年，三河公社党委有基层党支部 14 个，正式党员 417 名，其中女党员 48 名。1988 年，三河乡第七届党委下属党支部发展到 28 个，党员 728 人。其中，农村支部 15 个，企业支部 13 个，农村党员占 80%。2001 年，实施并村联组，全镇 15 个村（居）党支部合并为八里居委会等 9 个支部。2009 年 2 月，经县委组织部批准，9 个农（居）支部分别改为党总支。至此，全镇党总支和党支部 22 个，党员 654 人。到 2014 年，全镇共有 9 个村（居）党总支，中药材产业科技园党委，19 个机关企事业单位党支部，党员 859 名。

由于洪泽县乡镇区划调整，2014 年 11 月 8 日将原共和镇与原三河镇合并为新的三河镇，区划调整前，原共和镇基层组织 36 个，合并后下设基层党组织 62 个，正式党员 1805 名。基层党组织的建立与完善，为更好地发挥党支部战队堡垒作用奠定了基础。随着产业的转型，外出务工党员的不断流动，全镇党员队伍不断发展壮大 ，党员队伍结构不断改善，截至 2018 年全镇党总支（支部）和产业党支部为 92 个，党员 1779 名。其中农村党支部 57 个、企事业党支部 35 个，农村党员约占 72%。

（二）加强培训提高党员素质

党的十一届三中全会后，公社党委主要组织广大党员学习《毛泽东选集》《邓小平文选》以及中央文献。20 世纪 80 年代初，省委提出乡镇开展年度党员干部冬训学习班的要求，三河乡一年一度的党员冬训学习十分活跃，党员代表赴县学习，全体党员脱产 7 天，学习《党章》，学习有关法律法规，参加农村技术培训，参观农业现场、企业车间等，围绕率先全面达小康、迈向基本现代化、建设一个美丽和谐新三河的主题开展大讨论。培训效果非常显著。1999 年，三河乡党委被省市评为“党员冬训先进乡镇”。

1988 年，乡党委在贯彻县委《关于把农村改革进一步引向深入的意见》过程中，组织全体党员联系形势讲政策，联系合同讲政策，联系思想讲原则，联系三风（党风、民风、社会风气）讲文明建设，反对资产阶级自由化，同时，加强“四项基本原则”教育。这些教育起到凝聚人心的作用。

1997 年，三河镇党委从实际出发，在全体党员干部中组织开展宗旨教育、爱岗敬业教育、为三河添光彩主题教育活动。到 2012 年，全镇 810 名党员参与农村“双带”（带头富、带经富）活动，活动收到了一定的效果。

2001 年 1 月 4 日，县委、县政府召开“三个代表”重要思想学习教育动员会，对全县农村开展“三个代表”学习教育活动进行研究与部署。镇党委根据县委的统一部署，在组织开展学习实践“三个代表”活动中，认真组织党员干部深入群众调查研究，帮助群众解决实际问题，在短期内征求群众意见600余条。对征求来的意见，党委经过认真研究后，分部门、分期进行落实整改，一年内完成三河集镇农贸市场改造，养殖公司高压电线架设，联堡、塘西两村灌排水路不畅的问题得到解决。

2005年7月—2008年，镇党委根据中央和省市县委的统一部署要求，扎实开展了保持共产党员先进性教育活动，全镇16个党总支、支部，取得了较好的效果。通过先进性教育活动，全镇各基层党组织和党员思想有了明显提高，作风有了明显改进，服务意识有了明显改善，促进了全镇政治、经济、文化和社会事业的和谐发展。活动结束后，党委认真总结经验、查找不足，继续抓好学习和整改，积极探索建立新形势下“党员长期教育、永葆先进性”的长效机制。

2016年5月16日，三河镇召开了“两学一做”学习教育动员部署会议，传达学习县委“两学一做”学习教育部署会议精神，对开展“两学一做”学习教育进行动员部署，全镇1500余名党员接受教育。为建设“活力、美丽、富裕、和谐”三河提供有力保障。同年11月，朱圩村72岁的赵长明临终前委托女儿向党组织交了1000元大额党费。

2018年1月，三河镇把学习贯彻十九大精神作为重要政治任务，对学习、宣传、贯彻做出具体部署，积极组织各党组织党员干部开展专题学习讨论，畅谈身边的变化和撰写学习体会，迅速在全镇掀起了学习贯彻十九大精神热潮，把全镇党员干部思想凝聚到区委、区政府重大决策部署上来和全镇重点工作落实，突出抓好招商引资、项目推进、企业运行、脱贫攻坚、民生事业和全年目标任务完成等各项重点工作，全力推动镇域经济社会发展迈上新台阶。是年3月21日起，三河镇党委开展“不忘初心，牢记使命”主题教育活动，到年底，使全体党员干部再次接受了一次深刻的党性教育。

七、加强精神文明建设创建和谐社会

（一）创新文体活动 丰富文化生活

1978年后，三河公社党委为丰富群众性文化活动，十分重视抓好群众性的文艺活动。公社、各大队均成立文艺宣传队，定期组织文艺演出和汇演。乡里有文艺宣传队，有农村演员30多名，农闲排练各种文艺节目，节庆期间以及重大活动为群众免费演出。另有业余演出团体5支，分别是花船、小驴灯、腰鼓、花担、歌舞，主要是节庆期间参与活动，营造节日氛围，丰富群众的文化生活。1990—1995年，三河镇分别邀请盱眙县黄梅戏剧团、淮安市楚州淮剧团、河北省蓟县歌舞团等文艺团体来三河演出，极大地丰富了群众的文化生活。1996—2007年，镇党委组织送戏下乡活动，每年送戏4场次，在全镇各村（居）巡回演出。1993年乡党委投资60万元，建成了文化中心及可容纳720人的附属影剧院，电影队定期在影剧院内放映或下乡巡回放映。

扎实开展农民读书活动。镇文化站利用拥有的馆藏图书，定期向全镇群众免费开放。镇党委每年举行一次有奖读书征文活动。2003—2004年，三河镇党委出资3万元，在长堤、桥南、八里三居委会建起了“农家书屋”，每个农家书屋配有各类图书3000余册。2008年年底，农家书屋覆盖全镇各村（居），每个村（居）的农家书屋都配备了兼职图书管理员。桥南居委会、四坝村“农家书屋”被省新闻出版局评为“优秀农家书屋”。2009年，在洪泽县“洪泽湖首届农渔民读书节暨法治文化宣传周”活动中，四坝村参展作品获全县书法一等奖，长堤居委会获“我最爱的一本书”征文一等奖，三河镇被评为“读书用书”先进单位。2009年4月23日，淮安市第三届农民读书节在三河镇开幕，淮安市副市长陆长苏、淮安市宣传部部长刘希平、淮安市广电新局局长郑泽云、洪泽县委书记王兴尧、洪泽县委宣传部部长龚晓琴等出席开幕式。三河镇党委书记谢建东在开幕式上发言。仪式上还举办了文艺演出和送书下乡活动。2010年10月，为了宣传洪泽、宣传三河，镇党委、政府举办三河镇首届民俗文化节，开展“我爱我家”洪泽湖大堤自行车赛；“我爱三河”书画大奖赛；花船、驴灯、秧歌、腰鼓等民俗广场表演；“我爱三河”卡拉OK比赛、演讲比赛等。

2015年11月，三河花船成功入选江苏省第四批级非物质文化遗产保护名录。2017年，三河镇农家书屋获省“农家书屋”提升工程试点工作先进乡镇。为展示三河镇的风采魅力，让更多的人了解三河，助力三河建设，2017年5月，镇党委、政府聘请淮安电视台采用航拍、陆拍等方式和丰富的艺术表现手法，成功制作了时长9分钟，反映全镇新农村建设带来的新变化、新成果，首部《生态三河 锦绣家园》新农村形象宣传片，多视角全方位展示出一个风光秀丽、人文厚重，且充满现代活力、朝气的新农村形象。同年7月1日，镇里正式开通官方微信公众号“生态三河”并对外推送镇党委、政府的工作动态和党政信息、地方文化、风土人情，定期推送镇区建设、农业、生态旅游及民生方面政策，开通当日该公众号关注人数突破200人次，内容阅读量超过800人次。“生态三河”微信公众号的开通既密切了全镇干群关系，又方便了群众办事，还为生态三河建设宣传造势，助推经济社会发展。

（二）开展文明创建活动 促进社会和谐稳定

1987年2月6日，县委召开全委扩大会议，贯彻《中共中央关于社会主义精神文明建设指导方针的决议》，并对全县精神文明建设进行规划。此后，乡党委决定在全乡开展“五讲四美”（即讲文明、讲礼貌、讲卫生、讲秩序、讲道德，心灵美、语言美、行为美、环境美）活动，在各村评选“遵纪守法光荣户”“五好家庭户”，促进了广大群众的精神文明建设。1993—1994年，镇党委以加强“三户一村”（专业户、重点户、大户，专业村）为抓手，评选出五好家庭（守法、敬业、尊老、计划生育、勤俭）2800户，文化中心户840户，科技示范户1060户，专业村4个。1998—2000年，以党支部为单位，在全镇开展“八星级文明户”评选活动（三爱星、致富星、法纪星、科技星、计生星、新风星、团结星、卫生星）。通过自评、初评、核评，全镇评出文明户4000余户，镇领导逐村为部分文明户挂牌，鸣放鞭炮祝贺。

2001年，三河镇党委开始实施“文明育农、科技富民”工程的五年规划，全面提高劳动者素质，到2005年，科技培训人数占受培训总数的71%，受教育面达90%，农村劳动力受教育年限达9.6年，2010年达9.82年。2010年2月27日，洪泽县委召开政治文明、精神文明动员大会，会议对全县的政治和精神文明建设工作提出了总体要求：服务大局、开拓创新、促进发展。根据县委的统一部署，三河镇党委积极加强示范村、示范户的建设，抓典型，以点带面，搞好辐射。先后涌现出八里居委会、长河村村民宋根荣等一大批示范村和示范户。在此同时，进一步开展“三优”竞赛和文明单位、八星级文明户、光荣户等评选活动，全面促进农村文化和精神文明建设。2015 年 12 月，三河镇顺利通过“2013—2015 年度江苏省文明乡镇”复检，继续保留江苏省文明乡镇荣誉称号。

2017 年，三河镇坚持以培育和践行社会主义核心价值观为根本，在全镇范围内广泛开展文明家庭建设，通过各村（居）认真组织推荐、民主投票，评选出爱岗敬业、勇于创业创新创优的奋斗奉献之家；乐于助人、长期为社会奉献爱心的友善之家；知书达理、教子有方的书香之家；弘扬美德、尊老爱幼、互敬互爱，面对人生变故不离不弃、患难与共的坚强和睦之家等 10 户文明家庭。10 月，三河镇党委召开首届文明家庭表彰会，对全镇涌现出的 10 户文明家庭进行隆重表彰，给人以教育和启示，充分展示了新时期家庭的精神风貌。从 2015—2018 年，每年开展好人评选推荐活动，全镇累计评选表彰“三河好人”20 人，其中有周士才、杨锦忠、韩娟、黎成云等 9 人当选“洪泽好人”，张加永、宋玉伟、王伟伟等 3 人分别当选“淮安好人”和淮安市第二届道德模范，王伟伟 1 人入选中国好人榜 10 月份候选人，成为新时期全镇正能量的代表。为充分发挥道德模范示范带动作用，2016 年三河镇举办百名好人宣讲百村行活动，用巡回宣讲的方式，常态化地宣传身边的敬业奉献宋玉伟、见义勇为黎成云、助人为乐杨锦忠以及新乡贤代表王伟伟等道德模范和身边的好人，引导和激励全镇干群自觉践行社会主义荣辱观，全面投身到经济发展中。

八、在改革中加强党领导下的群团组织建设

（一）加强私营个体工商协会建设

私营个体协会是在党和政府领导下工商行政管理部门指导的由个体工商

户、个人独资企业、合伙企业的私营个体劳动者组成的社会团体组织，是党和政府联系广大私营个体劳动者的桥梁和纽带，是政府管理私营个体经济的助手。

三河镇私营个体工商协会成立于改革开放后的1983年，成立时有会员300人，最多时达400人。1988年，三河分会召开第二届会员代表会，会议通过个体劳动者协会章程及个体劳动者守则，选举产生了三河分会委员会，有主任1名，副主任3名，会员185人。成立后，每年定期召开总结表彰会，邀请当地政府和工商行政部门领导讲话，对守法经营、爱党爱国、奉献社会的个体工商户进行表彰奖励。2000—2005年，先后对钱玉成、杨锦忠、朱家成等70多户进行了表彰。2006年后，每年开展“光彩服务周”一次，组织个体工商户走上街头，深入敬老院，开展义诊义修活动，先后服务1000余人次。开展“讲道德、无假货”活动，利用互查互评的方法，先后评出40余户“光彩之星”“讲道德无假货”和“消费者满意店”，对评出的先进户，赠给铜牌悬挂店堂。向社会为国家作贡献，开展一系列公益活动：1991年，向周总理纪念馆捐款8000元。1994年，为县希望工程捐款4000元，为支持发展体育事业，组织个体工商户认购体育彩票10000元。1996年，为本镇长堤居委会病灾户梁成龙捐款800元。1997年，向本镇四坝村孤儿李某捐款200元。1998年，在抗洪救灾活动中，组织全体个体工商户捐献大米1000斤、现金5000元。1999年，为杨锦忠夫妇（因车祸双残）捐款1000元，并连续四年上门慰问。2004年，向本镇社会困难户龚志茂春节慰问大米50斤、食用油5斤。1996—2005年，先后向敬老院五保老人献爱心，送去猪肉、烟酒、白糖、粮食、慰问金等，2006—2010年累计捐现金6000元。汶川、玉树地区地震，协会发动分局干群、企业、个体户捐款16600元。同时，向长堤居委会尿毒症居民李家楼的儿子送慰问金500元。

（二）加强老年协会建设

三河乡老年协会于1987年11月成立。此时，全乡13个村分别设老年协会，有会长1名，负责村老人经费的筹收、生活赡养纠纷的调处。为保证老年人老有所乐、身心健康，镇党委、政府分别于1995年、1998年举办镇老年人体育运动会，运动会设乒乓球、篮球、太极拳、老年体操、慢骑自行车、倒走等项目。参加运动会的有农民、离退休干部、企事业退休职工等。2000年以后，每年重阳节均举办一次老年人乒乓球、扑克、象棋比赛。在成人学校定期举办老年保健知识讲座。根据上级老年协会的有关要求，每年定期组织一次评选健康老人活动。2008年始，洪泽县政府根据省政府办公厅《关于进一步做好老年人优待和服务工作的通知》精神，从2009年起推行尊老金和新型农村养老保险工作，截至2012年年底，3300名60岁以上老人享受每人每月60元养老金。全镇有858名80岁以上老年人再享受每月50元尊老金、1人满100岁享受每月300元尊老金、2008、2014年分别为1721人、2379人办理了老年证。

（三）加强关心下一代工作委员会建设

三河镇党委为进一步做好关心下一代工作，拓展关爱内容，改革关爱方式，于1995年10月成立关工委，由时任镇党委副书记任名誉任主任、由镇科级领导担任常务副主任，成员由镇直机关及中小学负责人，部分“五老”（老干部、老党员、老教师、老军人、老科技工作者）组成。1999—2012年，根据镇党委、政府的要求，关工委先后组织镇直机关、企业、个人与176名孤困学生“1+1”结对资助，解决了38名学生上高中、大学的经济难题。2003—2008年期间，配合公安、司法等部门认真抓好预防青少年违法犯罪工作，定期聘请法治副校长、部分“五老”到中小学宣传法律知识，以案说法、以案释法，联系身边的人和事，深入浅出地进行法律知识宣传。2008年后，根据县关工委的具体要求，针对农村青壮年劳力外出务工、农村留守儿童逐年增多的现象，在镇党委的领导下，从实际出发，扎实做好助学、助残、助困、助孤等活动，免费办起了校外教育辅导站，解决了农村留守儿童节假日、寒暑假生活无人照顾、学习上缺乏辅导、安全无法保障的问题。经过三年的实践，有三个辅导站被评为县级示范站，六个站被评为合格站和基本合格站。2012—2014年，三河镇连续三年实现青少年零犯罪。2016年，镇关工委常务副主任汪长军同志被省关工委、文明办授予“江苏省关心下一代先进个人”称号。

（四）加强工会组织建设

2003年1月，三河镇工会成立。在三河镇党委、政府领导下和县总工会的指导下，展开了乡镇工会工作的新局面。到2010年，镇党委、政府进行机构改革，工会组织得到了有效的发展，确定专职工会主席1人、办公室人员1人。时年，全镇有工会组织6个，分别为三新建材厂工会、天鹅冷冻厂工会、三河中学工会、三河小学工会、机关工会等，有工会会员570余人。其中女职工145人，工会干部14人。当时工会的主要职能为：职工之家建设，工商集体协会及工贸集体合同签订，厂务公开，劳动争议调解，普及法律知识，劳动保护，生活困难职工救助，女职工权益保护等，围绕“组织起来，确实维权”的工作方针，加强基层工会建设，制度建设，职工作风建设。使我镇的工会工作逐步走上正规化、规范化。

2014年下半年，根据县总工会的要求，镇工会设专职工会副主席，负责全镇工会工作，并配备一名协理员，协助工会主席做好工会的全面工作。至此，做到了工会组织办公有场地、工作有人员、活动有经费，工会工作有条不紊地开展起来。2015年7月，根据县总工会的部署，三河镇工会进行换届选举，赵巧玉（时任镇党委委员、组织委员）任镇工会主席，朱云、连乃波同志任工会副主席。其中，朱云为工会专职副主席，主持日常工作。自三河镇工会换届选举以来，在镇党委的领导和县总工会的指导下，认真做好工会工作，扎实开展协调劳资矛盾，构成和谐劳动关系，指导职工签订劳动合同，代表职工与公司进行集体协商，提高职工工资、福利待遇，为困难职工“送温暖、献爱心”，组织安全知识培训，保障职工生命安全，建立职工大病互助基金，减轻职工医疗负担，开展各种文体活动，丰富职工文娱生活，关心职工生活，帮助职工解决实际困难，负责对“劳模”先进工作者的指导推荐、审核、表彰等各项工作。

2015年，随着“招商引资”的不断深入，镇建企业不断增加。为了加强对各个企业的领导，在镇党委的指导下，三河镇成立非公企业联合会，该工会由 16 家企业组成，共有工会会员 152 人。

几年来，为丰富职工业余文化生活，镇工会先后举办“元旦”长跑、职工掼蛋比赛等活动，并积极主动协助企业招工，举办招聘会，为企业“送清凉”，举办“安康杯”知识竞赛等活动。是年，三河镇工会被县总工会授予“模范职工之家”称号，朱云被市总工会授予淮安市“优秀工会工作者”称号。

（主笔 汪长军 赵建权）

在改革中发展壮大的东双沟镇

中共淮安市洪泽区东双沟镇委员会

1978年12月召开的党的十一届三中全会，重新确立了解放思想、实事求是的思想路线，全会决定从1979年起，把党和国家工作重点转移到社会主义现代化建设上来和实行改革开放的战略决策。随后，中共洪泽县委迅速在全县掀起学习、宣传、贯彻党的十一届三中全会精神的热潮。1979年2月20日至3月6日，县委召开了全县三级干部大会，学习党的十一届三中全会公报和中央有关文件；讨论如何贯彻党在农村的方针、政策；研究了夺取农渔业全面丰收的措施，确立了“稳定提高农业，积极发展多种经营，重点突破工业和乡镇企业，相应发展第三产业”的发展新思路。县“三干会”结束后，双沟公社党委根据县委部署，亦召开了全社三级干部大会，学习《中共中央关于加强农业发展若干问题的决定（草案）》等文件，传达贯彻县委“三干会”精神，组织全社党员干部大讨论，提高对党的工作重点转向社会主义现代化建设的认识。从此，双沟公社紧跟县委的决策部署，在改革中不断发展、壮大，取得了举世瞩目的成就，主要体现在以下方面。

一、改革农业生产方式 促进农业增效农民增收

（一）推行联产计酬生产责任制

党的十一届三中全会后，全国兴起了改革的浪潮，首先拉开序幕的是农业农村的改革。洪泽县委带领全县人民，在坚持“三级所有，队为基础”生

产资料公有制制度和“按劳分配”政策的前提下，按照《中共中央关于进一步加强和完善农业生产责任制的几个问题》中发（1980）75号文件精神，决定于1980年在全县农业生产中推行联产承包责任制。双沟公社党委贯彻县委决策部署迅速果断，宣传中央75号文件的广度、深度前所未有，推行联产承包责任制动作快、力度大。公社党委召开“三干会”、各大队召开社员大会，学习宣传中央75号文件及县委《关于进一步完善农渔业生产方式的五条意见》，落实县委“三干会”提出的“制定生产责任制的形式要两头小（小段包工、联产到劳比例要小）中间大（联产到组的比例要大）”的要求，引导群众讨论制定生产责任制。1980年，全社199个生产队，其中建立小段包工的17个，联产到劳的11个，联产到组的169个，其他2个。

（二）实行家庭联产承包（大包干）生产责任制

1981年春，宋庄、沈阳大队少数生产队率先改联产到组为家庭联产承包（包干到户，简称大包干）生产责任制。群众相互传颂着“大包干，很简单，权、责、利，很明确，不拐弯；上交国家的，留足集体的，剩余是自己的”等顺口溜。5月份全社实行大包干就有9个生产队，7月份迅速发展到144个，占生产队总数的72.4%。

全县推进大包干。1983年初，县委根据中共中央中发（1982）1号文件和1983年中共中央印发经政治局讨论通过的《当前农村经济政策的若干问题》的文件精神，总结双沟公社实行大包干取得的成绩和经验，并对群众的创造性积极引导，在全县推进包干到户的农业生产方式。1981—1983年，双沟公社粮食总产分别是24046.2吨、28158.55吨、32934.45吨，分别比大包干前的1980年增产4240.95吨、8353.3吨、13129.2吨。社员人平均（收入）分配由1980年的82元增加到1983年的355.84元，增长了4.34倍。农业连续丰产丰收，老百姓的腰包鼓起来了，农民建瓦房、购买农机具形成热潮，三年间共建造新瓦房2490间，添置手扶拖拉机498台、耕牛312头。此后，东双沟乡按照县委要求，进一步稳定和完善农业生产责任制。对水利、植保、大型机械、良种繁育、经济作物、副业生产等技术要求强、科技含量高的项目，实行“统分结合”的经营方式，由乡农业服务公司或村统一与农户签订专业承包（服务）合同，严格按照合同执行。同时，乡党委、政府及时组织推广新良种、新科技、改革耕作制度，农民注重集约化经营，使粮食产量趋于合理增长，农民收入不断增加。

1984 年 10 月，中共洪泽县第四次代表大会召开。会议在总结 1970 年县第三次党代会后特别是 1978 年党的十一届三中全会以来的工作时指出，县委在工作上还存在许多不可忽视的问题。主要表现在推广大包干生产责任制问题上思想不够敏锐，认识跟不上形势的发展，对带头实行大包干的人和单位支持不够，存在官僚主义、互相扯皮、办事效率不高等问题。

（三）落实土地承包政策 让农民吃上“定心丸”

1984 年，东双沟乡党委（1983 年 7 月双沟公社党委改称东双沟乡党委）按照县委关于《延长土地承包期，完善土地承包制》文件精神，在继续稳定和完善家庭联产承包责任制的基础上，向承包土地的农民发放《土地使用证》，土地承包期到 2000 年。农民手里有了“蓝本子”，心里有了底，持续稳定向土地作长期投入，引进新型农业机械，实行科学种田逐步取代落后的手工生产方式，粮食产量稳步提高。1988 年，全乡粮食单产是 1980 年的 2.18 倍。1998 年，县委、县政府为了落实中央关于土地承包期再延长 30 年不变的政策，促进农业生产和农村经济发展，全县将土地承包期延长至 2028 年，并向农民颁发了《农村集体土地承包经营权证书》。受县人民政府委托，东双沟乡及时向农民颁发了盖有洪泽县人民政府公章的《农村集体土地承包经营权证书》，让农民吃下了“定心丸”，彻底消除了怕政策变的疑虑。2005 年，洪泽县人民政府根据《中华人民共和国农村土地承包法》规定，为稳定和完善农村土地承包关系，维护土地承包当事人的合法权益，巩固农村基本经营制度，又为农民核实换发了《中华人民共和国农村土地承包经营权证》。2006 年始，伴随着国家免除农业税，发放种粮补贴（粮食直补）、种子补贴，粮食最低（保护）价收购，县、乡、村免除“三统筹五提留”等一系列惠农政策和措施的落实，更好地保护了农民利益，调动了农民生产积极性，促进了农民持续增收。

(四) 积极发展多种经营生产

1979年3月，双沟公社党委按照县委全县三级干部大会确立的“稳定提高农业，积极发展多种经营”生产的发展思路，将多种经营生产确立为富民兴社的一个主要项目来抓。到1982年，全公社多种经营产值猛增至354.44万元。1983年，乡党委根据县委落实党的十二大提出的到2000年经济总量“翻两番”的总要求，制订了《东双沟乡1983—2000年经济发展规划和奋斗目标》印发到各村、乡直乡办各单位讨论、分解落实。在规划的总指标中，多种经营产值占37.1%。是年，全乡农业产值实现1251万元，其中多种经营产值占30.4%，全乡涌现出多种经营生产大户、重点户664户，占农户总数的9.6%。1985年，南甸村朱荷英、小吕村李学信、宋庄村王大华等30个多种经营大户，受到县委、县政府的表彰。1989年，沈阳大队百亩甘蓝型油菜丰产片获省“丰收杯”竞赛三等奖。

发展养殖业20世纪80年代始，双沟公社多种经营生产重点发展畜禽养殖、淡水鱼养殖。2010年后新增龙虾、螃蟹等特种水产养殖，并实施规模化经营。

——畜禽养殖1983年，全乡饲养生猪2.31万头。1988年，全乡家禽饲养量43.4万羽；养蚕1420张，生产鲜茧780担；除养猪外又新增养牛、驴、山羊、毛兔、水貂等。1993年，乡党委、政府决定，利用农村剩余劳动力，大力发展蛋鸡养殖。先后从盐城、南京引进1.8万羽依莎蛋鸡，加上本地草鸡，全乡蛋鸡饲养量达到3.5万羽。2000年，全镇家禽饲养量30.7万羽。2008年，沿河村养殖大户曹中飞饲养黄羽蛋鸡10万羽。2009年，镇政府帮助沿河村建成了占地2公顷的10万只蛋鸡养殖场，全镇家禽饲养量达到130万羽。2010年，全镇四季鹅饲养量达100万羽，禽蛋产量180吨，畜禽产值达2612万元。

——淡水鱼（虾、蟹）养殖1983年，全乡淡水鱼养殖1100亩，出售商品鱼82.5吨。1987年，淡水鱼养殖面积增至1850亩，产量110吨。其中，规模养殖550亩，繁殖鱼种80万尾。1988年，全乡水产养殖扩大到2200亩。1991年，乡政府将全乡近2000亩养殖水面发包给华盛水产养殖公司。2003年，该公司的草鱼、鲫鱼养殖水域被江苏省海洋与渔业局认定为江苏省无公害水产品生产基地。2010年，全镇内陆养鱼面积增至3900亩，产量达1919吨，产值2746万元。2016年始，山阳、徐庄、万集等村（居）陆续引进龙虾、鳜鱼养殖。2017年丰收、万集等村（居）发展大闸蟹养殖3500亩。2018年，全镇龙虾、大闸蟹、鳜鱼产品销售收入5200万元。

发展“四编一花”1989年3月16—20日，乡党委根据县委五届四次全体会议精神，召开乡“三套班子”（党委、人大、政府）会议，就如何“加快发展多种经营生产”研究制定了12条激励措施。会后，全乡立即组织培训了1100人大搞竹编、柳编、草编、塑编和工艺钩花等项目（简称“四编一花”）。“四编一花”产品一直畅销不衰，部分产品还出口日本、韩国等东南亚国家。乡党委明确一名副书记主抓“四编一花”生产，各村、组都有专人负责，形成三级干部一齐抓，各家各户都在干的局面。是年，在县委、县政府召开的全县家庭经济会议上，东双沟乡做了题为《发挥剩余劳力优势，积极发展钩花生产》的经验介绍。到1991年，全乡“四编一花”从业人员增加到3500人。

推广苎麻生产1987年，县农业局推荐、经县委研究同意，东双沟乡推广发展苎麻生产。当年在小吕、周庄、沈阳等村大面积种植7300亩苎麻获得丰收。乡政府筹措50万元资金，快速办起了苎麻加工厂，当年就生产出白花花的苎麻。实现了苎麻生产当年种植、当年建厂、当年出产品。1989年，受国际行情制约，苎麻滞销，产品涨库。是年末，终因苎麻外贸出口渠道阻塞，产品卖不出去，迫使农民毁麻种粮，损失惨重，教训极其深刻。

发展“两专一基”1995年，乡党委为落实淮阴市委、市政府提出的“两专一基”（专业村、专业户、一个专业基地）农村经济发展战略和县委、县政府《关于激励专业大户和专业村发展的暂行办法》文件精神，围绕发展专业大户、专业村建设是实现“富县、富乡、富民”有效途径的指导思想，制定和实施了“两专一基”发展规划。乡两套班子成员每人联系1个专业村和10个专业大户，乡下派蹲点干部和机关负责人每人联系10个专业大户，机关工作人员和各村三大员每人联系5个专业大户。同时，制定了贴息贷款、资金扶持、公差勤务减免等激励措施；强化考核举措，责任到人，兑现奖惩。是年，全乡发展养殖、加工、第三产业等各类专业大户604户，建成四季鹅、蚕桑等专业村10个。1997年，围绕县委、县政府“乡有特色，村有专业，户有主业”的总要求，东双沟乡各类专业大户发展到1100户，建成各类专业村18个，其中四季鹅养殖专业村10个，饲养量达42万只。发展经济作物2万亩，其中楚秀豆及青豌豆6000亩、大蒜4000亩、水生蔬菜1000亩。是年全乡多种经营产值达5700万元，占农业总产值的60%。

发展大棚蔬菜 1998年，乡政府帮助在宋庄村建成200亩（36个日光温室大棚）蔬菜示范园，此举带动了各村陆续兴建蔬菜竹架大棚、钢架大棚，种植反季节蔬菜。是年，全乡大棚蔬菜面积发展到2505亩。2009年，镇政府投资600万元，在沿河、宋庄等村建起了蔬菜钢架大棚795亩；2013年，新建钢架蔬菜大棚400亩；2016年，草泽、徐庄等村（居）新建连栋大棚610亩。2018年，东双沟镇建成省级“菜篮子”生产基地，大棚蔬菜面积发展到3495亩，总产值达到5145万元。

（五）发展现代高效农业

1983年始，东双沟乡党委、政府按照县委决策部署，不断增加对农业的投入，着力改善农业生产条件，增强抗击自然灾害能力，促进农业持续增效，农民不断增收。

大搞农田基本建设实现旱涝保收 1983—1984年，为切实解决“大包干”后水利工程建设滞后，许多农田灌排矛盾突出等问题。全乡先后组织7000多人参加农田基本建设大会战，开挖中沟8条、农渠21条、毛渠150条，动土81万立方米，使2.38万亩农田达到能灌能排。1991年冬至1992年春，东双沟乡根据1991年“百年不遇”的洪涝灾害中所暴露的内涝问题，围绕基本农田建设“八五”规划，投入资金46.9万元，疏浚沟渠23条，加固圩堤12

处，动土61万立方米，维修及配套桥梁涵闸41处，使全乡1.5万亩易涝农田增强了抗击洪涝灾害的能力，实现旱涝保收。

改造中低产田实现高产稳产 1999年，东双沟乡按照县委、县政府关于水利改制工作会议精神，将孙庄、三庄等村湖田及低产田头的河道、圩堤、涵闸的经营权进行改制，提高了32个低洼处小型水利设施使用效率，使"东南片"5000亩低产田粮食产量迅速提高。2006年，新建和改造农桥涵闸141座，疏浚灌排河道1.5万米，改造中低产田8000亩。2007—2011年，东双沟镇按照高标准基本农田建设的标准，先后投入675万元，对庆祥、南甸等8个村3.28万亩低产田实施改造工程，疏浚河道288.6千米，完成土方103.5万立方米，兴建桥梁、涵闸、泵站等693座，铺设砂石路41.8千米，完善林网1200公顷，极大地改善了农业生产条件，促进了农业高产稳产。2010年，投入120万元完成周桥灌区一、二、四期项目改造工程，改造中低产田2.3万亩；启动在沿河村投资320万元的低产田改造工程；完成草泽河8.6千米疏浚工程任务。是年，全镇粮食作物总产量为46850吨，实现产值11401万元，实现农民人均纯收入8070元。2013年，东双沟镇经县委、县政府同意申报第二批省以上投资土地整治项目——"东双沟镇高标准基本农田建设项目"获批。项目涉及南甸、三庄、宋庄、青云等4个村（居）。2014—2016年共实施投资2371万元，开挖土方38万立方米，新建大小防渗渠10.12千米、农桥涵闸58座、硬质田间道路51.2千米，新建农田防护林网8700株，全面建成1.388万亩高标准基本农田。2018年，投资1500万元建设郭贝、草泽高标准农田项目通过市级验收。

建设现代农业实现农业增效农民增收 2003年始，东双沟镇围绕农业增效农民增收，不断优化农业内部结构。在基本稳定粮食生产的前提下，扩大蔬菜、芡实等高附加值经济作物生产。2004年，全镇芡实种植发展到1995亩。2007年，发展蔬菜、草帘、芡实生产等农民专业合作社26个。2009年，在洪三路沿线建成千亩连片芡实、荷藕示范园。2010年，发展无公害水产品养殖5000亩；新建农田林网5000亩；芡实种植面积扩大到7005亩，实现产值

3600 万元。是年，专业合作经济组织发展到 34 个，机械化插秧 1.05 万亩。2011 年，全镇良种化无公害粮食面积达 4.95 万亩，秸秆还田 5 万亩，设施化种植业面积达 1.83 万亩。芡实种植面积达到 1 万亩，产品出口日本、香港等。建成市、县（区）农民专业合作社示范社 3 个。其中，芡实种植专业合作社获得“全市十佳农民专业合作社”称号。大力推进肉鸡产业化，建成天鹅湖、嵘峰两个镇级养殖示范小区和 9 个村级养殖小区，新建标准化鸡舍 2.7 万平方米，出栏肉鸡 101 万羽。

2012—2013 年，按照县委、县政府关于发展高效农业的总要求，全镇投入 5800 万元，围绕农民收入增长点、大学生村干部创业点、科技推广示范点和游客观光示范点，高标准建成位于滨湖居委会南侧的设施化农业产业园 4120 亩。园区内建成合作社 6 个；推广使用新品种、新技术 12 项；建成占地面积 3000 平方米的玻璃中空智能温室；培植农业科技示范户 395 户。投资 120 万元，实施邵庄、太平两村的现代农业综合开发项目。投资 66 万元，实施河道疏浚、河塘整治工程。

2014 年，镇党委、政府引导农民改革传统一稻一麦种植模式，加快种植业产业转型升级。是年，累计规范有序流转土地 2.3 万亩，用于发展现代农业。新增家庭农场 19 个，培育市级以上农业示范合作社 5 个，农民人均可支配收入达到 15181 元。2015 年，投资 650 万元建设和平、青云片 5000 亩农业开发工程项目，建成东片优质稻米种植区 10000 亩。2016 年，新建 6 个粮食烘干中心，逐步发展稻虾种养、稻蟹种养、稻鸭种养等生态农业。庆祥村做大做强农村电子商务，帮助农民网上营销农产品，促进增收致富，2018 年获省“一村一品一店”示范村称号。2018 年，全镇稻虾、稻蟹、稻鸭种养面积达到 9200 亩；投资 1 亿元农业龙头企业华西都市休闲农业示范园通过市级验收；农业机械化程度达 98%以上，工厂化育秧（苗）、无人机植保等新科技已成为现代农业常态。是年，农民人均可支配收入达 20680 元。

二、发展工业生产 壮大工业经济实力

（一）大力发展乡（镇）工业

1978年，双沟公社社队企业总产值只有40万元。党的十一届三中全会后，社队企业（后称乡镇企业）进入大发展时期。1983年，公社党委根据县委贯彻中共十二大“社队企业要有一个大的发展”的精神，县内乡镇企业要面向农村市场，因地制宜，积极向建筑、建材、食品、交通运输、商业等行业发展的要求，先后创办了砖瓦厂、冰棒厂、面粉厂、编织厂。是年，全乡工业产值97万元，比1978年增长242.5%。

1985年始，乡党委、政府根据洪委发（1985）35号文件《关于发展乡镇企业的若干规定》精神，制定了加快本乡企业发展规划，确立实现到2000年全乡经济“翻两番”工业产值目标后，陆续兴办了皮鞋厂、塑料厂、饲料厂、水泥制品厂、针织厂、工艺品厂、化工厂、食品厂等10多个乡办企业。1987年，全乡工业产值174万元，其中砖瓦厂改扩建后年产值达到50万元。塑料厂生产的多功能文件盒、电冰箱配件畅销省内外；编织厂的柳编工艺品销往日本、韩国等。1988年后，增建了排钉厂、华厦人造板厂、利民胶合板厂、羽毛制品厂、荣华木器、天成旋木厂等企业。

1997年，东双沟乡根据县委、县政府《关于进一步加快发展乡镇企业的若干意见》即洪发（1997）11号文件精神，加大乡镇企业技改投入，重点提升排钉厂产能。使其固定资产增至1291万元，拥有6条排钉生产线和6条高强度铁丝生产线，排钉年产量1200吨，高强度铁丝年产量2000吨，产品畅销全国14个省（市），市场份额占比30%左右，是华东地区最大的排钉生产厂家，年开票收入2100万元，实现利税200万元。是年，全乡工业总产值达1.08亿元，其中乡办工业产值达4865万元，连续两年夺得全县工业振兴杯竞赛第一名。1997年，东双沟乡被淮阴市委、市政府授予发展乡镇企业“先进乡镇”称号；1998年被县委、县政府表彰为工业经济“技术改造”和“发展乡镇企业”双先进单位。

2000年，县委、县政府出台《关于加快工业经济发展的二十三条意见》洪发（2000）2号文件。文件要求“东双沟等重点乡镇和县乡年销售500万元以上骨干企业销售收入、利税、技改投入年递增30%以上”。从此，东双沟镇乡镇工业进入了发展快车道。2001年，投资200万元，新上金华胶合板厂，年产胶合板8万立方米，产值1000万元、利税80万元。2002年，相继新上柯尔制衣、安捷能蓄电池、恒隆特种编织、双星玩具等6家企业。其中淮安万达建材有限公司，为江苏省轻质条板类产品的重点企业，被省科技厅、国家科技部列入“国家星火计划”项目。2003年9月，新上永华包装厂，落户于洪泽经济开发区。2004年，东双钩镇为落实县委、县政府下达的工业集中区建设目标任务，在全县率先启动镇工业集中区建设。2005年，新上茂兴达电子科技、淮安湖之恋服饰等企业。茂兴达电子科技有限公司占地1.3公顷，注册资本400万元。淮安湖之恋服饰有限公司占地面积1.3公顷，拥有200台套缝衣机、下料机和其他配套设备，固定资产投资1800万元，拥有自营进出口权，生产的全棉休闲装系列、PVC棉夹克、羽绒服等服装出口到日、韩、美、德等。是年11月，新上的洪泽金鑫科技有限公司坐落于宁连一级公路东双沟段西侧，占地面积0.8公顷，总投资2600万，年产特钢添加剂钼铁制品及钼合金900吨，实现产值2.34亿元，利税1300万元。

2007年，镇党委按照县委九届二次会议精神，围绕工业强镇战略，整合生产要素，投资650万元，在镇工业集中区建成标准化厂房3.1万平方米，净增列统企业4家，累计达到12家，外贸营业额达70万美元。新增“凤还巢”企业17家，新增从业人员720人。2008年，全镇新增工业项目19个，完成固定资产到位资金2.52亿元，实现工业销售收入13.3902亿元，工业入库税金2400万元。全镇有6家企业获得质量体系管理认证，获得市以上名（知名）品牌5个，国家实用专利4个，国家产品外观设计专利3项。2010年，全镇列统企业总数达到20家。2014年，新增工业项目13个，其中投资超1000万元的7个、超亿元项目2个。2015年，东双沟镇按照县委、县政府《关于2015年实施“工业洪泽”战略促进工业经济上水平的若干意见》和

《关于加快乡镇工业集中区发展的若干措施》等文件精神，实施“六个一”工程，即新建标准厂房1万平方米，集中区新增工业开票1亿元，拓宽一条道路，新建一条道路，建立一个服务中心，新开工亿元企业一家。将镇工业集中区建设作为“一镇一题”重点推进。坚持规划引导，完成《东双沟镇工业集中区总体规划》，建成600亩连片工业集中区。突出项目抓手，实施扩量提质工程。是年，落户进园投资超3000万元以上的项目5个。2018年，全镇工业总规模达103家，实现工业总产值22.3亿元。

（二）扶持发展村、组、户、联户办工业

随着改革开放的不断深化，企业由乡（镇）、村两级联办，逐步扩大到乡（镇）、村、组、户、联户5个层次一起举办。1983年，东双沟乡根据全县社队工业会议关于“实现到2000年经济指标‘翻两番’，必须大力发展社队工业，实行乡、村、组、户、联户‘五轮’齐转”的要求，全乡掀起大办村、组、户、联户企业高潮。1984年，太平村在稳定农业生产的基础上，新上工业项目8个，产值10万元。三庄村6组村民严厚贤，兴办家庭糖果厂，招收帮工24人，年生产糖果125吨，创产值20万元，获利3.1万元。小吕村8组村民李学良创办家庭食品厂，到1987年，拥有固定资产20万元，流动资金3万元，雇用10名操作工人，年生产芝麻糖、花生糖、糕点等20吨。

1985年，乡党委根据县委35号文件中“坚持乡镇企业五个层次（乡办、村办、组办、户办、联户办）一起上”的精神，在积极抓好乡办工业的同时，进一步加大对村、组、户、联户工业企业的扶持和指导。1985—1987年，农科村建成新星化工厂，陈庄村建成内衣针织厂，三庄村建成三庄化工厂，刘庄村分别建成窑厂、铁器、木器、食品、饲料等加工厂，沈阳村建成印刷厂，宋庄村建立建筑工程队，安乐村建立搬运队等。全乡建成生产砖瓦的小土窑、小立窑、小轮窑共135座。1986年，全乡村、组、户、联户工业产值达270.69万元，占全乡工业总产值的44.6%。1988年，县委、县政府根据党的十三大报告中“对于城乡合作经济、个体经济和私营经济，都要继续鼓励它们发展”的精神，制定了《关于鼓励发展“两户”企业的意见》。

东双沟乡认真贯彻落实《意见》中对“两户”（户办、联户办）企业允许雇工、税收优惠、放宽价格政策、放宽信贷政策等鼓励“两户”企业发展的“十项优惠措施”，促进了全乡“两户”企业快速、健康发展。1990年，全乡“两户”企业发展到83个。1992年，县委、县政府出台的《关于加快个体私营经济发展的若干规定》为东双沟个体经济的发展指明了方向。是年，庆祥村建成一家旋木厂，大吕村兴办一家榆树皮加工厂，为镇江、宜兴等蚊香、卫生香厂家提供上游产品。宋庄村支部书记王大华组织亲朋好友筹资近10万元，联合创办足球厂，生产足球和排球，产品销往美国、新加坡等国家。1999年，全乡私营企业新增11家，实现产值1440万元、销售收入1320万元、利税198万元。2010年，全县深入开展全民创业活动，东双沟镇按照县委要求，用足用好政策，积极鼓励引导能人大户，大力兴办个体加工工业。是年，全镇培植销售收入超10万元的加工大户12户，新发展个私企业24家，新增“凤还巢”企业3家，增加注册资本9100万元。

在扶持个体经济发展中，最为典型的是原县科委副主任万松亭的创业过程。1994年，万松亭根据市、县委鼓励机关干部退职从事个体私营经济的有关文件精神，主动向组织申请辞职从事个体私营经济，得到县委批准后，他费尽周折筹措了2万元创业启动资金，来到东双沟乡创办新型墙体材料厂。可他筹措的2万元启动资金距离办厂所需经费缺口太大，通过市场调研向县委主要领导汇报后，县委领导即时安排人员帮助他协调贷款10万元，东双沟乡党委、政府为他优先解决用地和“三通”（水、电、路）问题。1995年，新型建筑隔墙条板投放市场后受到客户青睐和有关部门的关注。此后，他不断增加技改投入，开展科技创新，逐步实现订单生产。是年9月，县委任命万松亭为东双沟乡党委（挂职）副书记。1998年，该厂生产的FS-LCM陶粒轻质混凝土隔墙条板、轻集料混凝土自保温复合砌块等产品畅销省内各大中城市及沪、浙、皖周边城市。是年，获得省乡镇企业管理局授予科技进步“三等奖”“科技先进企业”。2001年，企业经营规模进一步扩大，发展为集研发、生产、销售、安装为一体的综合性“淮安万达建材有限公司”，企业占地 4.2 公顷，拥有固定资产 1500 万元，固定工人 65 人。2003 年，FS-LCM 轻质墙板产品开发获得国家科技部颁发《国家级星火计划项目证书》、淮安市科技进步“二等奖”。2004 年，万松亭荣获淮安市“创业之星”称号。2005 年，公司被评为“中国优秀建材企业”。2006 年，被定为江苏省循环经济试点单位。2015 年被评为“江苏省明星企业”，其产品获“江苏省名优产品”。2018 年，企业固定资产达到 2500 万元，工人（含季节工）200 人，年利用电厂湿排灰 2.8 万吨，产品销售收入 3000 万元，发放工人工资 700 万元，利税 100 万元。

（三）推行乡镇企业体制改革

1984 年，东双沟乡根据全县工业会议及 1 月 14 日洪泽县乡镇企业招标承包（万集）现场会精神，全面推行乡办企业改革。对乡办企业简政放权，彻底松绑，全面实行“一包三改”。即实行以厂长为主的经济承包责任制，改“干部任免制”为“选聘制”，改“工人录用制”为“合同制”，改“固定工资制”为“浮动工资制”，彻底克服“大锅饭”“铁饭碗”“终身制”等弊端。1986 年，东双沟乡为适应商品生产形势，推动企业改革深入发展，根据县委、县政府印发《关于搞活企业的暂行规定》的通知精神，对乡办企业继续实行下放干部任免权，下放企业经营权、下放部分产品定价权、下放职工招聘奖惩权等改革。

1994 年，县委、县政府对全县乡镇企业实行以拍卖经营权、转让所有权为重点，普遍实行租赁经营的体制改革。东双沟乡结合本乡实际，研究制定了《东双沟乡企业产权制度改革实施意见》，共完成乡办企业改制 7 家，其中股份合作制 2 家（砖瓦厂、青云航运公司）、租赁制 5 家（农具厂、化工厂、包装材料厂、饲料厂、建安公司）。

1997 年，全县推行企业产权制度改革，在集体所有制企业中实行“公退民进”改制。是年，乡党委、政府对部分处于效益低、损耗大、发展难的乡办集体企业资产采取整体出售、售股结合、售租结合等形式进行改制。到翌年 4 月，先后将兴华胶合板厂、农具厂、足球厂、排钉厂等 4 家集体企业产权拍卖转为私营。1998年，乡党委为落实县委、县政府《关于加快乡镇企业改革发展的意见》文件精神，继续深化乡办企业三项（劳动用工、人事管理、工资分配）制度改革，在企业中建立公有资产管理制度；加强养老、失业、医疗等社会保障体系建设；建立良好的政企、银企关系，促进企业良性运行，巩固了乡镇企业产权制度改革成果，促进了全镇企业健康快速发展。2000年，全镇集体企业全部改为私营。

（四）加快招商引资不断扩大工业规模。

1998年，县委、县政府印发了《关于招商引资工作的实施意见》和《县外客商来洪投资优惠政策》等文件。东双沟乡根据文件中“县外就是外”和“不求所有，但求所在”的招商引资指导思想，迅速组建招商班子，制定实施了《东双沟乡招商引资考核奖励办法》。此后，一直把招商引资当着加快工业经济发展的一项重要战略措施来抓。1999—2001年，先后引进金华胶合板厂、句容市铁合金有限公司等5家大型企业。其中，句容市铁合金有限公司投资2亿元成立洪泽县金鑫铁合金厂，（后更名为洪泽金鑫科技有限公司），年销售开票1800多万元。2004年成功引进纸箱厂、彩钢板等企业进驻洪泽工业园区，投资规模均在2000万元以上。

2005年，镇党委根据县委提出的“工业经济突破年”和县招商引资工作会议精神，进一步加大招商引资力度，重新制定《东双沟镇招商引资考核奖惩办法》，充分调动一线人员招商引资积极性。先后成功引进箱包加工、电动车电池、玩具、铬铁铸造、伟峰达电子、服装加工等多个项目，分别进驻到镇工业集中区和县工业园区。2006年，成功引进瑞图电子、嘉鹏纸管加工、木材加工、胶带和太阳能等项目。2006—2007年，全镇招商引资额达2亿元。镇党委委员、副镇长沈如先直接引进的茂兴达电子、亿泰制衣、五环制球等500万元以上工业项目达16个，他连续两年被县委、县政府评为“招商引资先进个人”。2008年，引进投资5000万元的淮安伟豪新能源科技有限公司，主要生产太阳能光伏电池组件，产品销往国内大中城市及泰国等东南亚国家，年产值4100万元，利税350万元。2009年，全镇共招引21个项目，引资额2.81亿元。是年，全镇企业发展到82家。

2010年，引进洪泽蓝天化工科技有限公司的固废处理中心暨联产润滑油、化工溶剂等项目进驻盐化工开发区，该项目投资3.1亿元，2011年9月份竣工投产。2011年，引进总投资11亿元的江苏方圆化工有限公司，同样落户到盐化工开发区，占地500亩，年销售收入达35亿元，税收1.1亿元。2012年，镇党委委员、副镇长唐士明，先后外出招商60余次，完成招商引资项目8个，其中超亿元项目2个，分别是方圆化工和新型催化剂项目。是年，他被县委、县政府评为“招商引资”先进个人。2015年，山阳村引进总投资2.5亿元的20兆瓦光伏电站一座落户村内老三河河滩，年发电量2500万度以上。2017年始，全镇致力于营商环境不断改善，帮办服务不断提升，加快项目建设不断推进，吸引客商陆续前来投资。先后引进久耀电子、新瑞电力、林亿纺织、盛连纺织、森和纸业、臻友重工、纸塑基多层共挤新型包装材料等16个工业项目陆续落户区、镇工业园区投产。2018年，全镇列统企业总数达30家，开票销售收入9.54亿元，入库税金3224.3万元。完成固定资产投资16.8亿元，企业总资产利润率、列统企业培植等指标位居全区前列。

三、加快发展教育事业 全面提高教育质量

（一）加大教育经费投入 不断改善办学条件

1978年党的十一届三中全会后，县委、县政府根据“调整、改革、整顿、提高”的方针，对中小学重新布局，撤班并校，确定重点。双沟公社的教育事业从此进入了快速发展时期，广大社员纷纷把过去应入学而未入学的子女送入学校。1978—1980年，全社新建了璩湾、周庄和周桥三所小学，基本满足了周边学龄儿童就读需要。到1982年，全社共有21所小学。其中，庆祥大队拥有两所小学，其他每大队一所小学。1985年，全乡在读的小学生数达4685人。一所完全中学即双沟中学；五所联办初中，分别是严马、太平、庆祥、周桥和姚韦中学。20世纪90年代末，双沟中学（含联中）规模

达51个班（其中高中12个班），学生2800多名。由于当时经济基础比较薄弱，对教育投入目标是“保有”，即孩子有地方就近入学。因而“泥房子、泥台子、泥凳子、泥腿子”是当时教育落后状况的真实写照，部分学校甚至存在危房。1984年，洪泽县委认真贯彻执行《中共中央关于教育体制改革的决定》，全县实行“分级办学、分级管理”的教育体制。东双沟乡党委按照洪委发（1984）149号文件精神，深化教育体制改革，带领全乡人民打响了以消除危房为重点的“一无两有”（即校校无危房，班班有教室，学生人人有课桌凳）攻坚战。翌年，乡党委、政府在汲取邵庄村小学一年级两间教室在雷雨中倒塌的惨痛教训后，对全乡所有学校的危险房屋进行全面排查，一一采取措施。先后为孙庄、南甸、大吕、小吕、严田、姚韦、邵庄、二堡、太平、刘庄、安乐、璩湾、周桥小学及乡中心小学兴建教室85间，添置课桌凳1500余套，新建围墙1200米。周桥中学整体搬迁至陈庄村，更名为陈庄中学。是年，全面实现了县委、县政府下达的“一无两有”所有目标。1986年，在实现“一无两有”的基础上，制定并实施中学“多配套”（即宿舍、灶房、围墙、厕所、大门、操场等配套设施）齐全目标。1987年，双沟中学更名为东双沟中学。1988年，乡党委、政府根据洪委发（1988）22号《关于加快发展教育事业的意见》精神，进一步加大教育经费的投入，使东双沟中学连带五所初级中学基本实现了“一无两有多配套”的目标。

1994年始，东双沟乡为落实县委、县政府关于《洪泽教育促小康工程实施意见》《洪泽教育现代化工程实施意见》等文件精神，进一步加大对教育硬件投入，先后新建了东双沟中学教学大楼，建成学生公寓。配套建成能容纳1000名学生同时就餐的食堂，标准化物理、化学、生物等3个实验室，3个多媒体教室，3个电脑教室，1个运动场，4个篮球场，1个足球场。校园总面积达56758平方米，校舍面积达9492平方米，教学、生活、运动三区布局合理，结构井然，生活小区实现了庭园化，整个校园基本达到绿化、美化、净化、香化。1996年始，洪泽县教育布局实行优化调整，东双沟教育事业随之进入调整提高发展新阶段。1996—2000年，沈阳、三庄、周桥等9所小学先后被撤并，2000—2010年，张庄、严田、宋庄等11所小学先后被撤并，至此，东双沟的21所小学全部撤并完成，只保留一所东双沟中心小学。同时，全乡5所联中全部撤并到东双沟中学。2002年9月，东双沟中学高中部撤销，保留初中部。2010年9月，全县学校布局调整，东双沟中学被撤并到洪泽县第二中学（后更名淮安市洪泽湖中学）。

2000年始，镇党委、政府为落实县委“科教兴县”战略及“加快洪泽教育改革步伐，促进教育更好地为经济建设和社会进步服务”的决策部署，为改善办学条件，先后投入210万元，为东双沟中心小学征地8000平方米，建成花园和学生服务中心（学生寄宿部）；2001年建成800平方米东双沟中心小学教学楼，告别了没有教学楼的历史；2003年再次征地15215平方米，新建塑胶运动场。自此，学校占地总面积达到33016平方米。2004年，为了解决在外务工人员子女上学的后顾之忧，投资126万元，建成1300平方米的中心小学学生服务中心，中心设有宿舍楼和餐厅。学生家长把中心比作留守儿童的“快乐家园”，第一年有近300名学生入住。2004年，东双沟中心小学实施校园“三新一亮”（新课桌、新板凳、新讲台、电灯亮）工程，新添讲台25张，课桌510张、座椅1000张；25口教室安装日光灯200余只。2007年实施“教育四配套工程”（充实和完善实验仪器、体育设施设备、艺术教育设施设备、图书资料等），学校逐步步入现代化行列。2008年，由镇政府投入55万元，日本青联企业家联盟投资200万日元的东双沟中心小学第二栋教学楼建成投入使用。2009年始，县委、县政府启动省教育现代化先进县创建活动，东双沟镇迎来了提升教育现代化的契机。2010年，镇政府投资120万元兴建的1050平方米东双沟中心小学第三幢教学楼落成。是年，由省教育厅投入80万元、团省委捐资20万元、县政府出资60万元建成的6道300米标准化塑胶运动场投入使用。2011年，凭借洪泽县创建教育现代化的东风，学校步入高质量发展的快车道。由县政府全额拨款220万元，建成1402.56平方米第四栋教学楼及相关配套设施。此外，学校自筹资金45万元，建成校园文化广场一座。是年，学校还建成高速城域网络中心、软件资源平台，添置学生计算机 110 台，多功能投影白板 25 张、展台 25 个、投影仪 25 台，并为每位教师配置了手提电脑；建成标准化科学探究式教学实验室、舞蹈室、音乐室，添置钢琴 2 架、电子琴 3 架。各类教学设施的添置，基本满足了教学需求，学校整体水平和综合实力在全县名列前茅。2015—2017 年，东双沟镇为落实县委、县政府《关于印发洪泽县教育综合改革实施意见的通知》精神，先后投入 60 万元，为中心小学建成高标准厕所一座，建成硅 PU 篮球场两个。

（二）加快教师队伍建设 不断提高教师素质

1978 年，双沟公社教师队伍主要由公办、民办、大集体、长期代课、临时代课 5 种性质教师组成。其中，民办教师占整个小学师资的 79.3%，教师整体素质不高，五所联中师资也亦如此。为了提高教师整体素质，1978 年后，县教育主管部门多次组织教师学习、培训，并于 1982 年组织了三次文化考试和考核，辞退了不合格的民办教师。1983 年初，市教育局招聘合同教师，东双沟一次性迎来了 68 名合同教师，迅速充实了东双沟的中、小学教师队伍。是年起，县教育主管部门定期轮训教干、教师，委托中专、高校代培师资，安排在职教师参加各种函授。东双沟乡辖区各学校每周安排政治、业务活动日，组织教师学习政治和业务，更新知识，提高素质。

1984—1987 年，一批批从江苏省淮安师专、淮安师范等专业院校毕业的统配生被分配到东双沟中小学任教，基本缓解了教师年龄结构老化的问题。1986 年，县委、县政府出台政策，第一批民办教师通过函授、自考等形式，在获得教育教学相应的专业学历和资格后，被允许转为正式的在编教师。是年，东双沟乡 4 名民办教师通过考试、考核如期转正。至 1996 年，东双沟中、小学原民办教师、合同教师基本都转为公办教师，临时代课教师全部予以清退。到 2000 年，全镇教师学历合格率达 100%。中学教师全部具有大专以上学历，小学教师全部达到中师以上。1999 年，东双沟乡根据市、县委要求开展了以“一增三减”（增效、减人、减事、减支出）为主要内容的教育人事制度改革，有 8 人转岗分流。2001 年 12 月至 2002 年 7 月，东双沟镇实施以全员聘用制为主要内容的教育人事制度改革。对男年满55周岁、女年满50周岁或男教龄满30年、女教龄满25年的可办理退养手续。其间，有22人办理了提前离岗退养手续。2004年始，县教育局针对农村教师短缺现象，先后委派胡玉凤、唐月明、李勤等10位“三支一扶”（支农、支教、支医和扶贫）县实验小学教师来东双沟进行支教、轮岗。同时，学校选派徐进勇、钱永美、吕雪萍、刘明芹等教师去西安翻译学院挂职学习培训。

2010年，洪泽县推进教育现代化建设，东双沟中心小学先后迎来了起始学历为本科的高楠、沈家凤、徐红等15名大学生充实到教师队伍，教师队伍年龄偏大问题亦得以解决。同时，鼓励在职教师努力自学，不断提升自身的文化和业务水平。到2012年，小学部教师本科学历率达到70%以上。为了提高教师实际技能，学校组织教师外出参加各类继续教育再学习。截至2018年，教师外出培训达1000人次以上。其中，每年寒暑假，继续教育全员专项培训达500人次以上。

（三）加强学校教学管理 不断提升教育质量

1988年始，东双沟乡根据县委《关于加快发展教育事业的意见》精神，强化中学教学质量管理，坚持“两全”（全面、全员）育人，创新“三精”（精选：教学内容，突出重点简明扼要；精施：教学方法，因材施教教学相长；精讲：讲思路条理清晰，讲方法举一反三）“三练”（课堂反馈练习，检测教学效果；每周单元练习，及时查漏补缺；每月阶段练习，发现问题采取措施）教学方法，教学质量全面提升。1989—1995年，东双沟中学初三毕业班学生成绩连续6年名列全县前茅。1989年，高中部周兆军同学参加全国、全省中学生数学竞赛分获二等奖、一等奖。1991—1994年，东双沟中学因教育工作成绩显著，年年获得县教育局颁发的“高三教学成果奖”。1995年，市文明委授予东双沟中学“市级文明单位”称号，校长施吉斌被淮阴市政府评为“优秀人民教师”。1995年、1996年东双沟中学连续两年被县委、县政府表彰为“十佳模范学校”。2001年始，东双沟镇小学教育改革传统的填鸭式的教学方法，着力推进启发式教学方法。同时，语文教学在高年级推广

“自觉辅导教学法”，小学数学推广“邱学华尝试教学法”。充分调动学生的主动性，启发学生独立思考，培养学生独立解决问题的能力，提高了学生学习效率，提高了整体教育教学水平。

2006—2007 年，央视教育频道、江苏卫视、淮安电视台在不同时间段宣传报道了东双沟中心小学关爱留守儿童教育工作。2008 年 4 月 28 日，联合国儿童基金会东亚及太平洋地区主任辛格女士等一行 5 人视察东双沟小学、青云居委会留守儿童校外辅导站，她们对相关工作给予高度评价。是年 10 月 8 日，江苏省教育厅沈健厅长来东双沟调研教育现代化创建工作。2009 年 11 月 20 日“国际儿童日”，举办主题为“全球媒体儿童日”的大型公益活动和新闻报道，东双沟小学为全球呈现了精彩的 10 分钟表演。此次活动由新华社和联合国儿童基金会共同发起，全球 83 个国家和地区 927 家媒体参与。新华社共播发相关中、英、法、西、俄、阿、葡文等文字和图片稿 3500 多条/幅。24 小时全球电视直播顺利进行，包括 16 小时中文和 8 小时英文节目。活动官方网站、新华网和新华社、中央电视台等多家媒体直播。2013 年 10 月，东双沟中心小学教师王春明被市委、市政府授予“淮安市优秀教师”，林波、张桂林分别被市教育局授予“淮安市师德标兵”称号。2015 年 11 月，东双沟中心小学通过淮安市“智慧校园”“义务教育管理标准示范校”验收，2017 年获得“江苏省文明校园”荣誉称号，2018 年建成“全国乡村少年宫”。

（四）加强成人教育 培养经济适用人才

开展扫盲工作 建立成人学校 1979 年始，县政府为贯彻落实国务院《关于扫除文盲的指示》精神，派驻扫盲工作队进驻双沟公社。公社成立了扫盲办公室，配备了专职扫盲辅导员，各大队亦配备 1—2 名扫盲教员，大力开展扫除文盲工作。扫盲重点为 12—40 周岁的少、青、壮年文盲，全社扫盲重点对象为 6100 人。1983 年，公社党委根据县委、县政府《关于抓紧扫盲工作的通知》洪委发（1983）005 号文件精神，重新制定扫盲工作计划，加快工作节奏。采取开设扫盲夜校，寒暑假在村小学开办全日制扫盲班，农闲时集中上课，对教员实行定任务、定时间，包教、包学、包脱盲的“两定、三包”责任制等措施，使扫盲工作进展快、收效大，文盲人口大幅下降。1984年，全乡认真贯彻《江苏省扫除文盲暂行条例》，进一步加大对扫除文盲工作人力、物力、财力的投入，采取层层签订合同、征收扫盲抵押金等措施，推动扫盲进程。1985年，全乡青壮年文盲基本都摘除了文盲的帽子，脱盲率达到99%。是年底，东双沟乡顺利通过省政府的脱盲验收，并被省扫盲办评为“扫盲先进单位”。此后，东双沟乡按照县委、县政府要求，一方面对已经脱盲的青壮年进行文化再提高，另一方面对未脱盲人口进行再扫盲。

1987年，东双沟乡成人教育中心校成立（后更名为东双沟镇成人教育中心、东双沟镇社区教育中心），建有教室2口，办公室3间。添置了30张条桌、30条长凳等设施。从此，东双沟成人教育有了相对固定的教学场所。1991—1995年，东双沟乡按照县委、县政府《关于再次扫盲的意见》和《关于进一步做好扫除剩余文盲工作的意见》精神，对全乡104名剩余文盲，将任务层层分解，落实到有关村和个人。先后开办了12个定点扫盲班，组织扫盲对象进入扫盲班学习。镇政府指定有关小学和教师负责教学工作，并签订合同，明确奖惩，做到包教、包会、包脱盲。1996年，经有关部门复核验收，全乡非文盲率达99.98%。

科技培训入户 造就实用人才 1998年，洪泽县实施“科教兴县”战略，东双沟乡扩充了乡成人教育中心教师队伍，扩大了固定的办公、教学场所。同时，认真落实县委、县政府关于《农村成人教育工作的意见》，把成人教育工作的重点转移到为地方经济服务的工作上来。对那些想发家无技术、想致富无门路处于尴尬境地的农民，乡成人教育中心校购置了三轮车、电视机和单放机，巡回到各村、组和有关专业大户家播放关于科学种植、养殖的科教片，共达160多场。为了使培训更具实效，2001年，镇成人教育中心校在原沈阳小学闲置校园内开辟葡萄种植培训基地，将视频教学与现场指导有机结合。同时，在葡萄生长和管理的关键节点，邀请葡萄种植专家到基地进行现场教学，面对面、手把手地指导学员。此举帮助了全镇112个困难户通过种植葡萄走上了致富路。

校企（校）联合助推企业发展随着农村改革不断深入，农业内部结构不断优化，农村越来越多的富余劳动力需要走出去、找出路。但是，他们除了传统农业外没有一技之长，胜任新的职业具有一定的困难。1991 年，东双沟乡按照县政府批转县教育局《洪泽县 1991 年农村成人教育工作意见》要求，利用乡成人教育中心校 2 口教室，购买 16 台电动缝纫机，聘请了知名服装企业缝纫师傅任教，开办了电动缝纫培训班，当年免费培训了 110 名电动缝纫工，学员被企业聘用后，很快就成为技术骨干，获得了稳定收入。1991—1993 年，苏、锡、常等地先后有 12 家服装企业与乡成人教育中心校建立校企合作关系。

1993 年 5 月，乡成人教育中心校聘请扬州高邮美术大师黄玉轩先生任美术培训班指导老师，为东双沟乡有一定美术基础且有就业需求的 16 名社会青年进行专业培训。是年底，16 名青年分别在扬州、上海等大中城市对口就业。1994 年 1 月，乡成人教育中心校与上海一家家政服务公司联合，开设了家政服务培训班，32 名农家妇女定向培训合格后，全部被录用。1995 年，东双沟乡为落实县政府关于《洪泽县一九九五年农村成人教育工作的意见》，乡成人教育中心校先后与洪泽电大、洪泽农函大联合办学，开展学历教育。成人校提供学习场所，负责招生、日常管理，洪泽电大、洪泽农函大提供教材、教师，负责教育教学，毕业测试，发放毕业文凭。1997 年，乡成人教育中心校又与洪泽电大联合举办“财会中专班”，共有 285 名学员完成学业顺利毕业。截至 2017 年，东双沟镇共为省内外大中城市，境外 6 个国家及地区培训、输送经警、保安、家政服务、服装加工、建筑工等行业 8620 人。是年，被市政府授予“市级乡镇成人教育中心示范学校”。

2008 年 10 月，省教育厅厅长沈健来东双沟镇调研教育现代化创建工作，对东双沟镇社区教育工作给予充分肯定和高度赞扬。是年，镇社区教育中心被命名为江苏省“省级乡镇（街道）社区教育中心”。2008 年，东双沟镇根据县委、县政府下达的社会事业发展目标，投资 78 万元，建成占地面积

2867平方米，建筑面积2502平方米的镇社区教育中心教学楼。配有专职管理人员4人，兼职教师21人。设置专用教室6间，建有计算机房、多媒体教室、图书室、活动室等现代化教学设施，各类藏书5000多册，电脑31台，电动缝纫机30台，设立培训基地15个。是年，经县劳动局批准，洪泽县众鑫职业技能培训学校在东双沟镇社区教育中心成立。镇社区教育中心充分发挥众鑫职业技能培训学校培训专长，增设了电动缝纫班和电子装配班。2008—2012年，共举办各类职业技能培训班25期，结业学员1271人。其中，1268人获得国家认可的专业资格证书。

2010年，全县深入开展全民创业活动，东双沟镇投资40万元配套扩建4间新的培训教室，对无一技之长打工返乡的165位农民工开展专业培训，提高创业技能。2012年，镇社区教育中心被市政府授予“淮安市社会教育工作先进单位”。2012—2014年，培训新农民2800人，培育农业科技示范户195户。2017年，按照淮安市洪泽区政府办公室《2017年全区新型农民培训方案的通知》要求，先后举办了3期240名新型职业农民培训班。培训对象主要是专业大户、专业合作社核心会员等。培训期间，组织学员到淮安食品科技产业园、蒋坝镇等地开展实境体验式学习。

（五）加强幼儿教育 促进幼儿发展

20世纪80年代初，双沟公社为落实县委、县政府关于加强幼儿教育的决策部署，在各大队陆续办起了幼儿班。当时是混龄教育，幼儿班均设在各大队小学校内。1986年，东双沟乡中心幼儿园（当时隶属于县妇联管理）建成。幼儿园占地面积5633平方米，建筑面积3348平方米，户外活动面积2783平方米。2010年，全县教育布局调整，东双沟镇所有村小幼儿班撤并到镇中心幼儿园。2011年，镇政府投入18万元，对幼儿园室外的活动区域铺设了塑胶地板，更换了新型滑梯及游戏、健身等用品，室内全部铺设了安全卫生的木地板，每班配有钢琴、电视、录音机及足量的玩具和幼儿图书。是年，东沟镇中心幼儿园通过了省优质幼儿园验收；2013年，镇党委、政府根据县委、县政府全县社会事业目标管理大会要求，投资180万元，建成占地面积3600平方米，建筑面积1419平方米，户外活动面积2580平方米，绿化面积720平方米的第二幼儿园。第二幼儿园园内环境美观大方，设计独特，设施齐全。两园内外设施全部按照省级优质幼儿园标准设立，设置18个标准班级，可容纳450名学前儿童。2016年，第二幼儿园亦通过了省优质幼儿园验收。2018年，幼儿园操场实行全面改造，改建了沙池、水池、滑索、走钢丝、小花园、小车、积木等。同时，全面推进课程游戏化项目实施。是年，在园幼儿179名，开设7个教学班。

四、加快发展社会事业 提高人民生活质量

（一）发展医疗卫生事业

1983年，公社改乡后，原双沟地区医院易名东双沟中心卫生院。1987年，东双沟中心卫生院拥有医务人员38人，设有中医科、西医内外科、妇科、放射、检验、手术、超声波、心电图、防保、治疗等科室，拥有病床20张。

1989年，东双沟乡经请示县委、县政府同意，对面临破产的东双沟中心卫生院医疗卫生体制实行改革。通过公开招聘院长，建立健全各项医疗卫生制度，加强村级卫生室建设等，不到两年时间，使卫生院各项工作进入全县先进行列。是年，村民小组爆发伤寒病疫情；二堡、庆祥、邵庄、周桥、张庄、壕湾六个村相继发现上报疟疾病例近200人。疫情发生后，县委、县政府果断决策，采取多种措施，及时规范诊治病人，未发生死亡病例。随后，县、乡联合组织60名卫生专业人员，进村入户，开展流行季节压高峰全民预防服药工作，有效遏制了疫情的扩散、传播。

1991年，东双沟乡遵照县政府关于《洪泽县二〇〇〇年实现人人享有初级卫生保健概略规划》实施意见文件精神，制定并实施了集体办医、村办乡管，农民健康教育普及，甲级卫生室创建，中小学健康知识普及，加强预防保健搞好计划免疫等15条具体措施，取得实效。同时，新建780平方米集医技、住院部、防保所及行政办公综合楼。1995年根据《淮阴市农村卫生管理

规范》和县政府有关文件精神，县卫生部门与乡政府对村卫生室防保人员进行统一考试、考核后实行定员定编，全乡共定编53名村防保医生，服务村民防病治病。

2003年，东双沟镇在“非典”防治工作中，切实按照县委、县政府统一部署，印发《告全镇人民书》到所有农户，广泛宣传“非典”预防知识；建立市外返乡人员登记、检测、报告制度；抽调镇、村干部及卫技人员230人，在主要交通道口，设立防控卡点，测量流进人员体温；组织医务人员，对重点人头实行布控、跟踪监测。投入22万元，发放消毒液1800千克，防护服40套，口罩8000只，设立两个留观点，先后对外出返乡的131人进行了留置观察，没有发现或发生“非典”疑似病例。

2007年，东双沟镇为落实《洪泽县农民健康工程实施方案》洪政发（2007）46号文件精神，投资101.55万元兴建占地面积518平方米、建筑面积1420平方米、一栋三层的镇卫生院病房楼，翌年8月竣工投入使用，病床总数增至30张。2008年，东双沟镇被淮安市人民政府命名为“淮安市卫生镇”。2010年，为完成县委、县政府下达的《2010年东双沟镇社会事业工作目标责任书》，镇政府投资38万元，完成庆祥村700座卫生改厕任务，宋庄村创建省级卫生村、太平村创建市级卫生村。2013年，投资580万元，建成1560平方米，集门诊、医技、药房、预防保健为一体的东双沟中心卫生院门诊楼改扩建工程。是年12月，省卫生厅授予东双沟中心卫生院“省示范乡镇卫生院”称号。

2014—2017年，在宋庄、青云、合兴、万集、草泽、和平等村（居）实施卫生改厕，全镇累计改厕13513座。2017年，根据洪泽区委、区政府关于整治“五小行业”（小食品店、小美容美发店、小宾馆、小浴室、小歌舞厅）安全卫生实施方案，全镇“五小行业”全面建立健全了卫生、消毒等制度，相关人员体检合格持证上岗。是年，投资200万元，新建郭贝、南甸、宋庄、太平四个村标准化卫生室。2015—2018年，建立居民健康档案65428份，完成适龄妇女“两癌”（乳腺癌、宫颈癌）筛查2.2万人次，免费为老年人健康体检2.6万人次。

2018年，东双沟镇根据洪办发〔2018〕117号《洪泽区城乡医疗卫生服务管理一体化改革实施方案（施行）》有关要求，实施了“家庭医生签约服务一体化”试点，推行“1名龙头医院医生+1名镇卫生院医生+1名村医生+多个成员”的“1+1+1+X”团队服务模式。组建6个基本健康服务团队，组织126名医务人员与6071户家庭24287人签订医疗服务关系，签约率达46%，重点人群签约率72%，低保等困难群体签约达100%。从运作情况看，医患关系融洽，患者满意率达98%以上。是年，投入50万元，建成郭贝村家庭医生工作站。辖区内拥有集基本医疗、预防保健为一体的东双沟镇中心卫生院、万集社区卫生院，病床总数90张，各类医技人员56人。其中，中、高级职称38人。村（居）卫生室20个，村医31人。

党的十一届三中会后，双沟公社积极引导群众开展卫生改水，通过挖土井、制作涵管井、竹筒井等简易井，取用相对于比河水、塘水干净的浅表地下水。1986年，乡政府投资8万元，建成取用地下水的自来水厂，满足街道2500人饮水需求。1989年，自来水厂管网向周边延伸，新增双沟、农科村近5000人受益。1996—1999年，在县爱委会的支持下，邵庄、南甸、沿河等村相继建立小水厂，为较偏远的邵庄、南甸、沿河、庆祥、姚圩等18个村的农民解决饮用水问题。2001年，镇自来水厂扩大供水范围，新增小吕、张庄、沈阳等村的供水保障。2014年，为落实县委、县政府关于创建省级生态县及完成区域自来水供水工程的决策部署，东双沟镇与县农村供水有限公司合作，使全镇人民吃上了和县城一样干净、卫生的自来水。2016年，投资1960万元，对管道更新改造，铺设主管网60千米，日供水量提升到3000吨，供水服务全镇6.5万人。

（二）发展文化广电事业

加强文化主阵地建设1982年，建筑面积100平方米的双沟公社文化站建成。1984年，文化站为创收弥补活动经费不足，将房屋承包给个体户经营木器加工，1988年又被转为计生服务站使用。1992年，东双沟乡根据县委、县政府关于创建省群众文化先进县、先进乡镇活动要求，新建集群众文化、成人教育、党员教育为一体的乡文化教育活动中心，各村相继建立了以科普、文化活动为主要内容的村级多功能活动中心。

2001年，东双沟镇根据省委、省政府提出创建文化大省、文化强省的目标和县委、县政府关于“大力推进文化兴县、文化强县建设”的决策部署，与县新华书店联合投资28万元，在青云东路建成集文化、广播等为一体的3层12间290平方米文化中心。2007年，青云等11个村（居）陆续建立农民图书室。2009年，镇政府根据县委、县政府下达的社会事业责任目标要求，出资10万元，将税务所一幢局部3层，建筑面积410平方米的楼房置换为文化中心，配有图书室（藏书5000余册）、健身房、乒乓球室、棋牌室、舞蹈室、有线电视服务大厅等。2011年6月，东双沟镇承接了由省文化厅、县委宣传部、县文广新局共同举办的“美好江苏——文化民生基层文艺巡演”东双沟演出活动，为全镇人民送上了健康多彩的文艺大餐。2015年，投资160万元建成5000平方米的万集万家乐园文化广场。广场内设有喷泉、艺术雕塑、亭阁、健身广场、电影放映、卡拉OK等十多项文化娱乐设施。

2016年，东双沟镇为满足人民群众对文化生活的日益需求，根据市委、市政府《关于推动文化建设迈上新台阶的实施意见》和县委决策部署，投资1000万元，新建一座占地6000平方米，建筑面积1300平方米的综合性文化服务中心和占地2.3万平方米的文化广场，2017年开始投入使用。文化中心设有图书室、阅览室、棋牌室、多功能室、排练室等；文化广场中设有健身步道、健身路径、笼式篮球场、笼式足球场、羽毛球场、广场舞健身区、轮滑区等。同时，投入50万元，改造提升20个村（居）文化服务中心。

为发展广播影视事业1969年，双沟公社广播放大站复站。1978年始，广播放大站除正常转播县广播电台节目外，还根据公社党委中心工作开办一档自办节目。1980年，全社投入5.2万元开展广播整网，建成馈线、水泥杆广播专线，推行皮线入户串户线，达到棵棵杆子正，条条线路通，只只喇叭响。各大队还配备了专职广播线路维护员。1994年初，东双沟乡根据县委、县政府关于争创“江苏省群众文化先进县”会议精神，筹集3.5万元资金，对全乡有线广播进行整网维修，先后架设11.3杆千米，20.7线千米，串户皮线1.2万米，更换和新增了1100只喇叭，维修了街道音柱。至此，全乡户户都能听到广播，普及率达100%，收听率、通响率均达95%以上。1998年始，由于农村电视、电话的快速普及，有线广播被乡村各级忽略。2018年，全镇开通应急有线广播，在20个村（居）人口居住稠密的村庄和居民点安装高音喇叭112只，覆盖听众4.5万人，占总人口70%以上。

1974年，公社成立电影放映队，1979年扩大到两个放映队。1980年在卫生院和供销社院内分别设立露天固定放映点。1982年，东双沟乡电影院建成。1984—1986年，太平、南甸等村先后建起了影剧院，农民白天也能看到电影。1979—1989年是电影播放最旺盛时期，有时一部好的片子一晚上要“跑片子”2—3个大队，乡电影院每天要放十多场。2000年后，为落实县委、县政府关于“减轻农民负担”的决策部署，全乡“电影费”不再列入农民合同筹款，乡电影队精减人员，采取卖票放映、包场放映。2001年始，东双沟镇为落实县委、县政府“文化兴县文化强县”决策部署，农村电影放映列入公益事业安排。2010年始，更新为数字电影。2015年始，全镇设立5个数字电影广场，每年为群众免费放电影170余场。

1988年，全乡拥有电视机356台，其中彩色电视机33台。1998年，县到乡有线电视主干道架设成功。1999年，首批在街道及周边村（居）开通有线电视210户。2001—2008年，南甸、和平、宋庄等6个村陆续开通有线电视，2009—2010年，东双沟镇为实施县委、县政府下达的农村有线电视“村村通”工程任务，新增邵庄、庆祥等村1213户有线电视用户。2011年，全镇有线电视入户率达62%。2012年，完成街道数字化电视整转。2013年6月，实现全镇数字电视“户户通”。2014年开始实施网络“户户通”工程，首批“光纤入户”在东双沟街道开通。2015年始，陆续在青云、丰收、徐庄等村（居）铺开，2018年全镇实现网络户户通，入户率达91%。

（三）加快镇村道路建设

1988年以前，集镇通往各村道路全部是土路。1988—1999年，东双沟乡党委，政府动员每个农户向村组提供一定数量的砂石，相继建成孙南路、姚严路、太平路、张庄路、丰产路、西湾路等砂石路。2000—2003年，镇党委、政府采取群众自筹、镇村补贴、向省、市财政部门争取资金的办法筹集修路资金，修建集镇主街道沥青路、西湾路沥青路。2004—2007年，建成沈严、丰产、太平等11条76.15千米水泥路。2009年，投资213万元，新铺设西湾路农村四级公路。2008—2010年，镇政府根据县委、县政府下达的责任目标，累计投资290万元完成了崇贤路、园区路的铺设和民兵路的改建，架设了砚临河大桥、崇贤路大桥。2010年，镇内8千米浜湖大道建成通车。至此，全镇各村、组都通上水泥路，总里程83.55千米。2015年，农村四级公路累计达146.07千米。2015—2018年，投入4900万元，改建农村公路16.97千米，其中二级公路4.97千米，四级公路12千米。至此，全镇硬质道路纵横交错，真正实现村村通组组通，农民在村口有的在家门口就可搭乘公交车。

（四）加快农民住房建设

1978年以前，农民住房基本都是土草结构房屋，只有极个别农户有半砖瓦或土瓦结构房屋。1983年始，各村、组根据县委、县政府优惠政策，大力兴办小土窑生产砖瓦，为农民改善住房条件就地解决基建材料。1988年，集镇居民住房全部实现瓦房化，部分居民盖起楼房。1999年，县委、县政府加大小城镇建设力度，鼓励村民进集镇建房。是年，东双沟乡286户村民进街道建造二层以上商住两用楼房，农村村民住房基本达到瓦房化，全乡尚有2%村民居住草房。2001年始，全省实施草改瓦工程，东双沟镇认真落实县委、县政府帮扶措施，先后资助173户草房户建成瓦房或楼房。

2004—2007年，东双沟镇大力实施中心村规划与建设。安乐、张庄、太平、南甸中心村初具规模，所属村内42%的农户入住中心村。2005年，镇政府为落实县政府办公室《洪泽县农村安居工程实施意见》精神，筹措51万元资金，帮助农村12个危房困难户，每户新建了不低于40平方米的新瓦房。2008年，东双沟镇对原敬老院一闲置地块进行挂牌拍卖开发，新建双兴居民集中居住区，首批入住居民18户。2018年底，全镇农民住房改善工程开始启动。

（五）加快特色小区建设

2012年，东双沟镇根据县委、县政府下达的社会事业发展目标，分别建成建筑面积2.8万平方米，188套住房、68套门面房的青云华庭小区和建筑面积4.5万平方米住房320套住房的龙池花苑小区。2013—2017年，投资1.5亿元，建成2.6万平方米住房185套的浜湖花苑小区。同时，配套建成日处理能力200吨的厌氧组合污水处理设施一座，建成多功能服务中心1500平方米，小区绿化1.7万平方米。

2018年，东片万家乐园小区二期工程续建，累计建筑面积达到2.4万平方米，建成住房220套。

五、发展民政社保事业 促进社会和谐稳定

1978年始，双沟公社民政工作主要是办理婚姻登记（2003年由县民政局收回集中办理）、统计并解决城镇定量户口初、高中毕业生、退伍军人就业安置，婚姻家庭纠纷的调处、拥军优属和救灾救济以及“五保”（吃、穿、住、医、葬）人员供养等工作。

殡葬改革 1984年，乡民政办根据县政府关于殡葬改革工作会议精神，在全乡开展破除民间繁礼厚葬、大操大办铺张浪费等陋习，严禁土葬，推行火化安葬。实行殡葬改革起初一两年难度颇大，随着各村公益性公墓（安息堂）的建立和东双沟乡《关于进一步深化殡葬改革的通知》落实后，广大群众及丧户的思想认识逐步提高，1987年起，死亡火化率年年达100%。

救助灾民 1991年六七月间，全县出现百年不遇的洪涝灾害。东双沟乡成灾人口3122人，伤亡3人。其中，因房屋倒塌庆祥、沈阳两村各砸伤1人，二堡村砸死1人。洪灾共造成759户1657间民房倒塌，部分民房和乡、村企

业工厂被淹。灾情发生后，乡党委、政府立即组织党员干部及民政人开展抢险救灾、妥善处理死亡人员善后，抢救受伤人员、转移安置灾民、重建家园、恢复生产。其间，共发放棉衣、棉被等灾民生活用品 520 件，各种食品 2.6 吨，灾民口粮 12 吨，灾民建房款 188.2 万元。2003 年淮河流域发生特大洪涝灾害，东双沟镇按照县委、县政府要求，一方面组织 1100 名坚强劳动力驻守洪泽湖大堤，防汛抗洪保堤；另一方面由民政人牵头，各村（居）干部配合，组织生产自救，重建家园。先后发放救灾大米、食用油、救灾款共计 68 万元，帮助灾民建房 43 间，修建人行桥 3 座，修建水库道路 5.8 千米。

社会救助自 2007 年实行老复员军人、残疾军人遗孀生活救助工作以来，到 2018 年底已向 34 人累计发放生活救助金 266.85 万元；2009—2018 年，共发放农村低保户最低生活保障金 710 万元；发放困难群众大病医疗救助金 157 万元；发放临时生活困难、特困老人、流浪乞讨人员等生活救助金 11.2 万元；对二级以上无固定收入的农村重度残疾人，依照有关规定，按季度足额发放生活救助金。2018 年，镇政府投入 106 万元，对农村困难家庭医保进行兜底保障。

五保供养 1985 年，在县民政局的支持下，乡政府自筹 10 万元资金新建一所占地 4.8 亩，拥有 19 间房屋的敬老院，集中供养 18 名五保人员。1994 年，投入 40 万元，迁建 7 幢近 800 平方米老年公寓，28 位五保老人入住老年公寓。散居五保人员全部签订“四方协议”（乡、村、组、监护人）分散供养。2006 年，东双沟镇争取省农村五保“关爱工程”项目补助资金，投入 62 万元，建成建筑面积 810 平方米，配套功能齐全的 6 套四室一厅一卫别墅式老年公寓，改善和提升了“五保”人员集中供养条件。2011 年，投资 50 万元，建成敬老院综合楼。2013 年 8 月，东双沟镇农村五保供养服务中心成立。2018 年，投入 180 万元，新建 1 幢 300 平方米老年公寓楼，将东片（原万集敬老院）五保老人并入镇敬老院，全镇五保集中供养 36 人，分散供养 254 人。是年，新增民营养老院 1 家。镇农村五保供养服务中心与镇中心卫生院合作共建医养融合养老院试点取得成功，实现供养康复、医疗护理、休闲娱乐一体化服务。

拥军优属 1983 年实行“大包干”生产责任制后，东双沟乡根据县政府拥军优属的有关规定，采取优待金的形式，对烈军属和伤残军人（后称残疾军人）给予固定补助。1988 年始，给予义务兵家属发放“代耕代种费”优待金。1997 年始，根据县委、县政府部署，全乡实施“拥军优属模范乡镇”创建活动。2004 年，被淮阴市委、市政府、淮阴军分区授予“拥军优属模范乡镇”称号。2009 年，为落实县双拥工作领导小组下达的拥军优属、涉军维权工作任务，创建了“一办五站”，即镇设立涉军维权工作领导小组办公室；法律法规指导站、优待政策咨询站、民事纠纷调解站、诉讼代理援助站、治安案件受理站。“一办五站”的建立，促进了全镇双拥工作逐步走上制度化、法制化轨道。

2012 年，东双沟镇被中共淮安市委、市人民政府、淮安军分区授予《双拥模范乡（镇、街道）》荣誉称号。2017 年，按照区双拥工作领导小组关于加强拥军优属服务平台建设要求，镇里成立了拥军优属服务站，各村（居）分别成立了拥军优属服务队，以组织科技、卫生、法律知识为优抚对象提供针对性的服务；依托社区居家养老服务中心，为优抚对象提供生活照料、文化娱乐、精神慰藉和送生活日用品等形式多样的拥军优属活动。

2007—2018 年，共为服现役的义务兵家属发放优待金 101.6 万元；为复员军人、残疾军人、带病回乡退伍军人、三属、（烈士遗属、因公牺牲军人遗属、病故军人遗属）“两参”（参核、参战）人员等优抚对象发放抚恤金 741 万元。

慰烈工程 1990 年清明节期间，东双沟乡遵照县委、县政府指示精神，在县民政局拨付部分资金的前提下，动员全乡党员、干部、群众捐赠，筹措 1.5 万元资金，在街道青云桥北建造烈士纪念塔 2 座，安放了抗战时期在双沟因战牺牲的数十位革命烈士遗骸。2011 年，为贯彻落实省、市、县关于抢救维护和集中迁葬零散烈士墓的文件精神，让分散安葬的烈士“回”家，东双沟镇投资 30 万元，在原两座烈士纪念塔的基础上改建东双沟镇烈士陵园，将全镇散葬的7位烈士集中迁葬到陵园内。2013年，根据县民政局的意见，又对烈士陵园实施扩建工程。2014年末，东片（原万集镇）八一烈士陵园亦建成。此后，两座烈士陵园成为缅怀革命先烈，进行爱国主义教育的主阵地。

老龄工作 1978年后，双沟公社老龄工作一直都有公社（乡）党委一名副书记或委员分管或主抓。1987年，乡老龄工作委员会成立。同时，选举产生乡老龄协会，各村相应成立老龄协会分会，协助开展老年教育、调处涉老纠纷、帮助老年人维权、发挥老年人余热等。1987年起，乡政府每年都在重阳节（老年节）期间，开展走访慰问老年人活动。1993年10月，东双沟乡根据县委办公室《关于开展庆祝国际老人节和省敬老日活动的通知》"集中搞好尊老敬老宣传月"的精神，镇主要领导发表广播讲话；组队参加县老年人协会举行的首届老年人联欢会；慰问80岁以上和"五保"老人；评选表彰尊老敬老好儿女、孝敬公婆好儿媳71人。

1996年，东双沟乡根据县老龄工作会议要求，广泛掀起学习、宣传新颁布的《中华人民共和国老年人权益保障法》高潮。"五个老有"（老有所养、老有所医、老有所为、老有所学、老有所乐）在全乡得到广泛宣传和落实。是年，沈阳、南甸两村老年协会，赵龙祖、姚德义、吕成全等9位村老年协会会长，分别被县委、县政府表彰为全县"老龄工作先进集体"和"老龄工作先进个人"。2000年，镇政府投资18万元建立了老年活动中心。自2003年始，根据县老龄工作会议精神，镇老龄工作交由社事办（民政办）负责。2005年，投资30万元，建成东双沟镇居家养老服务中心，该中心配有图书室、电视室、棋牌室、健身室等，免费向老年人开放。

2007年，东双沟镇按照对应县老年人（体育）协会，通过选举将镇老龄协会更名为东双沟镇老年人（体育）协会。各村（居）均成立了老年人（体育）协会并落实了老年人活动阵地。此后，老年体育工作被列入老龄工作的重要内容。2009—2018年，全镇14943位农村老人按月领到了基本养老金。其中，1773位80岁以上老年人还按季度领取高龄老人尊老金。2017—

2018年，镇政府为落实《洪泽区2017年度“安康关爱行动”实施方案》，投入103.8万元为符合条件的10943名老年人购买了“意外伤害”安康关爱保险，减轻了老年人及家庭经济负担，提高了老年人的生活质量。

六、加强人口计生工作 营造和谐人口环境

党的十一届三中全会后，全县迅速把计划生育工作重点转移到一对夫妇只生育一个孩子上来。1979年7月1日，县委计划生育工作现场会在万集公社召开。随后，双沟公社全面推行一对夫妇只生育一个孩子，年内落实上环、结扎等各类节育措施1160例。是年，县委下达双沟公社人口出生计划488人，实际出生484人，人口出生率为14.5‰，比1978年的22‰下降了7.5‰，已婚育龄夫妇节育率达90%以上，全社976对一孩夫妇领取了独生子女光荣证，领证率达95.6%。为了使人口与计生工作同经济社会协调发展，东双沟主要抓了以下四个方面。

（一）开展宣传教育 转变生育观念

1979年始，双沟公社党委始终把计划生育宣传教育工作放在首位，大会、小会宣讲，农闲、农忙不停，即使是在“三夏”“四秋”大忙季节，计划生育宣传教育也要见缝插针。党委研究工作时有计划生育工作的项目，布置工作时有计划生育工作的任务，检查工作时有计划生育工作的内容。

1991年，东双沟乡按照县委洪发（1991）1号文件要求，广泛深入地开展全民性的人口与计划生育基础知识宣传教育活动。乡、村分别成立人口学校，推行“三三制”教育方案，即乡里办好新婚夫妇班、孕期保健班、教学骨干班，村里办好青春班、计划生育协会会员班、学龄前儿童家长班，村民小组办好学龄儿童家长班、更年期妇女班和老年班。同时，乡党校、人口学校、党员冬训班都把《江苏省计划生育条例》当成主要教学内容，各村及机关各单位，利用板报、墙报、布报宣传《条例》，宣传计划生育工作中涌现出的先进人物和典型事例。经过宣传教育，增强了广大干群的人口意识和法制观念，打消了许多一孩夫妇“等政策、等放开（二胎）”的念头，提高了

干部群众实行计划生育的自觉性。。

2004 年，东双沟镇根据市、县有关会议和全县新一轮“婚育新风进万家”活动关于创新计划生育宣传教育的形式，填补计划生育宣传教育的空白点，增强独生子女户自豪感和光荣感，培育新型生育文化，开创计生工作新局面的要求，在全镇范围内开展了“关爱女孩行动”和“独生子女祖辈教育活动”。活动中，共向 871 个只有一个女孩的家庭发放了慰问信；向 72 对结婚独生子女夫妻发送慰问信和礼品；对生产、生活有特殊困难的 33 个独生女户发放救助金 14.6 万元；对 16 名上学有特殊困难的独生女大学生给予助学补助 4.8 万元；为婚出的独生女户父母生活指导办实事 127 件；为全镇独生子女提供一次免费健康体检。

2006 年，东双沟镇根据中共洪泽县第九次党代会精神，进一步加大计划生育宣传教育工作力度。镇计生办在街道主要地段建立了计划生育宣传橱窗，将党和国家人口与计划生育方针政策，全镇人口出生指标，节育避孕知识等张贴宣传；镇党政办每季度编印一期《计划生育简报》，发至全镇家家户户；镇文广站牵头组建了一支计划生育文艺宣传队，编排了计划生育内容的文艺节目，到各村（居）宣传演出。

（二）落实计生政策 规范婚育行为

1979 年，双沟公社根据县革命委员会文件精神，认真落实独生子女优待政策。对农村领取独生子女光荣证的家庭，每年补给独生子女保健工分 400 分，实行“大包干”生产责任制后改为年补助独生子女保健费 40 元，享有双份自留地待遇等，直至独生子女满 14 周岁；独生子女在入托、入园给予优待照顾，减免有关费用，定期体检，定期搞好幼儿防疫。

1986 年，东双沟乡认真贯彻落实中共淮阴市委、市政府《关于进一步抓紧抓好计划生育工作的意见》文件精神，该文件进一步重申了计划生育工作的政策：“继续提倡一对夫妇生育一个孩子，继续提倡晚婚晚育。要坚决堵大口子，严禁生育超计划的二胎和多胎；严格按照苏办发（1985）37 号文件中有关生育政策十四条规定和省计生委（1985）148 号《关于对十四条生育政策的解释的通知》文件执行，照顾一部分群众再生一个孩子，批准权限在县、区人民政府。其他任何单位、个人不得乱开口子、乱解释、乱批准。”

1988 年，东双沟乡根据县委、县政府《关于加强计划生育工作的意见》洪委发（1988）17 号文件精神，针对本乡实际，从落实计生政策，完善计生工作责任制、加强育龄人群婚育管理、加强流动人口计划生育管理、党、团员和干部带头等方面，研究制定了《东双沟乡关于计划生育工作的若干规定》。这一文件的出台，对遏制育龄人群超生行为，促进全乡计划生育工作强行入轨起到了很大作用。1990 年 2 月 22 日，东双沟乡第十届人民代表大会第一次会议审议并通过了《东双沟乡关于实行计划生育的有关规定》乡规民约（简称 5 条规定），对晚婚晚育给予物质奖励，对早婚早育的按计划外生育论处，对超生二孩的除一次性处以 3000 元罚款，还要征收多子女社会抚育费，每年 200 元，直至小孩满 14 周岁止。

1991 年，乡党委根据县委、县政府《关于加强计划生育工作的意见》精神，从加强政策宣传、加强基础管理、加强队伍建设、加强党的领导等四个方面搞好全乡计生工作制定了 16 条具体措施。1994 年，东双沟乡根据新修订的《江苏省计划生育条例》和市、县有关文件精神，制定印发了《东双沟乡关于实行计划生育的有关规定》，对晚婚晚育、计生基础管理、超生处罚、计生经费管理等做了具体规定。对极个别违法生育按照法律程序申请进行集中执法行动。1997 年 ，乡党委、政府制定印发了《关于进一步加强计划生育工作的决定》东双委（1997）36 号文件，文件对加强领导，坚持一把手亲自抓、负总责；加强基础管理，坚持依法治育；强化责任，实行齐抓共管；对一票否决制等做出了具体规定，促进了全乡计划生育工作逐步走上经常化、制度化、规范化的轨道。

2002 年，县委、县政府印发了《关于进一步加强人口与计划生育工作的意见》。《意见》对切实加强全县的人口与计划生育工作，围绕“十五”创建省计划生育示范县的总体目标提出了具体要求。镇党委在组织全镇党员干部认真学习《意见》的基础上，要求各级干部，坚持两手齐抓，既要抓好经济工作，又要抓好计划生育工作；坚持依法治育，深入贯彻执行国家《人口与计划生育法》，开展依法行政。同时，推行生育政策、人口出生指标、办事程序、计划外生育费征收，推行国家计生委提出计划生育行政执法“七个不准”（不准非法关押、殴打、侮辱违反计划生育规定的人员及其家属；不准毁坏违反计划生育规定人员的财产、庄稼、房屋；不准不经法定程序、将违反计划生育规定人员的财产抵缴计划外生育费；不准滥设收费项目、乱罚款；不准因当事人违反计划生育规定而株连其亲友、邻居及其他群众，不准对揭发、举报的群众打击报复；不准以完成人口计划为由不允许合法的生育；不准组织未婚女青年进行孕检）等公开、公示制度。对违反“七个不准”的人和事严肃处理，公开曝光。2010—2017 年，为落实计生奖扶政策，全镇共有 3769 人领取政府发放的奖扶金 1198.016 万元。

2017 年，中共淮安市洪泽区委、区政府为贯彻落实国家全面二孩政策，进一步鼓励适龄夫妇生育二孩，形成按政策、负责任、有计划生育，推动全区人口与经济社会协调可持续发展，制定出台了《关于鼓励适龄夫妇生育二孩的实施意见（施行）》。此后，东双沟镇对符合政策按计划生育二孩的孕产妇，在孕产妇保健、住院分娩均给予一定的财政经济补助，同时，产假延长到 6 个月，减免学前儿童幼儿园大班一年保教费等。2017—2018 年，全镇共有 343 对适龄夫妇申请领取二孩生育服务证，实际出生二孩数量 358 人。

（三）加强基础工作 实行目标管理

20 世纪 80 年代初，随着农村改革的不断深入，农业生产责任制的不断完善，给计划生育工作也带来新的挑战。1981 年，双沟公社根据县委要求，在落实生产责任制的同时，将计划生育指标任务一并落实。公社与各大队签订计划生育工作合同书，建立大、小队干部计生岗位责任制，实行干部年终补贴与计生工作实绩挂钩，各大队、生产队把年度人口出生计划、节育措施落实等层层分解，落实到农户。将《计划生育合同》和《农业承包合同》“两个合同”一起订，“两种生产”一起抓，实行一年早知道。1985 年始，全乡计划生育责任目标管理逐步规范，考核体系逐步完善，并严格兑现奖惩，增强了乡、村、组三级干部落实好计划生育这一基本国策的主动性。

2001 年，县委、县政府为贯彻落实中共中央、国务院《关于加强人口与计划生育工作，稳定低生育水平的决定》，明确提出积极推进村民自治，实行计划生育村务公开、民主管理、民主监督。实行向“以村为主，村民自治”的计划生育管理模式转换。是年，东双沟镇根据全县计划生育工作会议精神，结合本镇实际，研究制定了《关于开展计划生育“以村为主、村民自治”的工作意见》，明确了村（居）党支部书记、主任、计生专干、村民组长等村、组干部和信息员、中心户长责任目标；帮助各村（居）修订、完善《村民自治章程》及《村规民约》，建立起党员干部计生责任包干区、源头信息、季度服务、群众评议、党员联系户等 5 项目标管理制度；讨论修订计生协会章程，计生协会员发展达到 1400 人。建立了计划生育网格化管理目标体系，形成了村组干部人人齐抓、党员团员模范带头、广大村民自我教育、自我管理、自我服务，多数人做少数人工作的局面。2001—2005 年，全镇计划生育率达 98.7%；期内综合避孕率达 92.1%；群众应知应会知识知晓率达 87%以上；访视服务率达 95%以上；群众满意率达 90%以上。

2007 年，县委、县政府为贯彻落实中共中央、国务院《关于全面加强人口和计划生育工作统筹解决人口问题的决定》（中发【2006】22 号）文件和市委、市政府《关于对人口和计划生育工作后进乡（镇、街道）实行重点管理的意见》的文件精神，县委办、县政府办联合印发了《关于对人口和计划生育工作后进村（居）实行重点管理的意见》。东双沟镇对和平、太平、张庄等 3 个后进村实行派驻工作组、采取一村一策、重点帮扶、责任到人、限期转化达标等措施，经过 1 年半时间的努力，三个后进村分别进入合格村、先进村行列。后进村的迅速转化，促进了全镇计划生育总体水平的不断提高。2008 年，邵庄、青云、南甸等 6 个村（居）分别被县、镇表彰为计划生育工作“先进村（居）”。

2009 年，东双沟镇根据县委办、县政府办《关于开展人口和计划生育示范村（居）、先进村（居）、合格村（居）创建活动的意见》精神，以扎实推进“十一五”省人口协调发展先进县创建工作为主要目标，建立健全“以村为主，村民自治”的计划生育工作机制，对照创建标准，制定实施方案，通过近一年的组织实施，共有10个村（居）进入全县计划生育合格村（居）行列，其中达到先进村（居）6个、示范村2个。

（四）开展系列服务 解除后顾之忧

1992年，东双沟乡计生服务站成立，配正、副站长各1人，卫技人员2人。1996年，全乡各村均成立了计生服务室。1999年，为全面提高全县计划生育服务水平，保护育龄群众身心健康，推动“婚育新风进万家”活动深入开展，县委办公室、县政府办公室印发《关于开展避孕节育知情选择工作的意见》。东双沟乡根据文件精神，乡政府与卫技服务人员签订《工作责任书》，与避孕节育对象签订《计划生育避孕节育合同书》，全面实施育龄人群避孕节育措施知情选择。是年，全乡知情选择知识普及率、群众满意率均达90%以上；计划生育率达98.2%。2000年，东双沟镇计生服务站被评为国家级优质服务站。2007年，镇政府投资30万元，建成镇生殖健康家庭保健服务中心。

2008—2009年，东双沟镇根据县人口和计划生育领导小组《关于在全县开展流动人口计划生育服务年活动的通知》要求，免费发放流动人口《婚育证明》1583份，查验率达96%；签订流动人口计划生育服务合同1781份；发放“亲情服务一卡通”427份；帮助流动人口解决就业、子女入学等实际问题71件；建立了“政府主导、部门配合、镇村联动、相互协调”的流动人口计划生育管理服务体系，促进了人口与经济、社会协调发展和可持续发展。2010年，全县实施计划生育阳光工程，镇政府投入12万元对各村（居）“世代服务室”进行升级改造，开展“十一五”省人口协调发展先进县创建（乡镇部分）并通过市级验收。是年12月，东双沟镇计生服务站被国家人口和计划生育委员会授予“全国计划生育优质服务乡级示范站”称号。2013年2月，东双沟镇被江苏省人口和计划生育委员会授予“人口与计划生育依法行政示范乡镇”称号。

2016年12月，东双沟镇根据省、市机构改革及淮安市洪泽区政府办公室《关于印发淮安市洪泽区优化整合妇幼保健和计划生育技术服务资源的实施意见》文件精神，将计划生育技术服务职能划归镇卫生院（社区卫生服务中心），增挂“东双沟镇妇幼保健计划生育服务站”牌子，镇不再保留计划生育服务站，全镇计生管理工作仍由镇政府人口和计划生育办公室负责。原计划生育服务站的人员实行分流安置。

七、加强精神文明建设 丰富群众精神文化生活

（一）弘扬传统民俗文化

1979年，双沟公社文化站牵头成立了“洪泽县双沟公社淮剧团”，拥有32名演职人员。1981年改唱黄梅戏，主要演出传统古装戏《天仙配》《秦香莲》等20多个剧目。1987年，东双沟乡根据县委、县政府关于加强精神文明建设工作会议精神，动员和组织民间艺人，成立了花船、高跷、跑驴、龙灯等6支表演队，逢年过节巡回到各村及街道演出，丰富群众文化生活。1995年，东双沟乡选送的《花篮舞》参加全县文艺汇演获得表演“二等奖”。2008年，东双沟镇组织12位民间艺人参加全县大型民俗文化巡游表演活动。

2016年，以民间艺人为主体的东双沟镇真美农民艺术团、东双沟镇金凤凰歌舞团注册成立。至2018年，两支业余文艺团队共为群众演出216场，观众达4.6万余人。2018年9月，在洪泽湖畔渔人湾风景区举办的“丰收中国·情满大地”CCTV-7首届中国农民丰收节特别节目暨第十三届中国洪泽湖国际大闸蟹节开幕式上，东双沟镇花船队、舞龙队，分别登台表演了庆丰收“跑花船”“舞龙”等传统节目，这也是东双沟农民业余文艺团队首次登上央视大舞台并上镜。是年国庆前夕，东双沟镇根据区委宣传部通知要求，组织民间文艺团队巡回各村（居）开展“庆中秋·迎国庆”巡回文艺演出22场。

（二）发展群众体育运动

1978年后，双沟公社群众体育运动蓬勃发展。游泳是当时农民体育活动的主要项目之一。沈阳大队组织社员利用自然水域开展游泳训练，并相继建成篮球场、排球场、乒乓球室、棋牌室。1979年，沈阳大队党支部书记张友贤先后出席淮阴市、江苏省群众体育基层先进单位经验交流会，受到表彰和奖励。春节期间，双沟公社举办农民体育运动会，各大队共选送300多名农民运动员参加篮球、拔河等比赛，观众达2000多人。1982年，公社组织16名农民运动员参加“洪泽县第一批田径之乡”田径对抗赛。1984、1985年春节，东双沟乡分别举办了第一、第二届“农民体育活动周”。

2006年起，东双沟镇积极动员和组织全镇老年人参加一年一届（每年3—10月）的江苏省老年人体育节，春秋两季各举办一次体育健身节目展示活动。2009年，在“洪泽县中老年人迎国庆柔力球展示竞赛暨江苏省第四个老年体育节分会场”活动中，东双沟镇代表队获得一等奖。是年，全镇太极柔力球，健身操（舞）、健身腰鼓、太极拳（剑）、广场舞等群众体育队伍达到12支，队员发展到1700人，被省农委表彰为“江苏省农民体育先进乡镇”。是年9月，东双沟镇组织56名农民运动员参加“洪泽湖大闸蟹杯”江苏省第三届农民体育节“百镇千村”篮球、乒乓球、拔河比赛，均取得优异成绩。2016年，东双沟镇为贯彻落实《县政府办公室关于进一步加强新形势下全县老年人体育工作的意见》精神，结合本镇实际，制定印发了《关于进一步加强新形势下全镇老年人体育工作的意见》，从贯彻“党政主导、部门尽责、协会组织、社会支持、重在基层、面向全体”的老年人体育工作方针，把老年体育工作纳入全镇经济社会建设总体规划，做出了具体部署和安排。2018年8月8日，镇“风之舞”体育健身队参加了洪泽区委宣传部、区体育局等单位联合举办的“迈进新时代幸福舞起来”2018全民健身日启动仪式暨“我要上省运”“民生银行杯”广场舞大赛，荣获了“道德风尚奖”和“优秀组织奖”。

（三）开展文明创建活动

1987年2月，县委召开四届四次全委（扩大）会议，会议以《中共中央关于社会主义精神文明建设指导方针的决议》为指导，对全县精神文明建设进行全面规划部署。此后，乡党委按照县委部署，深入开展学习宣传"新宪法""五讲四美三热爱"等活动。活动中，发动全体村民讨论制定《村规民约》《乡规民约》，各村成立红、白、喜、庆理事会，破除封建迷信，革除陈规陋习，树立文明新风，社会秩序安定团结有序。各村先后还评选出"好婆媳""好妯娌""好庄邻"等816对，"遵纪守法光荣户"610户，"五好家庭户"730户。

1992—1994年，乡党委、政府根据县委关于实施省委《关于在全省农村普遍开展社会主义思想教育的通知》的意见精神，在全乡广泛开展了以"三优一创"（优美环境、优良秩序、优质服务、创建文明单位）和"三户一村"（五好家庭户、科技文化户、双文明户、文明村）为主要内容的精神文明建设活动。活动期间，乡中心小学等4个机关单位，获得全县"文明单位"称号，23个村共评选出"五好家庭户"976户、"科技文化户"420户、"双文明户"540户、"文明村"4个。2004年，镇党委为切实把市、县"农村百里文明示范带"建设目标任务落到实处，在县委挂钩领导及共建单位的支持下，投资60万元，实施了环保、绿化、亮化、美化、卫生、文化"六大工程"，使全镇农村、集镇绿起来、净起来、亮起来、美起来，建成了沿宁连公路一条整洁优美的、充分展示东双沟镇形象的、造福人民群众的文明示范带。2013年，为落实好县委、县政府《关于创建江苏省文明城市的总体规划》和加强生态县建设的要求，围绕"生态东双沟、潜力东双沟、和谐东双沟"的规划目标，全镇投资300万元，印发《致全镇人民的一封公开信》《国家级生态镇创建知识宣传》等宣传资料2.2万份；购置垃圾转运、保洁车81辆，投放垃圾桶330个；选聘130名村（居）专职保洁人员；建成污水处理厂、垃圾中转站、蔬菜检测站等环保设施。是年，滨湖居委会获得"江苏省文明村（居）"称号。

2018 年，东双沟镇为深入贯彻落实市委、市政府，区委、区政府关于创建全国文明城市决策部署，迅速制定了《东双沟镇创建全国文明城市工作总体方案（2018—2020 年）》和《东双沟镇 2018 年度创建全国文明城市工作行动计划》，陆续实施了交通秩序大整治、环境卫生大整治、“五小行业”大整治、市政设施建设维护大提升、农村村镇环境大整治、行业文明服务大提升、“德润洪泽”公益广告大提升等“七大专项行动”，推动了全镇面上创建工作深入开展。全镇上下紧扣全国文明城市创建要求，贯彻落实省、市、区关于全面打好污染防治攻坚战的决策部署，持续开展削减煤炭消费总量专项行动，深化节煤改造、发展清洁能源。大力推进国考断面水质达标整治工作，采取有效措施，积极落实大气污染防治工程，推动“散乱污”企业及集群综合整治。全镇生态环境持续优化，全年共完成上级“263”（两减、六治、三提升）问题交办 7 件，完成率 100%。滨湖、草泽居委会建设“水美乡村”通过省年度考核。全镇新添置大小垃圾转运车 41 辆、垃圾分类桶 300 余组，增强了垃圾储收能力。投入 100 万元，出动 3000 多人次，整治村庄环境；投入 450 万元，日参与垃圾保洁清运 300 人次，全面建成 20 个村（居）户投放、组保洁、村收集、镇转运、区集中处理的垃圾处置体系；整治臭水沟 2 条，整治畜禽养殖场 8 家；新增停车位 200 多个；投入 70 万元，镇区主要街道、路口安装电子监控设备，建成“天网”安保工程。同时，为进一步促进全区群众性精神文明创建活动向纵深发展，提高公民综合素质和文明程度，助推全国文明城市创建工作，镇党委根据区文明委《关于在全区开展“星级文明户”创建活动的通知》精神，在全镇开展了“十星文明户”（爱党爱国星、勤劳致富星、环境卫生星、诚实信用星、家庭美德星、遵纪守法星、学用科技星、团结友爱星、移风易俗星、文明创建星）创建活动，20 个村（居）共评选表彰“星级文明户”1430 户，其中“十星级文明户”占 74%。是年，东双沟镇获得“江苏省生态文明示范镇”称号。

八、在改革中加强党的建设工作

（一）加强党的基层组织建设

“文化大革命”中，双沟公社党的组织一个时期受到严重冲击或破坏，组织活动被迫停止，公社“革命委员会”取代了公社党委。1969 年 12 月，恢复公社党委，各大队及社直机关党支部迅速恢复组织生活。1978 年，全社基层党支部为 29 个，党员总数 728 名，党员文化素质总体偏低。1980 年后，根据上级党委要求，发展新党员特别注意文化素质。1983 年，全县进行体制改革，公社党委改称乡党委，农村生产大队党支部改为村党支部。是年，全乡基层党支部达 32 个，党员 856 名。1983—1988 年，乡党委注重从中、小学教师，专业大户，专业技术人员中发展党员。1988 年，全乡共有 38 个基层党支部，883 名党员，其中，中华人民共和国成立前入党的老党员占 10.6%。

为了改善基层党支部办公、学习、议事和党员集中活动场所条件，1990—1992 年，东双沟乡根据县委《一九九〇年党务工作四十项目标实施意见》文件精神，先后分三批在 23 个村全部建成“多功能”服务中心。1993 年，乡党委广泛动员各基层党支部，按照县委要求，带领党员和广大群众真抓实干、穷办若干、争创一流、勇夺红旗，开展以赛班子团结拼搏，比经济实绩；赛党员发挥作用，比致富共富的“双赛双比”活动，取得了优异成绩。是年，农科村党支部被县委授予“红旗党支部”和“工业骨干竞赛组前五名党支部”；小吕村党支部被授予“沿路村竞赛组前五名党支部”。1998—2000 年，东双沟乡（镇）按照县委《关于开展争创“五好一专”示范村党支部活动的意见》精神，积极开展创建活动，有力地促进了基层组织建设，推进了农村两个文明建设的健康发展，宋庄、庆祥等 4 个村榜上有名，先后受到县委表彰。

2000 年，东双沟乡撤乡设镇。2001 年 8 月实行并村联组，全镇 23 个村撤并为 11 个村（居），设立 11 个村（居）党支部，分别是：南甸村、和平村、三庄村、沿河村、宋庄村、张庄村、安乐村、邵庄村、太平村、庆祥村、青云居委会党支部。与此同时，镇党委根据县委组织部《关于规范党组织阵地建设的意见》，加快并村后各村（居）党组织活动阵地建设步伐，年内达到“四有”，即有牌子、有活动场所、有电教设备、有规章制度。对个别行政村无村部的，通过协调利用小学闲置校舍迅速解决了村部问题。2004年，经县委组织部批准，撤销青云居委会党支部，设立党总支。2008年10月，根据县委组织部（2008）10号文件批复，撤销安乐村、和平村、张庄村、沿河村、南甸村、三庄村、宋庄村、太平村、庆祥村、邵庄村等10个村党支部，分别设立总支部，内设工业、种植业等产业支部。党的基层组织的建立与完善，为更好地发挥党支部战斗堡垒和党员的先锋模范作用奠定了坚实的基础。2011年，安乐村更名为滨湖居委会，同时，安乐村党总支更名为滨湖居委会党总支。

2009年，东双沟镇基层党建工作以党的十七届三中、四中全会精神为指导，对照县委《全县农村基层党建工作考核办法》（洪委〔2009〕74号）文件，逐一落实，取得了优异成绩。镇党委被县委授予“农村基层党建工作先进党委”称号。同时，县委还命名东双沟镇宋庄村创业点为“村级创业点示范点”、东双沟镇淮安湖之恋服饰有限公司为“‘凤还巢’创业示范点”、东双沟镇沿河村综合服务中心为“村级综合服务中心示范点”。2012年，根据县委组织部的要求，庆祥、张庄、邵庄等村综合服务中心改扩建竣工。至此，全镇所有村（居）综合服务中心全部达标。

2017年，镇党委按照区委组织部关于“进一步规范基层党组织生活，增强政治性原则性战斗性，切实做好新时期党员教育、管理和监督工作，增强党组织凝聚力和战斗力”的要求，根据《党章》有关规定，制定了《关于进一步规范基层党组织生活的意见》，就如何开展好“三会一课”、组织生活会、民主生活会等做出了具体部署和工作要求，使全镇基层党组织活动达到规范化、制度化、经常化。2018年，全镇党（总）支部和产业支部为98个（含非公经济组织党支部），党员2035名。

（二）加强党员学习教育活动

1979年始，双沟公社党委始终把党员的学习教育放在首位。公社党委主要以“学习中心组”的形式开展学习教育活动，各大队以党支部成立学习中心组。学习内容为党中央关于改革开放一系列文件及《党章》和党的基本知识；学习党的路线方针政策；学习马列主义、毛泽东思想的基本理论、基本知识、基本观点和基本方法等。对广大党员的学习教育主要是利用“三会一课”、党员集中学习日、业余党校和一年一度的党员“冬训班”（全社党员集中脱产学习培训）等形式，学习内容主要是党的基本路线、党的纲领、党的宗旨、理想信念、政策法规和科技知识等。

1985年，东双沟乡按照县委做出的《关于开展“学全党楷模，做合格党员”活动的决定》精神，利用乡党校、村党支部报告会、上党课、讨论会、演讲会等形式，组织党员观看有周恩来同志影象的故事片和新闻纪录片，开展专题辅导，开展心得交流畅谈观后感；组织党员代表瞻仰周恩来同志故居，学习弘扬周恩来精神，牢记全心全意为人民服务宗旨，做合格党员；举办板报、布报、学习专栏、事迹展览等共70多期，受教育人数达13000多人次。活动开展后，全乡涌现出了一大批先进典型。有7个先进基层党组织、22名优秀村（单位）党务工作者、41名优秀共产党员，先后受到县委和乡党委的表彰。1986年，全乡35个支部，856名党员参加农村基层整党学习活动，接受教育。

1990年，根据县委《关于加强基层党校建设的通知》要求，东双沟乡将党校正常活动经费纳入乡财政预算。投资5.6万元整合校舍，添置教学设施。配备副乡级专职副校长1人，业余党校改名为基层党校。1991年，乡基层党校为配合全乡基层党支部中开展的“达标升级”和党员中开展“达标升格”竞赛活动，举办了党的基本知识、法律知识、领导艺术、社会主义思想教育等党员干部培训班11期，参训达2100人次。是年，全乡各级党组织团结带领广大党员干部和群众，临危不惧，英勇斗争，战胜了百年未遇的洪涝灾害。张庄村、周桥渔场等6个村（场），韦夕珍、周建成、俞启波等17名党员干部，分别被县委、县政府和乡党委、政府表彰为“抗洪救灾先进集体”“抗洪救灾先进个人”。

1997 年，乡党委积极响应县委号召，在全乡开展了“学习周恩来，争做好公仆”主题教育活动。广大党员干部，切实以周恩来同志为楷模，学习他的崇高品质、坚强的党性原则和革命精神，牢记全心全意为人民服务的宗旨，努力塑造良好的党员形象和公仆形象，为全乡两个文明建设做出了积极贡献。杨国标、吴兴华等 32 名乡、村党员干部，在周恩来同志百年诞辰之际，分别受到县委及乡党委的表彰。

1998 年，东双沟乡为落实市、县委组织部关于进一步抓好党员电教工作的有关会议精神，强化领导，加大投入，新增电教网点 15 个，23 个村支部共增添了电教设备 41 台（套），添置桌椅 106 套，乡机关支部建成了“两机一室”（影碟机、电视机、电教室）播放点。全年共播放电教片 78 场次，受教育党员人数达 11360 人次。宋庄村严后生通过蔬菜种植科教片的播放学习，种植 1.2 亩反季节大棚蔬菜，年产辣椒、西红柿 11700 斤，纯收入 4700 元，实现当年家庭人均增收 1175 元。2001—2002 年，东双沟镇按照县委组织部关于实施“党员电化教育示范工程”的意见，投资 16 万元，对村（居）及镇直机关等 15 个支部电教设施进行提档升级。各播放点具备“两机一室”设备完好，年播放电教片 12 部以上，党员收看人数占 95%以上。同时，全镇培育 21 个党员电教示范户，开展“结对帮扶”主题活动，先后有 57 个贫困户在这一活动中学到 1—2 门致富技术，掌握致富本领，脱贫致富。2007—2009 年，在县委组织部的关心和支持下，南甸、沿河、青云等 11 个村（居）陆续扩建了村综合服务中心，重新优化党员活动室、党群议事室、支部和村（居）委会办公室、党员电化教育室等。开通了党员远程电化教育，方便和丰富了党员、干部开展集中学习教育活动。2013 年 10 月，沿河村远程教育站点被省委组织部授予“全省党员干部现代远程教育示范站点”，青云居委会远程教育站点管理员晋苗苗，被省委组织部授予“全省党员干部现代远程教育优秀站点管理员”称号。

2016年，县委为贯彻落实中央1号文件“培育文明乡风、优良家风、新乡贤文化”，全党开展的“两学一做”（学党章党规、学系列讲话、做合格党员）活动，以及习近平总书记提出的“领导干部要把家风建设摆在重要位置”新要求，巩固扩大“传承好家训、建设好家风”活动成果，印发了《洪泽县2016年深化家风建设活动实施意见》。东双沟镇按照县委要求，将家风建设纳入党员干部“两学一做”活动内容，纳入镇党委中心组学习内容，纳入镇党校干部教育培训内容，将家风家训作为专题教育，纳入年度党员冬训内容。同时，结合市委组织部开展的“重温十条家规、树立良好家风”活动，在镇机关、事业单位党员干部和村（居）“三大员”中开展立家规活动，并公开公示，接受监督。“七一”期间，各基层党组织书记围绕家风建设内容，为党员讲党课，加强教育引导，发挥党员在家风建设中的示范带动作用。各基层党支部将家风建设纳入党员民主评议、干部正反考评、述职评议的一项重要内容。镇宣传、教育、妇联等部门，积极开展家风文化进校园、进课堂、进家庭，开展“最美家庭”评选等活动。是年，全镇共组织1700多名党员干部学家训、立家规、正家风，6400多个家庭受到启发和教育，戚寿龙、顾翠芳等75个家庭分别获得区、镇“最美家庭”称号。

2017年，党的十九大召开后，镇党委按照中共淮安市洪泽区委指示，精心组织、周密部署，把学习党的十九大精神作为当前首要的政治任务，广泛深入开展学习教育活动。集中学习活动主要安排在2017年10月—2018年3月。镇党委（中心组）、各党（总）支部结合本单位实际，制定了《十九大精神专题学习计划》。通过微型党课、专题辅导、召开座谈会、举办辩论会、演讲会等形式，组织党员干部全面系统学习、领会精神实质，将广大党员群众思想和行动统一到党的十九大精神上来。组建东双沟镇“党的十九大精神理论宣讲团”，分别对党员干部进行集中轮训和到各基层支部巡回宣讲。同时，组织了十九大精神文艺演出团队，将十九大主要精神编成文艺节目，深入机关、学校、企业、村（居）、社区巡回演出，让党的十九大精神在广大党员、干部群众中入脑入心。充分利用电子广告牌、户外电视、LED显示屏、互联网、移动媒体等宣传方式，大张旗鼓地宣传十九大精神，使之达到家喻户晓、人人皆知。

（三）加强党内制度建设

1985年3月，乡党委根据县委《关于加强农村党的建设工作的意见》文件精神，研究制定了东双沟乡关于“加强党的领导、加强党的民主集中制、加强党员思想教育、积极而慎重发展新党员、开展“创先争优”等七项具体措施，全面贯彻落实县委意见。会后，乡党委印发了《关于认真贯彻执行县委〈关于加强农村党的建设工作的意见〉的通知》和《关于实现全乡党风根本好转的规划和措施》，为大力发展商品生产，活跃农村经济，“建设一个繁荣、富裕、文明的新双沟”提供了制度保障。1988年，乡党委根据县委党建工作责任目标要求，制定了《东双沟乡党建工作十项制度》。该《制度》对党员外出管理，“三会一课”组织生活，党员活动日，党员联系户，党员考评，创先争优等十个方面制定了严格的管理制度，从而加强了广大党员的思想建设、组织建设、作风建设，促进了全乡经济社会事业健康快速地发展。

1989年3月20日，乡党委召开专题会议，讨论制定了《党委工作、议事规则和有关制度的规定》。建立健全了党委工作规则、议事规则，并制定了书记办公会议制度、党务工作例会制度、民主生活会制度和党委中心组学习制度。这些规则和制度的建立，改革过去党委工作中所存在的一些不良习惯，增强了党内民主决策意识，规范了党委成员严格遵循民主集中制的原则。1992年，县委为贯彻执行党的十三届八中全会精神，制定印发了党风廉政建设责任制。乡党委结合本乡实际，研究制定了《关于抓党风建设和廉政建设责任制的意见》的12条措施。从制度层面严明纪律约束，建立了长效监督考核机制，要求做到有令必行、有禁即止。要求全乡党员干部必须与上级党委保持高度一致，要求乡“三套班子”成员定期开展述职述廉和民主评议活动。2000年，为落实县委根据中共中央、国务院《关于实行党风廉政建设责任制的规定》印发的实施办法，镇党委按照镇“三套班子”各人分管工作情况，下达“任务清单”，有针对性地从政治学习、组织生活、民主决策、工作作风、公务接待、公务用车、蹲点包片（村、厂、站）等方面制定了党风廉政建设目标和廉洁自律等从源头上预防和治理腐败的七条“铁规”，严肃党政领导班子成员对党风廉政建设应负的责任，保证中央和各级党风廉政建设的决策部署落到实处，促进了全乡经济社会事业健康稳定发展。

随着改革不断深化，农村产业的转型，外出务工党员不断增加，为了切实加强对流动党员的教育管理，构建保持流动党员先进性的长效机制，2008年，乡党委制定了《关于加强流动党员教育管理工作的意见》，按照“流动有序、异地有‘家’、管理有章、永葆先进”的要求，从过去单纯的“管理型”向“服务型”转变，建立科学管理服务体系，努力做到党员流动到什么地方，党组织的管理就覆盖到什么地方。

2015年，镇党委为认真落实党风廉政建设责任制，进一步强化纪律，明确责任，规范权力运行，严格党员干部要求，特转发县纪律关于《重申禁止党员干部大操大办婚丧喜庆事宜有关规定的通知》等文件，组织全镇党员干部认真学习讨论，制定并实行了“三项制度”（事前申报、事中监督、事后报告）和“六条禁令”（严禁大操大办；严禁操办生日、上学、参军、乔迁、提拔调动等事宜；严禁邀请下属及服务对象参加本人操办的婚丧喜庆活动；严禁动用公款操办婚丧喜庆活动；严禁用公款向婚丧事主赠送现金、物品；严禁在婚丧等事宜中搞封建迷信活动），在全镇引起强烈反响。是年，镇党委根据《中共洪泽县委关于加强党建工作的若干意见（2015—2016）》文件精神，建立了村（居）党总支书记抓党建工作责任制。从强化责任主体，坚持问题导向，注重统筹整合，严格考核奖惩等规范了村（居）党建工作。2018年，镇党委在抓党风廉政建设责任制上，坚持把纪律和规矩立在前面，以落实“两个责任”（党委负主要责任、纪委负监督责任）为重点，严格执纪审查，铁面正风肃纪，做到有腐必惩、有案必查，形成有力震慑，提高监督执纪实效。是年，运用提醒谈话40人次，问责9人次，通报批评7人次，立案查处9人。

（四）努力践行“三个代表”重要思想

2001年始，东双沟镇按照县委统一部署，在村和站所普遍开展“三个代表”重要思想学习教育活动。镇党委组织全体学教对象，认真学习上级规定的必读篇目，深入查找和反思自身存在的问题。针对查摆出的问题，制定切实可行的整改措施，立行立改。在一年多的时间里，逐条落实收集的群众意见和建议76条。培育建成2个“五好一专”示范村；帮助整顿、转化1个经济薄弱村；帮助改水、改厕各2个村；为21个农村五保户建起了新的砖瓦结构新房；投入35万元，动土20万立方米，疏浚了4条中沟，解决了邵庄、刘庄等村、组1.8万亩农田排灌水系问题；通过“一事一议”铺设了23.7千米村、组道路，解决了1.2万人出行难问题；帮助35个特困户实现“草改瓦”（土草结构房屋改造成砖瓦结构房屋）；建成东双沟中心小学教学楼。

2005年，全县开展“保持共产党员先进性教育活动”，镇党委按照《中共洪泽县委关于实施农村党员、村（居）干部队伍建设“双培双带”工程的意见》精神，在农村党员、村（居）干部中建设“双培双带”（把党员培养成致富带头人，把致富带头人中的先进分子培养成党员，党员带领群众共同发展，党员组织带领致富带头人不断进步）工程。是年，全镇新增各类专业大户510户，新增个体工商户76户，新增私营企业15个。青云、张庄等5个村（居）党总支被镇党委表彰为“双培双带”先进集体，16名村（居）干部、66名党员获得镇党委授予的“双带”标兵称号，有8名致富带头人被培养入党。为了使“保持共产党员先进性教育活动”充分贴近基层、贴近群众，镇党委根据县委要求，以“三个代表”重要思想为指导，以开展“关爱工程”为载体，以“知民情、解民意、贴民心、帮民困、助民富”为目标，在全镇开展了“心连心，送温暖”活动。实施了“四个一”，即每位党员联系一户贫困户；为每户贫困户发放一张联系卡；每月到贫困户家中走访一次；活动期间为联系户解决一个实际问题。活动中共筹集关爱基金4.6万元，帮助贫困户解决生产、生活中的各种困难121件，为贫困户创业、脱贫、致富、做好事61件。是年，宋庄村青年女党员严秀萍，投资100万元创办服装企业进镇工业集中区，年实现销售收入1512万元，利税165万元，吸收160户困难家庭210人进厂做工。她本人在2005年3月被淮安市政府评为“三八红旗手”，5月被评为市“新长征突击手”“全国创业之星”。2006年分别被县委、镇党委评为“优秀共产党员”。

2008年，沿河村党总支书记韦祥彬，以和谐新农村建设为目标，践行为民办实事，先后为村引进资金1100万元，新建塑料厂、建筑装饰材料厂等6家企业，既解决了村内1300名劳动力就业创收，又为村集体年增收40万元。此后，该村通过招商引资，兴办村集体工业企业，开发“企业+协会+农户”的新经营方式，使农民年人均纯收入三年迈出三大步，2010年达到8655元，在全县名列前茅。2008年、2011年，韦祥彬先后被市人民政府、省人民政府授予“劳动模范”称号。

2011年，全镇党员干部带头学习实践“三个代表”重要思想，贯彻落实科学发展观，充分发挥先锋模范作用。李芬、陈加宽等28名党员干部，汤澄漪、孙文涛等13名基层党务工作者，分别被县委、镇党委授予“优秀共产党员”和“优秀党务工作者”称号；镇水利站党支部书记孙瑞平，带领一班人出色完成土方103.5万立方米，改造中低产田3.28万亩，被县政府授予“五一劳动奖章”，市政府授予“劳动模范”称号。2012年3月26日，江苏省委书记罗志军在洪泽视察全面小康建设进展情况时，特地来到东双沟镇现代农业科技园调研大学生村干部创业情况。2014年，全县党的群众路线教育实践活动全面启动。东双沟镇动员全体党员干部，积极投身活动，始终按照“照镜子、正衣冠、洗洗澡、治治病”的总要求，紧密结合中心工作和自身实际，以聚焦并着力解决“四风”问题为主要任务，以“为民、务实、清廉”为主题内容，解决了多年想解决而没有解决的问题，取得了自我认可、组织认可、群众认可的显著成绩。活动期间，共收集群众意见282条，逐一落实整改措施，建立完善制度12项。是年，为改善民生，全镇兴办了万小教学楼工程、自来水区域供水工程、壮村富民项目工程、疏浚整治河塘沟渠35条等10件惠民实事。

九、在改革中加强社会团体工作

（一）加强妇联工作

1978年9月，伴随着中国妇女第四次代表大会的召开，全县各级妇女组织清除“文化大革命”时期“左”的思想残余，县、乡、村三级妇联组织相继恢复，双沟公社妇联各项工作逐步走上正轨。

1983年始，东双沟乡妇联按照县委批转县妇联《关于妇女儿童工作情况及今后工作意见的报告》精神，在全乡大力宣传妇女在“四化”建设中的地位和“半边天”作用，在广大妇女中大力开展“四提倡、四反对”（提倡节约，反对大办婚事；提倡男女平等，敬养老人，反对歧视虐待妇女老人；提倡相信科学，反对封建迷信；提倡健康的文化娱乐，反对赌博）活动。同时，结合评选“三八红旗手”（集体），深入开展“五好家庭”评选活动。1988年，小吕村等5个村的妇代会主席和马秀兰等8名农村一线妇女分别被县、乡授予“三八红旗手”；钱孝均等176户分别被县、乡评为“五好家庭”户。1989—1990年，乡妇联根据县委五届四次全体会议精神和乡党委关于“加快发展多种经营生产”的要求，动员组织了1860名农村妇女通过工艺钩花生产致富，部分产品出口创外汇42万元。1994—1998年，东双沟乡妇联围绕县委、县政府产业结构调整的五大支柱产业，在全乡妇女中开展“学闯奔比”（学理论、闯市场、奔小康、比贡献）百名女状元创评、“三八”龙头项目、“三八丰产方”等劳动竞赛活动。宋庄村严后香等8名妇女在活动中成绩显著，受到县委、县政府的表彰，并被树为全县妇女学习的榜样；宋庄、庆祥等村妇代会分别被乡党委、政府表彰为“先进妇联集体”，吕冠兰、张素珍等10名妇女干部被表彰为“先进妇女干部”。2006年，东双沟中学女教师刘绍芳因敬业奉献，创新教学方法，被县委、县政府授予“三八红旗手”称号。

2007年，全国农村留守儿童关爱工作现场会在东双沟镇召开。全国妇联党组书记、副主席、书记处第一书记黄晴宜，书记处书记张世平，省人大常委会副主任柏苏宁，省政府副秘书长于利中，省妇联主席柏志英及来自全国各地的150余人出席会议。与会人员观摩了镇留守儿童寄宿制学校、青云居委会留守儿童校外辅导站等现场，参观了东双沟镇关爱留守儿童工作大型图片展、电视专题片及留守儿童诗歌朗诵等，听取了镇妇联经验做法介绍。2009年，镇妇联创新工作思路，围绕党建抓妇联，先后在镇湖之恋服饰有限公司等工业企业中成立妇联组织，推动妇联组织从传统领域向企业领域拓展延伸，提升和发挥妇女在工业企业中的地位及作用。是年，镇妇联根据县委批转县妇联《关于开展基层组织建设示范点创建工作的意见》，帮助沿河村妇代会顺利建成省级妇联示范点。青云居委会吕秀梅家庭被县文明委、综治办、妇联联合授予“五好文明家庭”。2012年，镇妇联根据县农村留守儿童关爱服务工作会议要求，先后在和平、青云等村（居）及中心小学建成3个“春蕾班”、12个“妇女儿童之家”和10个“校外辅导站”。是年，国务院妇儿工委办副主任宋文珍、联合国儿基会驻华代表麦吉莲女士、联合国儿基会儿童社会政策处处长毕儒博先生、联合国儿基会儿童社会政策处高级项目官员张亚丽等一行到洪泽县考察儿童友好家园项目情况，先后参观了东双沟小学和青云居委会“妇女儿童之家”，走访了部分留守儿童家庭，听取了镇妇联关爱留守儿童工作汇报。2016年，镇妇联主席傅丽被县委、县政府授予“三八红旗手”称号。2018年，郭贝村农家主妇郭万勤，16年如一日悉心照顾患有癌症的父亲和精神病的母亲及弟弟，精心抚养两个子女。她用人间的大爱与至孝显示着超越平凡的勇气，感动着乡邻，被评为“洪泽好人”。

（二）加强共青团工作

1978年始，双沟公社团委积极带领广大青年在经济社会建设中发挥生力军和突击队作用。1983年，公社团委根据县委《关于坚决响应党中央号召进一步开展学习张海迪活动的通知》精神，在全社广大团员青年中广泛深入开展“学习张海迪，做有理想、有道德、有文化、守纪律的共产主义新人”活动。活动中还把学习吕继华、刘培兰等模范人物结合起来，使广大青年世界观人生观有了很大转变，团员青年中的好人好事不断涌现。1983—1985年，孙可忠等8名优秀团员被吸收入党，王为华等11名团干部和20名团员青年分别受到县委、乡党委表彰。

1991年，东双沟乡团委根据县委转发的团县委《关于共青团组织建设的意见》的通知精神，召开了第一届团代会，会后动员全乡青年义务植树5万多株，开展了团籍注册，协助乡组织部门开展初、高中生团员青年调查摸底，有71名团员青年名单入选乡后备人才库。是年春夏期间，乡团委积极响应镇党委号召，动员和组织团员青年开展"学雷锋助农志愿服务"活动。成立10支"青年农忙突击队"，吸引260名团员青年加入，先后为缺劳力户和困难户助收（割）450亩、助脱（粒）383亩、助插（秧）402亩。2015年，镇团委根据县委《关于加强党的群团工作的意见（2015—2017）》要求，组织开展了"我的中国梦"主题团日、"奋斗青春最美丽"等活动，强化了青年理想信念教育和未成年人思想道德建设。同时，开展关爱、管护、牵手、回归、阳光五大成长护航行动，发展壮大青年志愿者队伍。利用组织动员和社会化动员相结合的方式，引导青年参与社会治理、创业富民实践。全镇先后有43名团员青年主动加入志愿者队伍。是年，万集居委会大学生村干部谷亚兰成功创业成为洪泽百世汇通的代理商，被县委、县政府授予第二届"洪泽县优秀青年标兵"称号。2018年，镇团委积极响应中共淮安市洪泽区委及镇党委号召，积极投身到"思想大解放、助力新发展"大讨论活动中去。镇、村（居）团组织主动联系工作实际，解放自身思想，勇于实干担当，开展了"走、帮、服"系列活动。先后为270名农村青年提供创业就业指导，选派13名有志青年参加淮安市农村创业青年"乡村振兴"培训班学习，帮助26名农村青年联系创业融资担保贷款340万元。

（三）加强工会工作

2000年10月22日，东双沟镇工会成立。初期会员641人，其中女职工207人，工会干部13人，下设镇机关工会、中心小学工会、非公企业联合工会、五环制球厂工会、金鑫铁合金厂工会等15个机关、企业事业单位工会小组。其主要职能为：维护职工合法权益、促进企业发展、开展厂务公开、劳动保护、劳动争议调解、引导和教育职工提高自身素质、扶贫济困等。2006年，镇机关工会根据《东双沟镇招商引资考核奖惩办法》，充分调动外商人员积极性，采取“以商招商”，先后成功引进茂兴达电子、羽绒服装加工等6个投资1000万元以上企业落户县、镇工业园区，为全镇“工业突破年”做出了积极贡献。2008年5月，四川汶川特大地震发生后，镇机关、中心小学、茂兴达电子、嘉鹏纸管加工、羽绒服装等会员干部职工积极奉献爱心，向灾区捐款4.36万元。2010年，镇工会紧紧围绕镇党委中心工作大局，秉持“以人为本，服务为先”的理念，以服务职工为宗旨，坚持“学习、服务、创新、和谐、发展”的工作思路，先后在会员企业中建立15个“职工之家”，受到广大职工的普遍赞誉。2017年春节前夕，镇非公企业联合工会积极响应镇党委号召，筹措大米、白面、食用油等（总价值8500元），慰问了当地6位困难职工，使每个家庭均过上了欢乐祥和的春节。

（四）加强商会工作

2001年10月，东双沟镇商会成立，首批会员60个，其中企业会员30个。商会选举吕成涛、万慧颖、朱爱华等12名同志为执委成员，其中江苏通圆回转支承有限公司总经理吕成涛为会长。商会会员主要来自工商界，其职能是发展服务企业商贸，助推地方经济发展。针对全镇产业集群、从业人员集聚、产业特色明显的状况，先后成立了木业协会、米业协会、蔬菜协会、四季鹅养殖等协会。商会自成立以来，注重会员的“爱岗、敬业、守法、奉献”宗旨教育，以经济建设为中心，以招商引资和全民创业为突破口，促进全镇产业特色迅速彰显，产业水平迅速提升。截至2010年，镇商会企业会员由开始的30个发展到54个，非公经济创造的社会总产值占全镇社会总产值的70%。培育出金鑫铁合金厂、五环制球厂、湖之恋服饰有限公司、鑫谷米厂、鑫盛建材等一批骨干企业。2009年，按照县委组织部的要求，强化党建引领商会工作，在淮安湖之恋服饰有限公司、江苏通圆回转支承有限公司、洪泽建安公司等非公有企业中成立党支部，加强党对民营企业的领导，促进了全镇民营企业快速、稳定、健康发展，为全镇经济振兴做出了积极贡献。

截至2017年，全镇商会企业达62个，个人会员78个，从业人员3240人。2018年，镇商会会员企业还积极奉献爱心，捐赠扶贫、助困、助残、助学等善款3.8万元。

（执笔人：孙士忠）